U0108364

Toast to Ancestors

邊境

Wojciech Górecki

沃伊切赫·古瑞茨基——著

粘肖晶——譯

獻給雙親

中文版序

筆者提供台灣讀者的是關於高加索三國：亞賽拜然、喬治亞和亞美尼亞的報導，它們過去都屬於蘇聯。全球化影響？自然有關聯，但又非全然如此。波蘭的偉大旅行家和作家費迪南・安東尼・歐森多夫斯基（1876-1945 年）曾於 1925 年出版的書中記載：「……在浪漫主義的現象中我發現了整體的人類心理特點，可說是自古以來即保存的整體信仰、風俗等，因此我眼中的地球就只存在著一個國家，由人所形成的國家。簡而言之，我們都屬人類。」這話看來想當然爾，但歐森多夫斯基所存在的時代中殖民主義盛行，所有文化皆平等的概念，並非普遍存在。

歐森多夫斯基充滿人道精神和大眾思維的特性為里沙德・卡普欽斯基承傳，此人於 2007 年辭世，為波蘭最著名的記者和全球新聞界傳奇（其著作在台灣亦由允晨文化出版公司出版）。他是歷史的見證人，於五〇年代末報導了來自亞洲、非洲和南美洲包括戰爭、革命、政變在內最重要、也最具戲劇性的新聞。他自行創立了自我防衛法，並將之稱為「解除臉部武裝法」，也就是當他遭遇不妙情況，如被巡警攔住或為武裝土匪騷擾時，卡普欽斯基就面帶微笑以對。他身無武器，與人溝通亦有障礙。那些陰鬱的臉孔剛開始還剛毅而不妥協，認為他「該不會是在嘲弄我們吧」，之後就被真誠的笑容改變，壓迫者僵硬的臉部肌肉逐漸放鬆，嚴肅的面容不再冷淡，臉部經過擠弄後終於形成相對應的半微笑。多了一張卸防

的臉，另一個平和地被解除危險的人。卡普欽斯基比任何人都清楚這個世界的豐富和多樣性，然而他也明瞭從人性最深層的角度來說，所有人都是一致的，歐洲人、非洲人或亞洲人的真誠笑容就是如此。

我相信我所描述的高加索故事能引起台灣人的共鳴。因為正如高加索，台灣也處在東、西方的邊界。 我有幸於 2010 年秋造訪此一美麗的島嶼，從北至南後北返的行程中，最讓我印象深刻的是人們的開放性，無論是對外人、外來文化甚或來自世界各地的新事物皆持此態度。曾數度有人向我搭訕，但態度是友善而非突兀地，他們問我從哪來？喜歡這兒嗎？ 直到今日我還對台北市政府附近高樓中的某巨大書店印象深刻，它結合了形體（包括數十、甚至上百種語言翻譯的巨量書籍和人潮）及專注和寧靜的氣氛（柔和的燈光及可持書獨處的角落）。這是我所曾見過的最絕妙書店，思及我的書也將在此陳列，讓我感到快樂。

如果沒有翻譯粘肖晶女士、出版社負責人廖志峰先生和其他眾人及機構的協助，這一切就無法成就，在此衷心感謝！同時也必須感謝駐台北的華沙貿易辦事處，尤其是沃伊切赫・巴爾圖茲先生和馬雷克・維伊特柯先生的協助，而負責於海外推廣波蘭文學的波蘭書籍研究院亦不可被忽略，在此一併致謝。

沃伊切赫・古瑞茨基

2013 年 11 月 25 日於華沙

目錄

南高加索地圖

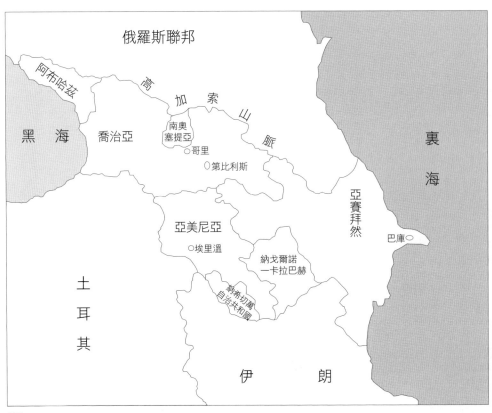

俄羅斯聯邦

阿布哈茲

黑海

喬治亞

高加索山脈

南奧塞提亞

○哥里

○第比利斯

亞賽拜然

裏海

巴庫○

亞美尼亞

○埃里溫

納戈爾諾－卡拉巴赫

土耳其

納希切萬自治共和國

伊朗

備註：

1. 納希切萬自治共和國為亞賽拜然在亞美尼亞的飛地。

2. 納戈爾諾－卡拉巴赫在蘇聯時期屬於亞賽拜然的自治區，但已於1991年9月2日宣佈獨立，只是尚未獲得國際間普遍的承認。

3. 南奧塞提亞與阿布哈茲，在蘇聯時期屬於喬治亞的自治區，二十世紀九〇年代宣佈獨立，但尚未獲得國際間普遍的承認。

我們就這麼坐著，高加索三大民族的代表，包括喬治亞女人、穆斯林（亞賽拜然人）和亞美尼亞人。我們生於同一片土地，頭上頂著相同的天。我們截然不同，卻屬同一整體，像三位一體。我們同時屬於歐洲及亞洲，受西方和東方的浸潤，也和他們共同分享我們的豐富寶藏。

（庫爾班・薩伊德，《阿里和尼諾》）

前言

　　本書是有關亞賽拜然、喬治亞和亞美尼亞這三個前蘇聯國家的故事，他們目前正致力於建立獨立的國家地位。喬治亞和亞美尼亞在幾世紀前曾為繁榮的王國，卻受環伺的強鄰所粉碎。亞賽拜然不曾以統一國家的形式存在（除了 1918-1920 年這段時期之外），但在證明自身存在的權力時，往往樂於提到過去。

　　亞賽拜然人、喬治亞人和亞美尼亞人大半都不懷疑他們屬於歐洲。

　　我於上世紀九〇年代初開始造訪這些地方，當時這地區被稱為外高加索（如今最常被稱為「南高加索」）。新興國家的誕生伴隨著戰爭、造反和政變，黑社會在此蓬勃發展，匪盜橫行而貧窮蔓延。後來簽訂了停戰協議，匪盜的財產受到合法化，國家的貨幣也得到強化，繼之而來的是脆弱的穩定期。當然，我們在觀察喬治亞於 2008 年時發生的慘劇時，可發現「歷史的終結」[1]並未出現。

　　我曾多次到過喬治亞和亞美尼亞，更在亞賽拜然住過五年，基於此因素和其他結構性的考量，我將亞賽拜然自成一篇，而喬治亞和亞美尼亞則合成一篇另述。

　　《邊境》可說是《高加索星球》這本書的延續，該書的焦點在北高加索，尤其是俄羅斯聯邦中的山地共和國。

沃伊切赫・古瑞茨基

1　此為歷史學家杭亭頓的觀點。

第一部　亞賽拜然

1

觀點

我們曾於巴庫[1]多次招待過萊謝克・M。

第一次時，他從德黑蘭過來。他步行走過市區，探訪茶館並觀察人群。晚間他發表了看法：「我感覺如置身歐洲。」

第二次時，他直接從華沙過來，被喧囂的街道、熙來攘往的車輛和行人、糾纏不休的店老闆及計程車司機所包圍——「其實這是亞洲」——他下此結論。

第三次時，他就再也見怪不怪了。

1　巴庫，亞賽拜然的首都。

地理課

「你們自己到不了的，」克林提出警告，「開車出城後向南走，你會經過往洛克巴坦的第一和第二個出口，然後是往普塔的出口。一公里後出現一條往右轉的泥土路，我們就在這條路上會合。」

從市中心最好是走石油商大道，接著穿過百沃弗，此處的沙皇監獄仍開放著，史達林曾在此服監，之後前往斯伊霍沃。

「巴庫郊區非常廣闊、景色如畫且充滿異國風，」半世紀前，庫巴茨基（Waclaw Kubacki）如此寫道，「堆疊、條編、修補；蘆葦稈、麥稈和棚屋；極端的宿營地，由鐵板、電線、破魚網、扯裂的袋子、紙箱、繩索和碎裂裝茶箱湊合成的整體。以"可用"廢棄物建成的七彩城市，自得自在。」

這個世界四十年來，或者可說是四百年來一成不變，只有使用的材料改變，到處充斥著來自暴發戶的豪華領地及膨脹消費下產生的塑膠垃圾。貧民窟就堆擠在擁有吸引人的水療中心和私人沙灘的優雅旅館及飯店圍牆後面，那裡住著西方的石油從業人員，他們是鑽井平台、抽油站、油輪和油管方面的專家，他們在自己國內享受不起這樣的奢華生活。在亞賽拜然決定將石油輸往西方後，旅館及飯店業在近幾年間如雨後春筍般興起，名字大多取為：「巴巴多斯」、「拉瑪達」、「新月海灘」等。

最後我們穿過旅館和貧民窟，就此離開巴庫。左方可見裏海，但無法到達岸邊，海岸被鉅大的產業所佔據，包括造船

廠、煉油廠和一些共產主義高峰時期所建的工廠，現今已被現代化，但難以進行改造，將之拆除重建可能要容易些。在糾結的管路和生鏽的廢鐵堆中，廠房及大型集油槽間穿插著石棉瓦蓋的屋子，人們就在此生活。類似的房子我曾在巴瓦罕和畢比埃伊巴特的老油田中見過，它們被閃著光澤的油池所圍繞，要走過必須鋪上木板，這些都是首波石油潮的遺留，就如同高爾基筆下的巴庫，地獄的樣貌應就是這樣了，就算給契訶夫百萬盧比，他也不願住在這兒。

右側鐵道外點綴著戈布斯坦斯克的錐狀山峰，植被稀疏的草原上有稀疏的草、灌木、梗草，路邊放牧著白、灰、棕和黑色的綿羊群。

土壤和其上生長的植物皆呈褐色，為太陽曬焦，佈滿灰塵。在庫拉河入海處的薩里揚努夫附近，顏色才明亮起來，而鮮綠色則得在三百公里外的伊朗邊境，屬亞熱帶的塔利什才見得到（至喬治亞邊界的距離為二倍，由埃拉特向西行，然後通過庫拉低地及小高加索山脈側邊），今天的目的地比較近，距巴庫二十多、至多三十公里。

「喬治亞和亞美尼亞靠黑海和安那托利亞與古歐洲及之後的拜占庭維持聯繫，」卡普欽斯基（Ryszard Kapuściński）在《柯爾克孜下馬》一書中寫道，「他們（指喬治亞）自此接受基督宗教，抵抗伊斯蘭在這片土地上的擴張。」「歐洲對亞賽拜然的影響則變弱，成為次要。高加索山及亞美尼亞高原形成歐洲與亞賽拜然間的屏障，亞賽拜然的東部漸入平原，交通方便且地勢開放，使亞賽拜然成為中亞的前哨站。」

克林在一輛老拉達車內等著，如此破舊不堪的車讓他羞

於開上路。車無前燈和後視鏡，車後玻璃也以夾板取代，而前方的擋風玻璃在幾經破壞後，僅勉強維持於原處，扭曲的車輪在沙上留下歪曲線條，彷彿成千醉漢騎自行車自此經過，大概連最貪腐的警察也不會收賄而放過這樣的破車，不過克林也沒錢賄賂。他將拉達車開到十字路口，然後伺機而動，有時他開這車運幾袋煤球或幾串香蕉，不過路程僅限於公路到家和家到公路這一段。

我們跟著他的車，道路緩和地蜿蜒而上，深入戈布斯坦斯克山區，很快地海岸就自眼前消失了。老實說，這根本不能說是山，此區的山丘不過三、四百公尺，往西走山勢才逐漸走高，在午後的陽光下，它們看來像是征服月球或討論火星生命等影片中的荒蕪場景。這些山丘除了覆蓋其上的稀疏雜草，和我們行進中的道路外，一無所有，連棵矮樹或較大的石塊也沒有，毫無人跡，似乎連鳥也不飛來此地。我知道這只是錯覺，草叢中必盤旋著蛇和無以計數的昆蟲，而數公里外即是造船廠、煉油廠和連接巴庫、德黑蘭及第比利斯的公路。手機可通。我還是直覺地檢查了油箱和飲水量。

都怪那些錐狀山丘。這裡有半數的山為休火山，它們並非沉睡，感覺像緊張的午後小睡，附近是活動旺盛的活火山群集地，每隔片刻就吞吐出帶鐵味的冷泥，高達數公尺，但也有高度僅數公分的微火山，其實是地表的開口，自其中吐出泥濘的泡沫。最大的火山可將泥柱拋出數百公尺遠，幸好它們隔幾年、甚至幾十年才爆發一次。

這是一片古老的土地，附近的山洞中發現了大量的岩畫，至少有數千年的歷史。相信古高加索和斯堪的那維亞有關

聯的托爾・海爾達爾（Thor Heyerdahl），[2]在此找到類似維京船的船圖。

山洞外數公里處的山中隱藏著加爾亞圖伊皮爾（黑騎士）。皮爾為聖地，是民族的神聖之所。皮爾最常指的是聖人之墓（波斯語中意味神聖、鬍鬚半白的老者），但在阿爾提翁島是以崇拜隕石為皮爾，而薩比拉巴德則以崇拜蛇為皮爾，在距離度假勝地「Green Village」和「Cardinal」相鄰的那布拉南，皮爾指的是樹叢。被葬在天然石窖中的神秘騎士，應該是位隱士、蘇菲酋長或當地的羅賓漢吧！經過加固的墓穴當繞三圈而行。「偉人，強壯的皮爾。」墓穴的看守人這麼對我說。什麼時候的人？「三百年前，或者千年前吧！」我因好奇而沿著碎石路找到這裡，路就在皮爾這裡終止了。守墓人還告訴我，必須將石塊往鄰近的岩石上扔，如果停在某個缺口上，祈求的願望就會獲得成全。我照著投去，不過石塊滾了下來，嘲弄我想像的願望。

戈布斯坦斯克山的另一隱蔽處在火山環繞的山谷間，山谷本身看來就像個火山口，蘇菲・哈密德墓地也就在此展開。傳說，哈密德死後屍體被放在駱駝上，之後駱駝停下的地方就成為他的葬身處，此為聖者的旨意。那已是古早時候的事了，至少三百年前或千年前吧！哈密德墓穴旁立著駱駝石像，眾多墓地沿著周邊展開，每個人都想依傍聖者，好更接近天堂。千百座墓中最古老者早就湮沒於荒草間，較新的墓上還

2　挪威的人類學者、海洋生物學者、探險家。他因乘坐仿古的木筏康提基號，從秘魯卡亞俄港到南太平洋圖阿莫圖島的航海而聞名一時。

殘留阿拉伯碑文，更新一些的有西里爾刻字，且畫上鮮明的色彩，十數年間將不褪色。到處雕刻著與死者有關的物品，如酒館老闆的墓以茶壺裝飾，而私家司機的墓則以卡車圖案裝飾。新墓以拉丁字符為主，但阿拉伯字母也逐漸可見。

夜晚自蘇菲‧哈密德墓園可望見三迦超（Sangaczał）的光輝，這是一座超現代化的終點站，由英國石油公司經營，為裏海的石油及天然氣以油管經由黑海和地中海輸送的起點。[3]

這條路數度分叉開來，有時這些支路又合在一起，有時卻消失在最近的坡地中。克林是對的，沒有嚮導到不了，下個轉彎處後是一片不大的高原，在其邊緣處，也就是下一座山丘前端，蹲伏著一座窮困的農莊，就是這裡了！

房子是以未塗灰泥的空心磚砌成，看來像棚屋，頂多只能隔成二、三個小間。屋頂以波浪形鐵板支撐並向外延伸，遮蓋住部份自山丘面由圍牆圍起的庭院，這裡設計成夏日廚房和餐廳，電視就立在某個櫥櫃上，以發電機供應電源，看得出這裡的生活重心就在戶外，廚房旁的車庫成了風景的一部份。

一切看來都是隨意而臨時性的設施，庭院看來像吉普賽營地，彷彿隨時準備好上路，只需要將屋頂拆了，空心磚堆疊好，衣物扔進卡車的箱籠中就可以了。

毫無疑問，這裡居住著難民，難民總相信，他們是不得已才來到當地，等局勢明朗後就走，在此勉為其難地度日，過一天算一天，無法落地生根，只想把精力留待回鄉後，在失落的伊甸園重建真正的生活。

3　文中作者使用的是起點一詞，意自裏海起。

克林的確是難民，更正確地說是流離失所者，因為難民來自他國，而流離失所者依然在國境內移動。國際人道法認為難民所受傷害更深，可依 1951 年日內瓦公約和 1967 年紐約議定書的協議，取得他國的庇護權和援助，而流離失所者，卻得由自己的國家負起照顧的責任。

亞賽拜然的難民為數不多，來自亞美尼亞的亞賽拜然人更是寥寥可數。上個世紀九〇年代初，在與亞美尼亞因「納戈爾諾－卡拉巴赫」的衝突中，[4]被迫放棄家園的數十萬亞賽拜然人，原來住在卡拉巴赫地區及其附近的亞格單、飛祖拉、克爾巴扎爾、獎吉拉那、則布來爾、古巴德瓦等這片亞美尼亞軍事佔領下的亞賽拜然屬地，他們人員龐大，衝突後，造成十分之一的亞賽拜然人流離失所。

這當中有許多人留在貝伊拉加那、伊密斯拉、阿戈扎貝蒂、巴爾多等地，覺得越接近家園越好。他們住在帳篷、火車車廂和以鐵板、膠合板倉促組合成的簡陋小屋中，認為只要拖過春天、夏天、秋天就好，甚至再拖過一季冬天吧！反過來說，在市區定居、有份全職的工作和穩定的生活，對他們來說是件可疑的事，帶有背叛意味，等於承認他們失敗了。因為不是再過數月、半年，最多不過一年的時間，我們就要回去，讓一切恢復原狀了嗎？！

這對當局有利，他們讓外國代表團看薩比拉巴德附近的帳篷城、陷於泥濘中的薩阿圖伊貧民區、伊密斯拉鐵路側線上

4　位於南高加索地區只被三個非聯合國會員承認的國家，大部份國家只承認其為亞賽拜然的自治區域；納戈爾諾－卡拉巴赫控制了大部份蘇聯時代的「納戈爾諾－卡拉巴赫自治州」領土及其周邊區域，西接亞美尼亞，南連伊朗。

的牛隻運載車廂。每個家庭分到半截車廂，而車廂下的鐵道上則散放著飼養家畜的籠子，這些營地看起來礙眼，他們是亞賽拜然受傷害的證明。直到十幾年後，當局才興建第一批非臨時性的社區，區內有學校、自來水和一般電力供應，不再需要偷盜、以膠帶接合、或只是空口說白話的自誇了。社區內的每個家庭都有座房子和一點土地，好讓他們感覺能在此安身立命。

部份難民定居在首都巴庫，剛開始時還引人同情，久而久之就開始讓人不快，多年過去了，他們還是活在懊悔之中，毫無羞恥地顯現他們的不幸。這些市中心的破舊大樓實在太醒目，老是披掛著晾曬的衣物，夜晚則百瓦燈泡齊放光明，反正難民不付電費。這些舊樓埋沒於垃圾堆中並自行腐爛，不是陽台垮落就是屋頂塌陷，沒人願意整修，幹嘛關心這些不屬於自己的東西。當地人彷彿將自己的不幸命運，在這些物品上加以報復。

據說當局要出面整頓，拆除難民飛地，[5]分配住房給民眾，問題是如果亞賽拜然和亞美尼亞達成協議後，誰願意回卡拉巴赫？

我們下車後，獒犬不斷吠叫，將出來迎客的克林一家的聲音給淹沒了，叫聲好不容易停止後，關在鐵絲籠內的母雞開始發聲，鄰近的綿羊也咩咩叫了起來。

「這就是我的牧場，」克林輕笑，「我在此擁有自由，沒有人可以命令我，離市區只有一至一小時半車程。」

---

5 飛地是一種人文地理概念，意指在某個地理區劃境內有一塊另屬於他國的區域。根據地區與國家之間的相對關係，飛地又可以分為「外飛地」（Exclave）與「內飛地」（Enclave）兩種概念。

　　克林是記者，寫些有關人權的東西，他同時也活躍在幾個非政府組織中，其一在反抗對流離人士的歧視，另一則希望以和平方式解決卡拉巴赫的衝突，也有負責協助優秀青年的組織，有時他還為歐洲安全暨合作組織及歐洲理事會的巴庫代表準備專家報告，老實說，只有這項工作帶來些微收入。

　　孩子還小時，生活還能勉強糊口，他們入學後就難免有青黃不接時。後來克林辦了貸款並買了群羔羊，就在門前放養，不需任何花費。投資開始回收，有個前往皮爾朝聖的人自此經過，順道買了二頭綿羊，打算宰殺作為牲祭後吃了。羊肉極為美味，他把克林推薦給朋友，後來訂單就接連不斷。「我現在是個農戶了！」他興高采烈地說著。

　　桌子露天放置，位置比房子稍低些，四周是菜圃和野玫瑰叢，附近小溪蜿蜒流過，應該是附近的唯一，錯綜的渠道自此溪分流而去，灌溉此間所有田地，小丘為庭園遮風，從最高處可望見海。

　　真不知他是怎麼施展奇蹟的，這是多年的辛勞和愛的成果，克林勢必已在此定了下來。

　　克林的大女兒拿來水壺，好讓我們沖手，他老婆則遞毛巾給我們，感覺像進入東方童話中。

　　主人搖了搖頭，說：

　　「我們在舒什（Szusz）⁶的待客之道有所不同。」

　　遲早話題中都會出現卡拉巴赫，無法避免。2007 年是首度暴動後的第二十年，戰事爆發的第十五年和停火的第十三

6　舒什是亞賽拜然在卡拉巴赫的飛地，為亞美尼亞人所佔領。

年，之後什麼問題都沒有解決，十三年來國家仍處在停火狀態中。

有關卡拉巴赫的歌成千上萬，書籍數以百計，影片數十部。我曾經想在亞賽拜然找出沒有提到或引用卡拉巴赫的任何報紙，結果徒勞無功。

在流離人士的家中，其他主題根本就不恰當。

克林的話題從將待客之道視為藝術的舒什，談到有一次他出訪奧蘭群島，[7]同行的還有亞賽拜然專家團。他們參觀的項目是歐洲如何處理少數民族問題，及何謂自治，資助這趟行程的組織同時也邀請了亞美尼亞代表團。行程將結束時，某亞賽拜然人問亞美尼亞人：「你們不想過這樣的生活嗎？」

「你們又不是芬蘭人。」亞美尼亞人說道。

「而你們也不是瑞典人。」亞賽拜然人尖銳地回道。

「看吧！我們跟亞美尼亞人有許多共同點，你應該無法想像有多麼多。」克林下此結論。

「你怎能向他們伸手示好啊！」原先安靜地坐在一旁的阿諸曼，也就是克林的弟弟突然嚷嚷了起來。「他們奪走了我們的一切，像吸血蟲般吸我們的血液自肥，而你卻跟他們一起在歐洲閒蕩，真為你感到可恥，知道嗎？」

他們應該是吵過千百次了，阿諸曼不明白跟亞美尼亞人有什麼好說的。

「讓我碰上這種卑鄙的人，我就將他的頭扭斷，哦！像

---

7 奧蘭群島位於波羅的海，波的尼亞灣入口處。奧蘭為芬蘭一自治省，島上通用瑞典語。省府瑪麗港是全省最大城市。

這樣。」他發出嘶聲。

　　他們不住在一起，阿諸曼跟妻子和孩子住在煉油廠旁的小屋內，在那兒當了幾年的看門人，最近這位置讓主任的同胞給佔了，從那時起阿諸曼就在附近租地牧羊。如果不是亞美尼亞人，他應還在舒什的祖傳果園內種植，像個波斯王般生活愜意。

　　「你知道為何他們的總統科恰良這麼憎恨我們嗎？因為他是個亞賽拜然私生子，現在對我們全民族的人施以報復！」阿諸曼重複說著這則在巴庫流傳了一段時間的傳聞，他完完全全地相信這一切。巴庫是誇大狂的天堂，就連最驚人的理論也有人相信。

　　阿諸曼跟克林是對親兄弟，不過兩人卻一點都不像。

　　阿諸曼上的是亞賽拜然語班，學的是東方思想，比如菲爾多西、哈菲茲、 歐瑪爾、尼札米、納米西和哈甘。克林跟他上同一所學校，可是是俄語班，唸的是契訶夫、杜斯妥也夫斯基、萊蒙托夫跟普希金，另外還有莎士比亞、但丁、歌德跟韓波的俄文譯本。

　　阿諸曼是宿命論者，而克林把生活當成是一道待解的數學習題。

　　阿諸曼可以花上好幾個小時談君主、東方公主、殘酷的山中老人或狡詐的納斯爾丁（Hodża Nasreddin）。克林則寫詩，當年在校的時候，還曾得過文學獎。從那時起，他就隨身攜帶一本小冊子，以隨時寫下靈感。他喜歡拉蘇-惹瓦的詩，拉蘇-惹瓦曾教誨世人在世應盡量避免專注於個人，而讓眾人在其往生後感受失去的空虛。

這兩兄弟甚至連膚色都不太一樣，阿諸曼比較黑。

　　夜幕低垂，我們被幸福擁抱。在喝過茶、用過甜點後，這兩兄弟已經不再吵架，亞美尼亞人也暫時被遺忘，阿諸曼的時間到了。

　　「有個女人在某個晚上攢了一團旅客，」他開始說。「進來啊，我的駱駝們！」她招呼說。女人讓旅客飽餐後把床鋪好。「我的小綿羊們，好好睡吧！」女人和眾人道晚安。隔天，她和旅客們道別：「一路順風，我的音樂家們！」旅客中有人問她為什麼用這麼奇怪的方式稱呼他們，女人答道：「晚上時你們對我來說就是駱駝，因為每個客人都是獨特而偉大的，就像駱駝一樣。然後你們成了小綿羊，因為你們進了我家，而我是房子的主人。現在，你們是音樂家，因為你們即將前往別處，向他人讚頌我們的小城。」

　　他們必須為坐落在通往德黑蘭公路上的商隊旅店的旅客們編出這一類故事。旅店距離三迦超終點站只有數公里，可回溯至十四世紀，這附近都還保留有「owdan」，即地下儲水池，和「dewelik」，即駱駝棚。

　　我當時覺得歐洲與亞洲的分界好像就從這裡經過，把我們的桌子切成兩半，也把克林家人一分為二：阿諸曼屬於東方世界，而克林是西方的一份子。當然，他們從來沒有想過要這樣區分彼此，一切純屬意外，這樣的區別也許是起因於當年在校選班的時候，或可說是因為兩人個性或天性中的某種因子使然。

　　庫爾斑・薩伊德所寫《阿里和尼諾》的故事得從地理課講起：

　　歐洲北部、南部和西部環海，形成大陸的天然屏障。其中包括：北極海、地中海和大西洋。歐洲東部邊界穿越俄羅斯帝國。先沿烏拉爾山脊，穿過裏海和高加索。

　　關於這點，科學還無定論。部份學者將高加索南坡也列入歐洲；其他學者則不承認這是歐洲的一部份，尤其是就此地人民的文化發展來說更是如此。孩子們！我們的城市究竟屬於進步的歐洲或落後的亞洲就取決於你們了！身著俄羅斯中學教師閃耀金光之制服的教授滿意地帶著微笑。

　　巴庫的俄羅斯帝國人文初中三年級的四十名學生，被這無窮盡的知識和落在他們肩上的重任給壓得無法喘息。

　　我們沉默了一段時間。我們，指的是包括三十名的穆斯林、四名亞美尼亞人、二名波蘭人、三名老信徒派教友及一名俄羅斯人。突然間，坐在最後排的穆罕默德‧海伊達舉手說道：「教授抱歉，我們想留在亞洲。」

　　……

　　薩寧教授臉色變了，他的任務就在將這些學生培養成真正的歐洲人。

巴庫日記（1）

2005 年 3 月 13 日

來自 TVN 電視台亞當・羅加拉（Adam Rogala）的精彩報導。

羅加拉在亞賽拜然待了一星期，不只在巴庫停留，他也下鄉，甚至到了油岩這個小鎮。他設法取得舊新聞影片的片段，當中石油自簡陋的木製鑽油設備噴向天際。其他二名報導中的主角，失業男子和文化部長波拉德・布爾－布爾・歐格魯的說辭一致：「腐化和墮落由西方東傳，我們得抵擋這趨勢，亞賽拜然有自己的其他價值（失業男子說：在西方，人們裸奔）。」

他們是這麼看我們的，透過糟糕透頂的影片、廉價娛樂、二流電視頻道而加以扭曲。

那我們又是怎麼看他們的世界？

2006 年 11 月 9 日

再一次參觀地毯博物館，我喜歡來這裡，地毯史透露出諸多民族和文化的命運。

地毯在西方是豪華的奢侈品，僅少數人可享有，作用在裝飾、製造氣氛，同時也是主人的地位證明。

在東方地毯之鄉，地毯最主要的功能就是家具，有時甚至是家中的唯一，具備床、椅子和桌子的功用。富裕的工匠或商人買得起較昂貴和質量較佳的地毯，但他也和牧羊人擁有的小屋毛毯一樣，起居都離不開地毯。過去在亞賽拜然（也不只

是那裡）各式各樣的生活物品皆以編織完成，如：手提箱、旅行袋、類似我們這兒裝棉被和衣物的收納箱籠、甚至是家用什物的架子等。它們比木箱輕且便利，對移動性高的人來說，甚至游牧和半游牧的族群都適用。再說，木材在當地是天價，東方裝飾性織物就更不用說了。波斯地毯人盡皆知，不過他們是掛在牆上，不是鋪在地上的。

到東方家庭去，在門口處得脫鞋，因為在人家床具或桌布上走動實在不適宜。現在還是常得脫鞋，甚至已無人在地毯上就寢或用餐的城中也不例外，這幾乎是反射動作。我們脫鞋進入清真寺，也就是聖殿，清真寺內無長凳，不過地板上鋪滿地毯，較簡單的寺中則以鋪設地面取代。

去西方家中不必脫鞋，因為有椅、凳可坐，地板就是走路用。如果有地毯的話，也是掛在牆上的壁毯（如掛毯或牆上裝飾畫，有時以壁紙取代）。

現今，在東西方的諸多家庭中地毯就置於地面，其上放置桌椅。其實，這已是文化上的混合，將二種傳統或生活方式融合在一起。二種文明共治。

2003 年 10 月 23 日

我讀完庫爾斑·薩伊德的《阿里和尼諾》的故事。

阿里和尼諾從一角度看來，可說是東方版的《羅密歐與茱麗葉》，故事的主軸為亞賽拜然穆斯林阿里·汗·什爾萬什爾（Ali Chan Szyrwanszyr）和喬治亞天主教徒尼諾·基皮亞尼（Nino Kipiani）的愛情史，他們短暫的婚姻在阿里為捍衛亞賽拜然而於蘇聯入侵後死亡下結束。從另一方面來說，這是關

於文明衝擊及其後果的首部現代化敘述。

　　主角都受過教育，畢業於巴庫的俄羅斯中學；來自富裕且開明的家庭，在同一城市成長。儘管如此，阿里還是亞洲之子，而尼諾屬於歐洲。文明衝突在日常生活中體現，例如：尼諾受不了的是過阿舒拉節時的鞭笞者遊行，阿里就像被催眠般地加入其中；或是在巴庫的外交宴中，尼諾自在的行徑讓阿里不快。尤其阿里對西方訪客盯著自己妻子光滑的雙肩看時，也感到不住的尷尬和反感。女性在家庭和社會中的地位，東西方各有不同，對婚姻有不同的定義，對禮儀也有不同規範，這些情況在書中眾多場景和情節中穿插。

　　作者生於巴庫，儘管他的成年生活於西方度過且以德語寫作，他還是保留了東方人的特性（《阿里和尼諾》故事最早於 1937 年在維也納出版），他是反吉卜齡派。生於孟買的魯德亞德・吉卜齡曾說過一句名言：「東方是東方，西方是西方。」他完完全全屬於西方世界。

伊瑪目之孫女

　　第二天她什麼都不記得了。不記得市府證婚人問皮耶要不要娶她時，他馬上就說要；不記得她自己隔了一會兒後也說了同樣的標準答案；不記得兩人是怎樣簽結婚證書的；不記得皮耶安排兩人在最愛的餐廳午餐、塞納河畔的漫步，以及所有的祝福。一直到攝影師（皮耶的高中同學）把剛洗出來的照片拿給他們看時，她才相信她真的結婚了。

　　新娘就是吉烏娜拉本人，一個 28 歲的亞賽拜然女孩，有著一身橄欖色皮膚和藍黑色的秀髮。大家都說她很漂亮，而且絕對令人印象深刻──她老早就知道男性都對她有好感。她是永遠的模範生，索邦大學畢業生，而且已經開始唸博士後課程。她同時也是瑟吉德、納希切萬清真寺裡伊瑪目的孫女，以及家庭、傳統和祖國的背叛者。從昨天起，她就成了法國人的妻子和這個世界上最棒的城市的居民。

　　光是她的外型──高高挽起的秀髮、只搭配披肩的米色洋裝，就該被好好罵一頓。在家鄉，婚禮的裝備應該引起別人的迷惑和暈眩，項鍊、耳環跟胸針當閃耀著厚實的金光，亮片及蕾絲裝飾的花邊輕輕顫動，成串的手環碰觸發出悅耳聲響，讓奢華的荷葉邊輕飄。如果沒有這樣，就會顯得不正經、挑釁，會冒犯新郎、他的家人及在場賓客。當吉烏娜拉第一次到歐洲的時候，就詫異地發現，那些東方人所謂的美麗要素，對西方人來說反而是庸俗，那裡認為誇張就是高雅，而這裡對高雅的認定卻是溫和而含蓄的。她反覆思索這一切，覺得興味盎然。慢慢地她習慣了簡單和樸素，雖然曾幻想過自己的婚禮會

很隆重，沒想到最後一切都準備的很倉促，使她沒得選擇，哪個款式合她身，就直接拿了。這還不算什麼，她擅自嫁人這件事才真的是條大罪；最糟的是，她嫁的不是穆斯林，也不是亞賽拜然人。

她一邊聽著皮耶喋喋不休，聽他讚美她昨天的外貌，和他那已遠至百年後的計畫，一邊試著將自己的人生理出頭緒。所有這一切都過去了，她已經做出選擇，人格分裂就要結束了。每次從巴黎飛巴庫，還有從巴庫飛巴黎時，皮膚狀況的改變要結束了，也不用再時時注意別鬧笑話。她渴望找回好幾個月前，當這一切開始之後，她就已失去的平靜，不過到目前為止她不覺得鬆了口氣，只覺得很可悲，現在已經不能回頭，她已經把退路斬斷，把閘門推向那一邊的世界。她知道已經不能回亞賽拜然了，如果哪一天她鼓起勇氣飛回去探望她的媽媽和姐妹們，她會不斷觀望，擔心有人認出她來，然後在小巷弄間躲躲藏藏，避開大道和廣場，在捷運跟蘇式小巴中背向所有人。要是她那無數的表親、近親中有人看到她，可能會對她吐口水甚或殺了她，而且一定沒有人會說他們不對。

「你來自瑟吉德家族，是先知的後裔。」當她和最要好的女性友人要一同加入芭蕾學校，並將想法告知雙親時，她父親如是說道。她父親不同意此事，但當她依然堅持時，她父親就帶她去走了一段長路，他始終認真地對待她。當她還小時，他就常為他解釋處事之道，耐心地為她解釋這世界。他是名工程師，閱讀諸多純文學作品，訂閱了各種期刊和《*tolstyje žurnaly*》報，對歷史也感興趣。他當時就說：「瑟吉德家的女孩不准翻跟斗。」「我們不止屬於自己，更是某個家庭、家族

和民族的一份子。我們的親人幫助我們，我們也幫助親人，這就是力量的泉源，我們不能傷害彼此，我們必須為什葉派穆斯林立下榜樣。」

她聽得不甚明白。反正她有一堆的責任，卻沒什麼權利就是了。她被禁止談吐粗魯且穿著不能不得體，甚至也不能任性，這將使她的族人蒙羞（她的大姑媽瓦麗姐就曾這麼對她說，她在背後偷偷叫她「瓦麗多爾」）。她很快就明白了一件事，除了她父親以外，沒人認識真正的吉鳥娜拉，無論是從小女孩到亭亭玉立的閨女，她都擁有自己的喜悦、悲傷、興趣、感情和生活。他們視她為聖潔的米爾馬密德（Mirmamed）的孫女，她的祖父曾於什葉派聖城拿扎夫研習《古蘭經》，住在納希切萬共和國並擔任清真寺的伊瑪目。

後來她才知道，父親的婚姻並非門當戶對。他和母親曾於巴庫大學就讀，他來自納希切萬，而她是卡拉巴赫人，經由朋友介紹認識。這樁婚事在倉促中完成，本應該失敗的，家人威脅讓他喪失繼承權，也替他找了配偶人選，不過他還是堅持己意。母親無嫁妝且穿細肩帶禮服，在卡拉巴赫就是這麼穿，在巴庫也尋常不過，但在這家族中卻是前所未見之事。瓦麗姐姑媽倒是樂於穿著傳統長袍，她怕的只有 KGB。[8]祖父有幾年的時間不願跟父親說話。父親之後就一直受到審查，而芭蕾學校這事簡直就是致命一擊。

她終於見到祖父時，已有九或十歲了。他們回到納切希萬度過整個夏天，就住在祖父的大房子內，身邊眾人來來去

---

8 前蘇聯國家安全委員會的縮寫，為一特務機構。

去。頭幾天吉烏娜拉還以為他們是遠方表親、不熟的姨媽、姑媽及其後輩等家人，就此問題問了父親。

「都是幫傭之人。」他簡短地回答。「你祖父是非常受尊敬的長者，可說是活聖人，人們前來表示關懷之意，期待因此獲得恩典。婦女們打掃、洗衣、做飯；男士們則負責庭院，有東西損壞就修理。」

「侍從！？」這古老字眼由吉烏娜拉脫口而出，她也只在書本中讀過而已。她知道過去的壞人強迫人們為他們工作，但在人類已登陸月球，所有兒童都得上學的現代，早就沒有侍從了，就像沒有國王和皇帝一樣……。

「別這樣想！」父親漲紅了臉，「這些人都是自願幫忙的。妳絕絕對對不准告訴別人妳所看到的一切，如果妳說出去，我就會入獄，而妳得去感化院！」

祖父就要八十歲了，身體還很硬朗，是名高傲、乾瘦的老者，動作不多，寡言少語，一頂羔羊帽不離身。早上他上清真寺，午後則接待民眾，當中多人自遠方來請示意見並要求祝福，有時也求救濟金。他們有時詢問是否可買轎車或去醫院與否，對他的答覆和定奪十分依賴。家中由瓦麗妲姑媽管理，她指揮訪客並管理「侍從」，至今未婚。顯然，祖父在複雜的事情上得徵求她的意見。

二個月內吉烏娜拉與祖父只談了二、三回，他詢問她在學校的情形並要她聽父親的話。告別時，他將她緊緊擁在懷中，並說他相信她。

她從未告訴過任何人她在納希切萬的見聞，她也未提到他們在家中祈禱，偷偷進清真寺，且她父親收聽西方電台的

事，許多事她都避而不說。

父親過世時，她正就讀於大學羅曼語系二年級，而三年級時祖父也逝去。首度的死亡來得突然且出乎意料，幾個月後她才從事件中走出，第二場死亡就被她視為是自然該發生的了。她未曾想過她的生活受到多大的影響。

姑媽瓦麗妲成了族長，當然沒召開任何會議、投票，大家都知道姑媽是祖父身邊最親近的人，如果祖父有任何疑慮，當會留下線索。

姑媽的注意力集中在吉烏娜拉一家，現在家中全是女性，母親和三名女兒。三個女兒都在大學就讀，但姑媽深怕在無男性照管下，她們將學壞，選擇錯誤的道路。

吉烏娜拉的一些遠親表兄弟們，開始不經意地在校園中出現。其中一位代鄰居向她問候，而這位鄰居是她每天早上上學途中都會遇到的（「我剛好路過，想讓妳開心一下」），另一位則突然要借亞賽拜然史，他認為她應該會將這三冊的全集帶在身邊。有一回，校門口有個陌生男孩向她搭訕，微笑著問她是否願意一起喝杯咖啡。她立刻回想起在納希切萬見過這個人，他是祖父女性「侍從」之一的兒子，她立即飛快地轉身離去，害怕有人在觀察她。再拖個一秒鐘，人們就會覺得她「容易上鉤」，因為她跟陌生人聊天。上帝保佑，如果她真的跟人約會，就不會有正直的人要娶她了，而她母親終身都會因教女不當而被指指點點。從那時起，下課時她都盡量跟一群女同學作伴。

但在家中也不得安寧。一個月中有數次，通常在晚間八點過後，父親在納希切萬的舊識就敲門來訪，帶來信件或某個

親戚送的李子醬，還沒進門來就往屋內東張西望，詢問「小女孩」們的情況。她們立刻就站了起來，好人家的女孩這個時刻應在家中。吉烏娜拉想到可能是有人看中她們當中的一位當兒媳婦，要求這個熟人看看她們舉止是否合宜。但之後並無任何媒人隨之而來，她就認定這只是瓦麗多爾姑媽的預防性動作而已。

當她得到法國留學一年的獎學金時，她高興不起來，心中浮現姑媽不同意的念頭，而自己的母親卻無權決定。更早前的扎古爾巴為期一週的語言營時問題就浮現了，當時她那一組的人都得去，但屆時只有五名男生報名，其他人的父母都不放行，所以該營就取消了。她將此事告訴母親，她只神秘地一笑：「這事交給我。」

她永遠都不知曉，她母親究竟是如何說服姑媽的，家族內自有秘密。幾個月後她就在巴黎戴高樂機場降落了。

這次探親就像其他重要的幾次家族聚會一般，大家在一片驚訝中混亂地互相問候著。吉烏娜拉於前一天回到巴庫，現在正和姐妹們看著她為法國友人拍的照片，並一邊咯咯笑著，將一些小紀念品擺在架子上。母親準備著午餐，從肩頭上回望她們。

瓦麗妲姑媽突然出現在門邊：

「妳回來了，真好！我好想念妳！」她氣喘吁吁地抱怨著，並緊抓吉烏娜拉。她已有相當歲數且體態豐腴，而她們住在無電梯的四樓公寓。「我剛好去了醫生那裡，才知道妳回來了。我得好好看看妳，妳這聰明的女孩，真是我們的小太陽啊！」

　　姑媽向來極少出現在巴庫，大概幾年一次吧！吉烏娜拉剛開始還以為這實在是個了不得的巧合。只是不知為何圍繞著她打轉，卻對母親和姐妹們不太理會。

　　「過來讓姑媽看看！」瓦麗姐已坐在椅子上，眼睛盯著站在她跟前的侄女。「妳在法國巴黎變得更漂亮了，不過也清瘦了許多。亞賽拜然菜是無法取代的！」她把手伸進袋子裡，並取出一罐核桃醬，那是納希切萬主婦的家庭手工美味。「留著吃吧，孩子！」

　　她留下來吃午飯，之後他們一起喝了許久的茶，談了些言不及義的話。

　　「該走了，」她總算說出來意了，「我跟法爾哈德約了，他應該早就在樓下等了。喔！真該死，差點忘了。」她轉向吉烏娜拉並熱情地抓起她的手。「我今天看見艾伊丁了！真是個好男孩。他要我向妳問候。」

　　「艾伊丁嗎？」吉烏娜拉有點詫異。

　　「是啊！就是艾伊丁。亞爾欽伯父的兒子。你怎麼會不知道？妳祖父和他祖父是親兄弟啊！」

　　「喔！艾伊丁，」吉烏娜拉總算驚覺到底在說誰，「他還是個孩子。」

　　「歲月不饒人，」姑媽說起教來，「他唸完二年法律系了。再過個兩、三年就該結婚了……」

　　原來是這個意思，吉烏娜拉明白了，姑媽要撮合我們的姻緣，所以不遠千里而來。

　　本就該想到的。就亞賽拜然的標準來說，她已是老處女了，不過她還沒感覺到光陰的催促，還想再繼續深造，她的法

國友人都還貪玩，沒人想到成家一事，她有點嫉妒他們。

姑媽愛替人做媒，人盡皆知，就像個經驗豐富的飼養人，人們被他一一配對，這位跟那位、那位跟另一位⋯⋯等。之後就籌備婚禮，婚禮分兩邊進行，因為在亞賽拜然男性和女性是分開慶祝的，至少在良好、敬神的家庭中是如此。祖父過世後，她利用她一族之長的地位，完全玩開來了，她的話就是命令，她能將各種想法付諸實現，就算年輕人彼此一點意思也沒有。

她相信她這麼做是為他們好。

吉烏娜拉對要嫁表親一事，不感到沮喪。她知道在歐洲這是被禁止的，可是在亞賽拜然則相當普遍，且這樣也有好處，至少你瞭解結婚的對象，熟知其父母，錢財也不落外人手中。有時，雙方有共同的祖父在某些穆拉看來血緣太近，因而不願簽訂婚約，擁有共同的曾祖父則不會有所保留。是不是表親不重要，重要的是人品。吉烏娜拉希望他聰明、人又好，至少得讓她有點喜歡上他。

「我該拿這位艾伊丁怎麼辦？」她問。

「不怎麼樣。你們就有時候見個面、聊一聊。這個人實在是親切。」

「當然啦！姑媽，我會跟他見面聊天，不過我還有個小小的要求。」她甜甜地微笑著。突然間她有個瘋狂的念頭，決定放手一搏。汽車或馬車二選一。

「什麼事？親愛的。」姑媽也甜得像蜜。

「我還想修博士學位，其實我已經著手進行了，巴黎提供的條件很好，我很快就能結束，姑媽妳看著吧！有了這學位

我一定能在大學中找到工作，這是件榮耀的事，二年內我一定
能修完，頂多二年半，我會回來的。」

母親和姐妹們跟姑媽一樣驚訝，吉鳥娜拉根本未向她們
提起過，她良心過不去，離開巴黎的時候，就有不再回去的念
頭了，至於博士課程，是在二名可敬的教授極力勸說下才去註
冊的，剛剛她還覺得這是不切實際的想法，還在考慮如何轉
圜。

姑媽靜默了一會兒，權衡如何回話，最後她晃了晃手。
「沒什麼，孩子，如果妳決定這麼做，我只希望妳不會遇上壞
事。記住，學業不是全部，智慧和心、對主的信仰都很重
要。」

大家都沒把話攤開來說，毋庸置疑的是吉鳥娜拉和姑媽
間已達成協議，用博士學位交換和艾伊丁的婚事。

她在第一個獎學金將結束時認識了皮耶。他們在同一大
樓上課，之前可能彼此曾擦肩而過，或在大學生群中未注意到
對方。二人的共同友人做了介紹：

「這是吉鳥娜拉，高加索女沙皇、獨立的巴庫、卡拉巴
赫和那奇撒萬公主。」

「是納希切萬，拜託！」

「哦！沒錯。這是皮耶。皮耶，說說你自己吧！」

他立刻就讓吉鳥娜拉喜歡上了。他個頭高，是個有自信
的金髮男子，笑容讓人無戒備卻帶著諷刺性的幽默感。她應該
也合他意吧！曾數度送她回宿舍，後來又開車送她到機場。她
和皮耶或許能……心中閃現了一個念頭，不過由於太荒謬
了，不值得掛在心上。當她又上了飛往巴黎的飛機時，她知道

這一切都是為了他。

抵達後馬上打了電話：

「我到了！」

他捧著一束花來。

他們就這麼成了一對。

剛開始的數小時是最糟的，之後吉烏娜拉重新整頓，巴庫、卡拉巴赫和那「那奇撒萬」公主消失了，由伊瑪目的孫女登上舞台。她從家中打電話給艾伊丁，約會散步於林蔭大道或市集間，就希望全城的人都看見，他們一起享受冰淇淋、喝檸檬汽水、以河為背景拍照。他們是可以公開露面的，看來就像一對訂婚情侶。姑媽在族內講開了，不過為了不冒犯任何人，也為了更確定些（畢竟天有不測風雲），通常由姐妹或母親的表姐妹之一陪伴他們。

吉烏娜拉不願意跟艾伊丁在一起，卻沒有勇氣直接說出。首先，他一定無法明白此事，高加索的任何男子都想像不出，竟然有女子不接受他。自出生起他就是媽媽、奶奶、姐妹、阿姨、鄰居太太眼中的寶，他們不斷地對他重複他有多俊俏、多棒的話語。所以，究竟是為什麼？其次，她有教養。再者，和姑媽間有協議，儘管該協議未做任何定論。

艾伊丁像欣賞一幅畫般地看著吉烏娜拉。他不蠢、心地善良且溫和，不過還有著孩子氣、平淡且無特性，看不出他的領袖氣質，就像他父親心情好時對自己的形容一樣。他先惹她生氣，接著嬉鬧，她本可將他置於股掌之間，在父權社會的亞賽拜然，許多婦女都如此對待她們的男人。有一回，她遇見同是嫁給表親的女性友人。她述說丈夫如何照顧她和孩子，所以

吉烏娜拉就下了這樣的結論：

「妳嫁對人了。」

「這不是僥倖，他敢對我不好試試看，畢竟是表親啊！」

二星期後，吉烏娜拉覺得可以就這樣度過一生：散步於林蔭大道間、冰淇淋、檸檬汽水、電視、每星期造訪美容沙龍、週末購物、馬爾達坎度夏日、不會冒犯男性自尊的輕鬆工作且最好是學校內、有時家人間閒聊等等。但是她突然感到恐慌。

「妳得回去。」

「我知道。」

「我們怎麼辦？」

「不知道。」

她已經是博士了。口試進行順利，接下來有一個月的時間她都在辦理一些小手續，且不斷地說服自己還在就學，最後終於無事可做。

她和皮耶已在杜樂麗花園中散步了數小時，雙方都感受到時間的流逝。該做決定了。

「跟我走吧！」

「什麼？」

「我們一起去巴庫！」

皮耶知道一切，儘管有許多事是他連想都無法想像的。他學著將他們當信仰一樣接受，不要問有何意義和邏輯，他信任吉烏娜拉且想幫助她，不過卻只能在一旁幫她打氣。

「我不確定這樣好嗎？」

「我們得試試看。」

　　她想將他向母親介紹，解釋這一切，她甚至已想好要說些什麼，不過不太積極。當飛機接近巴庫時，勇氣已消失殆盡，在入境大廳內她像隻獵犬般氣勢洶洶、充滿怒氣，不明白怎會做出這種蠢事。族人絕對不會同意的，他們好不容易才接受了身為穆斯林和亞賽拜然人的母親。他們會詛咒她所做的一切，包括放肆、不服從和將外國人帶回來。她將成為他們眼中的妓女、蕩婦，注定要當名老處女和永遠被嘲弄的對象，就連遲鈍的艾伊丁也不會再多看她一眼。

　　「去旅館吧！」她向皮耶丟下這句話。「我會跟你聯絡。」

　　接下來的幾天，她藉鎮靜劑之助，繼續當她的模範女兒和艾伊丁的體貼未婚妻。最後終於有機會聯絡上她的女性友人，她在拜伊沃瓦有單身公寓，卻與雙親同住，吉烏娜拉毫不客套地向她借鑰匙，之後打電話給皮耶並給了他地址。在拜伊沃瓦沒人認識她，洩漏的威脅極微，她搭蘇式小巴來，囑咐皮耶搭計程車。

　　「抱歉讓你麻煩了，」她先開口，「這樣做既愚蠢又多餘，我們不能在一起，我不能這樣對待家人。」

　　「妳不愛我。」

　　「我當然愛你。」

　　「那為何向他們屈服？我們離開，結婚吧！」

　　「你根本不懂。這不是法國，我不能失去家人。」

　　「他們會害了妳。妳要嫁給那個自大狂，就因為妳姑媽這麼說？真虛偽。父輩的身邊另有女人，甚至孩子，他們完全

不覺得有什麼不對，妳自己這麼説過的，只要維持假象就好。」

「他們都是為我好，關心我，給我安全感，不會在我需要的時候棄我而去，我可以依靠他們，我如何想是我私人的事，屬於我的自由範圍。」

她自己也無法完全相信自己所説的話，甚至就亞賽拜然而言，她的家族還是太保守了，成了固執、僵化的結構，像國中之國。所有她所敬愛和尊敬的人，彷彿都涉入巨大的劇場中，每個人在其中扮演著特定的角色。留在亞賽拜然越久，就越覺得這一切都是自然的。但這裡畢竟看不到像在法國那樣不幸、孤獨、受到傷害的人，自由有其代價。如今，她想盡快結束與皮耶間的關係。

他們冷淡地道別了，彷彿在一起的那三年沒有任何意義。

然而她無法忘懷，她對自己無法愛上艾伊丁感到遺憾，也抱怨母親一開始就同意她去西方，最怨恨的則是父親，是他教會她思考，並將不良的示範傳染給他。亞賽拜然的俗語説道：「想要平靜，就得又聾又瞎又啞。」吉烏娜拉無法做到這樣，只好藉助藥物。

唉！讓一切結束吧！結婚證書已準備妥當，隨時都可以正式訂婚了，艾伊丁的父親跟她母親商討著最後的細節，之後一切就進行快速：伊斯蘭結婚登記、婚禮、懷孕、生產。或許沒那麼糟，可以習慣的，不得已時還是可以離婚，雖然很不被看好，但有時還是會發生，就算在她族裡也一樣，最重要的是趕快有孩子，無子嗣的婦女在此沒有地位。

她不像其他家人一樣，相信預感和徵兆。不過，當手機響起，且顯示著法國手機號碼時，她就知道一切就要改變了。她接了電話，原來是她的指導教授。

　　「我以為妳會在巴黎。對，我知道那個電話號碼不通，所以我就……或許我該早點打，但我先前還不確定，直到現在一切才明朗化。我系所有空缺，馬上可以由妳替補。不知妳是否有興趣？」「真的嗎？我實在太高興了！」「妳什麼時候到？」

　　「後天。」

　　直達班機已無座位，不過她找到由莫斯科轉機的晚間航班，幸運的是她身邊還有點錢和有效的申根簽證，行李只花了她一刻鐘就打包完成，她就算閉著眼都能弄好。母親回到家時，吉烏娜拉已準備好出門。

　　「妳去哪兒，我的小花兒？」

　　她說不出實話，只好亂編剛好得知得去參加一星期的課程、助學金、證書、額外的考試等話。母親驚訝地望著她，簡直認不出這是自己的女兒，她根本無法相信她說的任何一句話。

　　「不用對我撒謊。妳在那裡有人，而且妳就要去他身邊吧！」

　　「是的，媽。」

　　「妳知道這裡會發生什麼事？！」

　　「我知道。」

　　……

　　……

「那就願上帝保佑妳。」

天剛破曉時，她就懷著驚恐按皮耶的門鈴，她未預先通知他，或許他會不要她。或者，更糟的是房內有其他女人？那時他會將她遺棄於兌換橋，就像雨果《悲慘世界》一書中不幸的警察巡官沙威的下場一樣，為何她沒有早點想到？

她來過幾次，不過都不是獨自前往，而是跟一群人，皮耶笑她太過敏感，不過她無法突破心理障礙。在國內，如果女子單獨會見獨身男子，意圖就很明顯了。如今她也不在乎了。

過了好一會兒門才打開。皮耶自己在家。

「你跟我結婚吧？」

「妳來，是為了向我求婚？」

「沒錯。」

「認真的嗎？」

「沒錯。」

「那我接受了！！！」

她開始打開行李，而他去做早餐，一會兒後就喚她到廚房，麵包旁除了奶油、優格、乳酪和蜂蜜以外，還有瓶葡萄酒和二隻酒杯。

「希望不會太早飲酒？」

「你知道我不喝酒的。」

「我知道，可是今天太特別了。」

「這種事沒有例外的，皮耶。現在我更不能喝，我得牢牢記住我是誰。」

他們想盡快完成婚禮，這可得有過人的功夫。吉烏娜拉

在巴黎奔走，頭一回她感覺到這是她的城市、她的國家，之前她只是過客，家園在千里之外的高加索。在此地她必須不斷地解釋：亞賽拜然是個獨立國家，雖然先前屬於俄羅斯。根本沒有北極熊，國內氣候溫暖，有著棕櫚樹、海洋和山脈，有點類似這裡的里維耶拉度假勝地；我們擁有一點天然氣和石油，是個伊斯蘭國家，但非正統派；我們根本不是阿拉伯人！阿拉伯人在清真寺才遇得到，她進寺內詢問穆拉和結婚登記之事，這對她而言非常重要。他們假裝對她視而不見，不理會她的問候，真是該死的性別主義者。她極為憤怒，就用阿拉伯語唸了幾句，她會說阿拉伯語、波斯語、土耳其語和英語，而亞賽拜然語、俄語和法語就更不用說了。他們對她丟下幾句嘲諷的話。她想起來，在聖德尼有名年輕穆拉，像那幾位一樣屬遜尼派，但至少是土耳其人。她去找他，馬上就把事情都辦妥。

在結婚登記時皮耶承諾會負起照顧她、持家及提供孩子良好教育的責任。

皮耶等不及新婚之夜就睡著了。今天還不行，親愛的，我還得考慮一下，明、後天一定沒問題，我自己也渴望著，你是我的丈夫，不過現在請給我一點時間。這是自長久以來，首度她未服用鎮靜劑，她想清醒地正視自己前一天才開始的人生，但是她的思緒卻不斷回到亞賽拜然，回到母親、姐妹、瓦麗姐姑媽、納希切萬及巴庫。她明白，過去的一切將像傷疤一樣留下痕跡。

孩子，只有孩子能幫助她，她意圖以孩子洗去這家族的罪惡。他們將是法國人，但也同時必須是亞賽拜然人，他們必須學習語言、文化和習俗，也必須認識宗教。或許穆拉將同意

為他們授課，她將帶他們上清真寺，每星期一次或二次；買給他們書並教他們阿拉伯語，她將盡力而為。

如果有一天他們回亞賽拜然而有人問起他們從哪裡來，人們必須知道他們就是納希切萬清真寺受人崇敬的伊瑪目米爾瑪密德的曾孫，一次世界大戰前他曾於聖城拿扎夫受教。

巴庫日記（2）

2005 年 2 月 11 日

我很早就起來學習語言，還不到五點。宣禮吏[9]陪伴著我；白天時他的聲音淹沒於三百萬人口的吵雜聲中，但現在卻清晰異常。他召喚信徒禱告，但對我而言彷彿在歌唱。

2005 年 2 月 12 日

與卡夏、魯西安和西蒙娜於猶赫劇場 Juh（亞賽拜然語為 Yuğ）共度夜晚。他們演一齣戲，可翻譯成「臨終時刻」或「靈魂出竅」（亞賽拜然語：Can üstə）。作者是亞賽拜然現代女作家亞法格・馬蘇德。

故事敘述老邁的前共產黨官員就要告別人世，這是他的最後時刻了，陪伴他的是女作家鄰居。她有意將其死亡經歷寫下，且懷抱著獲得諾貝爾獎的夢想（難道是馬蘇德的第二個自我？）在此結束屋主生命的克難房間中，只有一張床、衣架和四處散放、記錄屋主生平的文件夾。過往的鬼魂在此盤據不去，包括高官的司機、地方的 KGB 特務主管、過往的同事等。活人也來到現場，包括垂死之人的親人，還有一名想從他那些資料中找到與母親相關訊息的婦女，她的母親多年前被流放至西伯利亞。

演出完畢後，導演瓦濟夫・伊伯拉希莫格魯告訴我們，老一輩的觀眾不知怎樣看待這齣作品，當對話中提到

9　在伊斯蘭教清真寺宣禮塔上按時召喚教徒做禱告者。

「KGB」或「西伯利亞」時，他們彼此互望，不寒而慄，年輕人則反應平常。演員們每回都觀察來的是怎樣的觀眾群，之後決定怎麼演，如果老一輩觀眾比較多，他們就會留意，不要表演地過火了。

這是猶赫劇場中首齣台詞佔主要地位的演出。伊伯拉希莫格魯所創的劇場，位於穆赫塔洛瓦街十九世紀的圓頂浴場中。到目前為止比較強調手勢、歌唱、音樂和舞台動作等元素，未來也將如此。

猶赫（yuğ、yoğ）為古土耳其的葬禮儀式名稱。伊伯拉希莫格魯向我們解釋：「古土耳其人熱愛在葬禮後於這些新墓穴中進行濫交，狂歡戰勝死亡，從死亡勝利的地點中，產生了新生命。」

2005 年 2 月 13 日

我們因廚房中漏氣的瓦斯爐而瓦斯中毒。卡夏立刻就昏厥過去，我設法打開窗戶，之後關閉瓦斯爐。我們一整天在恢復當中。

重寫本

十字架的二側橫木等長，其橫木末端為花苞，形狀類似百合花飾。若拉說張開的花瓣是火焰：「在接受基督宗教前，我們崇拜火。」

古老的信仰並非完全消失，它隱藏在新宗教的記號和聖地中，延續千年。在這些地方除了火以外，更早前崇拜月亮，因此在火焰中還畫著半圓形。

若拉是烏丁人，世上共有一萬烏丁人，其中半數居於亞賽拜然的尼治（Nidż）村內。

烏丁人來自古烏啼，為斯特拉波所認為居於高加索之阿爾巴尼亞的二十六族之一。

此阿爾巴尼亞與巴爾幹半島上的阿爾巴尼亞沒有任何關聯。在紀元前幾世紀登上歷史的舞台，發動與羅馬和波斯的戰爭，直到阿拉伯人入侵後的第七世紀才失去其重要性。它從未形成中央集權國家，而是東高加索和東南高加索地區的鬆散民族聯邦。首都先設於離尼治十多公里外的卡巴拉，後設於巴爾多，同樣也不太遠。阿爾巴尼亞人同亞美尼亞人和喬治亞人一樣，有自己的字母表，是由 52、甚至 54 個字母組成。他們創造了極有意思的文化，只是流傳至今已所剩無幾。

第九世紀時，阿爾巴尼亞王公試圖重建國家，但失敗了。接下來的千年間，阿爾巴尼亞完全失去蹤跡。在俄羅斯征服高加索後，考古學家開挖卡巴拉，而語言學家則對烏丁語產生興趣且發現它與列茲金語和達吉斯坦其他語言接近。二十世紀末，喬治亞研究員扎扎・艾利克西澤於西奈山聖凱瑟琳修道

院中，找到三百頁的阿爾巴尼亞語重寫本，並決定將之譯出，對現代烏丁語將有所助益。2001年時解密了第一個字——塞薩洛尼基（Tesaloniki）。他已知道，這是《聖經》中聖保祿的書信之一。

結果顯示，阿爾巴尼亞一直存在著。

火焰十字架就刻在鳩塔利教堂的入口上方，這是村內最古老的十七世紀教堂，無任何裝飾的石砌堅固實體看來像座碉堡，窗戶類似射擊孔，而透雕塔樓則自屋頂升起。「更早前在該位置也有座教堂，不過是圓形，而非長方形。」若拉解釋。

「入口非常低矮，像東方的許多聖堂，跨越門檻者必須俯身而入，低下頭來。」

阿爾巴尼亞編年史的編者摩西·卡萬卡圖伊斯基（卡甘卡特瓦奇）曾寫道，阿爾巴尼亞人於一世紀時由聖以利沙施洗，不過實際上這可能是三百年後才發生的事，與喬治亞人和亞美尼亞人的時期類似。後來在此高加索地區，由阿拉伯人和後來的塞爾柱人所帶來的伊斯蘭教佔上風。直到目前，在阿格達斯或烏扎爾等地附近的穆斯林村中，婦女們仍在麵包上做十字記號，但對習慣由來卻不知。

基督宗教於山地中的聚落和高加索的山麓丘陵間延續最久，包括烏提人所居住的尼治和瓦爾塔生，烏提人也就是後來所稱的烏丁人。阿爾巴尼亞東正教大主教轄區也保留了下來，然而阿爾巴尼亞卻早已不存在，無人記得阿爾巴尼亞字母系統了。《聖經》曾以亞美尼亞文抄寫，而禮儀也以古亞美尼亞方言進行。

尼古拉一世於 1836 年時將阿爾巴尼亞教會與亞美尼亞教會合併，用意在挽救人口日益縮減的烏丁人，且周遭全是穆斯林。教會百年來合而為一，阿爾巴尼亞的自主只是象徵性，但畢竟存在過，且烏丁人與之密切相關。

若拉很確定，沙皇陷入了亞美尼亞人的圈套中，他們以繩索拉著，出價買下莊園，佈下陰謀網。

亞美尼亞教會當局列出被接管的烏丁聖堂清單。在鳩塔利，訊息就被釘在十字架旁，進入時必須向亞美尼亞字母俯身致敬。

*　　*　　*

目前的亞賽拜然國土，在其存在歷史的大部份時間內，都屬於波斯的勢力範圍。波斯的影響遍及高加索的阿爾巴尼亞，位置偏南，就在亞賽拜然和伊朗邊界上的亞特羅帕特那，抵達吉斯坦的德爾本特。

土耳其人於九世紀至十一世紀期間，抵達現今的亞賽拜然和伊朗西北一帶定居，移民潮共有幾波，他們吸收了早先的居民，成了主人。接下來數世紀間，他們建立了數量龐大的汗國、公國、聯盟、同盟等，彼此間不是發動戰爭，就是結成聯盟，共同抵抗他人侵略，卻也入侵鄰國。改朝換代間疆界也有所變動，城市興起與衰落，但王中之王波斯國王的宗主權，無論是實權或象徵性，都在眾人之上。

這片土地上使用的語言就是土耳其語，後來以亞賽拜然語作為日常用語言，文學及政治上則以波斯語為主，其角色相

當於歐洲的法語。亞賽拜然人所認可的正統詩人，如甘扎的尼查米（Nizami）和什馬哈的哈加尼（Chagani）皆以波斯文創作，但其中有時不免出現土耳其語，直到較後期的那希米才略以亞賽拜然語寫作。

宗教和科學等領域則是阿拉伯語的世界，可說是穆斯林世界的拉丁文。我們所提到的土地是烏瑪，也就是全球穆斯林社群的一部份。幾世紀以來該認同比起語言社團或服從統一領袖的社團更強烈。自北非經中東、東歐草原到中亞和印度及中國的前哨等地，烏瑪公民都感覺如在家鄉，同樣由宣禮吏大聲宣禮，到處都為孩子們取相同的名字。人們至巴格達或布哈拉唸大學，就像歐洲人去帕多瓦或巴黎一樣。

十六至十九世紀間，更確切地說是在 1514 至 1828 年間，波斯與鄂圖曼帝國展開九次戰爭，延續了約百年之久。當時烏瑪的二個強權為土地、貿易路線及信仰而開戰。波斯當時剛接受什葉派，為伊斯蘭的少數流派，他們認為穆罕默德的合法繼承人為阿里，也就是他的女婿。鄂圖曼土耳其人為遜尼派，遜尼派認為先知的繼承人應是下列之哈里發，如：阿布·伯克爾、奧馬爾及烏特曼等。遜尼派認定什葉派為異教徒及永遠的叛徒。

這場爭戰可說是兄弟相殘，土耳其與土耳其之爭。戰爭自伊斯梅爾一世（Ismail I），波斯的土耳其（什葉派）王開始。之後前線席捲高加索，喬治亞、亞美尼亞和亞賽拜然都陷入其中。對亞賽拜然絕大部份屬什葉派的土耳其人而言，土耳其蘇丹與他們使用相同語言並不具任何意義，他就是侵略者、征服者和敵人。只有部份斯爾凡精英贊同鄂圖曼·薩非王

朝（Safawidzi）奪走位於現今亞賽拜然中部的斯爾凡之獨立權。前亞賽拜然歷史學者如巴基汗諾夫（Abbas Kuli Aga Bakichanow）將這些人稱為叛徒。

俄國人於 1722 年首度入侵波斯，甚至攻下巴庫，但彼得大帝去世後便退回裏海，數十年後才再度回來。十九世紀初期，俄國與波斯打了二場仗，對亞賽拜然的命運影響至鉅。第二次世界大戰過後，原先於 1828 年所簽訂的圖爾克門查伊條約將亞賽拜然國土切割成南北，北部歸俄國（之後獲得短期獨立，又歸於蘇聯，目前則是獨立國家），南部屬波斯─伊朗，邊界沿阿拉斯河劃定，至今還是維持原狀。

南北間起初接觸頻繁，至蘇聯時期則幾乎不存在，圖爾克門查伊條約成了國家災難的象徵。第二次世界大戰期間，蘇聯軍隊佔領了部份的伊朗，為亞賽拜然的統一（在莫斯科的支持下）帶來一線生機。1945 年時於大不里士成立了親蘇聯的亞賽拜然自治政府，但幾個月後史達林就放棄朝此方向擴展，改向中歐前進。大不里士政府垮台，部長們逃至巴庫，阿拉斯河兩岸又再度漸行漸遠。

蘇聯解體之初曾帶來希望，後來則是失望。如今又再度開放了，現代記者曾如此記錄：

起初接觸時雙方略顯沮喪，無論在文化或宗教上都出現相當的差異。「北方人」對「南方人」的伊斯蘭熱情感到震驚，認為他們是無可救藥的保守派；而「南方人」則訝異於「北方人」的高度俄國化。雙方都認為自己比對方更文明。

（維克多爾・史尼勒爾曼，《龐亞提之戰》）

史尼勒爾曼所認定的俄國化，意指酒的普及程度和道德的解放。

*　　*　　*

我問若拉：「當阿爾巴尼亞教會與亞美尼亞教會合併後變得怎麼樣？」

他答道：「烏丁人不再上教堂。」他們拒絕新制度，拒絕亞美尼亞神父。後來蘇聯當局來，把一切都廢除了。總而言之，尼治在一世紀多以來沒有任何信仰。

他不想記起，烏丁百年來以亞美尼亞語祈禱的事實。卡拉巴赫衝突過後，亞賽拜然和亞美尼亞間的衝突一發不可收拾，難以想像過去至少還能和平相處（如果談不上和平，至少互不侵略）。

沒錯！當卡拉巴赫的衝突開始後，亞賽拜然人有時將烏丁人也視為亞美尼亞人，因為他們也是非俄國人的基督徒。其次，許多人有亞美尼亞姓，讓他們無法通行。有人遭毆打，有人房子被沒收，有人失去工作。很難一一解釋，這其實是斯特拉波，是阿爾巴尼亞的姓。為了免去麻煩，幾年內烏丁人未被徵召入伍。後來突然間，半個村子的人都從軍去了，那是一段艱辛時期，要存活下來，必須比教宗更具神聖性。

我們對阿爾巴尼亞宗教禮儀的原貌已不可得知。

亞美尼亞認為它與亞美尼亞禮儀無差別，亞賽拜然人及支持他們的烏丁人完全不認同，認為它為東正教禮，而非格列高利禮，其實最接近喬治亞禮。

不能完全相信外國學者，處理像「亞賽拜然的基督宗教信仰」這樣糾葛不清又奇特的議題，能博得人們的好感。到巴庫（亞賽拜然首都）參與會議的人，會避開埃里溫（亞美尼亞首都），反之亦然。

　　如果阿爾巴尼亞的禮儀書突然出土，可確定的是，其中一定有一方，甚至是雙方都可能認定是偽書。

　　最後一名為烏丁人服務的神父，於上世紀三○年代初被流放至哈薩克，自此未返。他在被捕前趕上為若拉施洗，若拉那一代人領洗的很多，但年輕這一輩的就寥寥無幾，似乎有些人在俄羅斯而有些人在喬治亞領洗。當然，人們不認為這有什麼好宣揚的。

　　（有可能有人由亞美尼亞人施洗，但他絕口不會承認此事。）

　　包括未領洗的人在內，大家都知道自己是基督徒。

＊　　＊　　＊

　　很難講亞賽拜然是何時成為亞賽拜然的，也就是何時地理和文化空間與政治空間合而為一。或許是十六世紀薩非王朝時，或者再更早以前。或許過程始於阿爾達比和大不里士，現在皆屬於伊朗，包括：什馬哈及巴庫的斯爾凡國，有很長一段時間不被稱為亞賽拜然。

　　同時也很難說明亞賽拜然語是何時自土耳其語的主幹分離，自成亞賽拜然語的。尤其，從土耳其語系的眾多分系中，最接近現代土耳其語的即是亞賽拜然語。

更難確定的是，絕大多數說土耳其語的亞賽拜然居民，是何時成為亞賽拜然民族的。亞美尼亞至今稱亞賽拜然人為「土耳其人」，而總統黑達爾‧阿里耶夫（Hejdar Alijew）過去曾提出「一個民族，二個國家」的口號，指的即是土耳其和亞賽拜然。

亞賽拜然的地理位置決定其性格。這片土地的特色在於其短暫性，對土地的認同模糊，且居民間的關係薄弱。亞賽拜然一直是邊界國家，山地接連著海和草原；高加索與波斯相鄰；波斯和土耳其為鄰；基督宗教與伊斯蘭並存（還包括拜火教和猶太教）；伊斯蘭什葉派和遜尼派對立及後來的俄羅斯與中東和歐洲與亞洲對立等。

對大家而言這是偏遠地區、遙遠的外省、孤立的堡壘、最後的前哨站。在宗教迫害前，異教徒、宗派成員和叛教徒都在此受到保護。他們指望在遠離首都和當局所在地後，能不引人注意。各宗派包括胡拉米塔、伊斯瑪儀、胡魯菲塔、巴比教及沙皇時期的莫洛坎等。

喬治亞也可說是位於偏遠地區，看是以西方基督宗教或中東的角度來看。無論如何，喬治亞自成一世界，喬治亞有自己的語言，以自己的字母系統書寫。

亞美尼亞是完全不同的世界，比較分散，更像群島（移民社群就居住於更遙遠的群島上，如：中東、歐洲、俄羅斯和美洲等）。對亞美尼亞人而言，基準在於具體的地方，如：亞美尼亞高原及聖埃奇米亞津。亞美尼亞人也有自己的語言、字母系統，更有甚者，自己的教會。

亞賽拜然人分屬於各個不同世界，如：波斯、土耳其、

什葉派、俄羅斯、中東（「在我內存在著二個世界，而我卻不屬於任何一個」——伊瑪德丁・那西米曾如此寫道，他是胡盧非塔宗派成員，1417年時因異端邪說而被活生生剝皮；塔德烏什・胡盧希切勒夫斯基翻譯）。他們在反對派上建立自己的認同：「我們是像波斯人一樣的什葉派，但我們講土耳其語，所以我們不是波斯人。我們講土耳其語，但我們屬什葉派，所以我們也不是純正的土耳其人。」

1875年時巴庫首度發行亞賽拜然語報紙，當時絕大半的亞賽拜然人都無法讀和寫，面對「你是誰？」這樣的問題時，他們可能答道：穆斯林、土耳其人或本地人等。

一位人稱「阿金基」（Akinczi 播種者）的人，本服務人民，卻被人民於沙馬其以私刑處死，此人也在報社工作，對新奇事物保持不情願態度，他創辦了亞賽拜然－俄羅斯學校，而非學習阿拉伯語的梅可特伯[10]。

少數亞賽拜然知識分子攻擊該出版商，認為他棄文學性波斯語，而採用粗鄙、不適於刊出的方言。一位作家指控他於農民間散佈「虛無、非亞洲的歐洲式野心」。

新一代的知識分子熱衷於泛突厥主義，也就是擁護土耳其民族統一的理想。想成為醫生的政治活動分子阿里・貝伊・胡珊扎德，設計了一套名為「土耳其化、歐洲化、伊斯蘭化」的計劃，亞賽拜然的藍紅綠國旗就是該三位一體觀念的具體反映。

亞賽拜然的研究員寫道：「很自然地，亞賽拜然的精

---

10 即伊斯蘭中教授學童讀、寫、語法和伊斯蘭科目的小學。

英，殖民地精英觀望那些成功地保持獨立地位的穆斯林鄰國，什葉派的優勢……當使他更接近伊朗，而非土耳其，然而這二種因素卻促成他的土耳其取向。首先，為亞賽拜然民族主義取作典範的歐洲民族主義中，語言扮演了關鍵角色。……其次，土耳其為較進步的國家。（阿里・阿巴索夫，《獨立亞賽拜然中的伊斯蘭：形象和現實》）

亞賽拜然人終於在 1918 年盼得屬於自己的民族國家。國土涵蓋自阿拉斯河起的北部，但波斯人仍然反對該稱號，深怕受伊斯坦堡支持的巴庫將會訴求伊朗境內的亞賽拜然土地。

這是歷史上第一個由穆斯林建立的世俗國家，亞賽拜然民主共和國的命運與亞美尼亞和喬治亞相同，二年後即遭布爾雪維克征服。[11]

* * *

這裡最引人注目的是豬仔，棕色長鬃毛的豬隻成群地在村內遊蕩，沿著籬笆和路邊覓食。無法想像這兒就是亞賽拜然，他們是不吃豬肉的。（如果吃的話，也是靜悄悄地，不宣揚）

豬隻的出現表示村內住著基督徒。

除了豬隻以外，烏丁人跟鄰居間毫無差別。

鳩塔利的教堂空蕩蕩，跟另外兩座一樣。沒舉行任何宗

---

11 Bolsheviks 俄語原意為「多數派」，是 1903 年列寧在俄國社會民主工黨第二次代表大會上，所成立的一個強硬路線派別。後來，布爾雪維克於 1917 年領導十月革命，建立第一個蘇維埃政府，並成為前蘇聯共產黨的前身。

教禮儀，也不過節慶。有時有人過去，將蠟燭點燃。沒有燭台，只好將蠟燭黏貼在石牆上，或者就讓它站立在祭台上。

他祈禱嗎？

應該不是。沒有烏丁語的祈禱文，而亞美尼亞語的祈禱文沒有人會，再說亞美尼亞語不合時宜。俄語呢？好像根本沒人想到。

更虔誠些的就畫十字，但非整個手掌，只以小指和拇指碰觸，過去長老是這麼教的。

長老還教大家，早上醒來和晚上睡覺前，必須向耶穌低語。

就只這些了。

還存在一些聖地，有些是村人共有，有些則屬於單一宗族，更有些就屬於某一家族。最受敬重的家族擁有七處聖地，就像克查里赫家族。

聖地可以是一塊岩石或是枝繁的老樹（有時被雷電劈成兩半），或洞穴、牧區等。重要的是在附近有棵能綁布塊的大灌木，以實現來此所發的願。

發願？譬如說：兒子從軍去，父親許下誓言，如果他能平安無恙歸來，就屠宰羊隻獻祭。當兒子歸來後，就宰羊來烤，骨頭必須埋了，免得招來野狗。或者：父親病了，兒子答應如果父親能痊癒，就犧牲一隻羊，天主應允了。

然後呢？不准在星期一獻祭。星期二可以，不過最好是星期五或星期日。

這一切在烏丁人中沿用至今，與亞賽拜然人、喬治亞人，甚至亞美尼亞人類似。有什麼原因不延續下去？在伊利沙

傳入基督宗教及阿拉伯人傳入伊斯蘭前，聖地老早就存在了。高加索未遺棄任何信仰，他接受新信仰，讓舊信仰移開，讓出位置，但畢竟還是繼續存在。新的禮儀記錄在舊禮儀之上，就像羊皮紙上的重寫本一樣。

＊　　＊　　＊

亞美尼亞人認為亞賽拜然人是遊民，到人家家裡做客，不只穿起別人的衣服還裝成主人；還認為他們只不過是千年前才遊蕩至此的牧羊人，對高加索的歷史而言，這就像吐了口痰似地無足輕重，本來他們就該繼續往前走，卻莫名其妙地留下來，更糟糕的是，他們還力爭卡拉巴赫、納希切萬，甚至連有著亞美尼亞著名修道院塔特夫的贊格祖爾，他們都懷有非分之想。

亞賽拜然人眼中的亞美尼亞人則狡猾、詭詐且棄信背義。他們喜歡利用別人，尤其是近鄰；犧牲別人來獲得享受；他們跟莫斯科的關係總是比較好。

蘇聯的聯邦共和國間的邊界看似無重大意義（卻讓人在生活上極為不便），誰也不讓誰，為了個山谷、隧道或村落，都可展開激烈的戰鬥。甚至，當一切都已塵埃落定，共和國的代表團還是會前往莫斯科，力爭修正的機會。失去聯邦地位而目前自治的阿布哈茲和卡累利阿是個好例子，告訴我們要保持警覺。

如何證明土地權？以高加索為例，就是必須永遠生存在這片土地上，從創世開始，或至少也得從大洪水及諾亞方舟時

代開始算起。有些鄰人就是要擾人清淨，絕不讓步。占賈（Gandża）是尼查米（Nizami）的城市，亞美尼亞人開始稱為占扎克（Gandzak），而將舒什唸成舒什伊，像生魚片一樣。等著看他們怎麼把巴庫說成是他們的吧！

亞賽拜然歷史學者和考古學者也來加入戰局，他們發現首批土耳其部族抵達高加索的時間比先前認定的更早，不是十一或九世紀，而是第七、第六、甚至是西元四世紀時。土耳其的亞賽拜然殖民是從塞爾柱人及其他大草原來的人所開啓的，來時已萬事俱全，因為匈奴人、烏古斯人和可薩人已為他們打下基礎。

理論很完整，卻無法為聚落的連續性提出證據，也無法說明第四世紀前的情況。而時間緊迫，亞美尼亞人吞併了烏拉爾圖（Urart），至少在時間上就往前推移了千年。

院士日亞・布尼亞托夫在此時提到高加索的阿爾巴尼亞。

亞賽拜然人有眾多祖先，為土耳其外來者與當地人混血，最主要是阿爾巴尼亞人，也就是高加索人，此外還有阿特羅帕特尼王國的波斯人，甚至是在這塊土地上統治三百年之久的阿拉伯人，這就形成了亞賽拜然民族。在這樣的民族融合中，大家理所當然地認為土耳其人佔主要地位，布尼亞托夫卻持不同看法。

這位學者思索阿爾巴尼亞人消失的原因。斯特拉波[12]所描

---

12 公元前一世紀的古希臘歷史學家、地理學家，生於現在土耳其的阿馬西亞（當時屬羅馬帝國），著有《地理學》17卷。

述的二十六族，在統領強大的國家後，竟只剩下烏丁和一些山地的零星部落，實在是件不可思議的事。最後他下了結論，阿爾巴尼亞人還存在著，只是他們已失去自己的語言和信仰而被土耳其外來者同化。因此亞賽拜然人有可能是土耳其化的阿爾巴尼亞人，如果真是這樣，那他們就是高加索的土著居民！

布尼亞托夫將他的想法記錄於《七世紀至九世紀的亞賽拜然史》一書中，於 1965 年出版。對亞賽拜然學術界而言，這是個轉捩點。先前沒有人相信可以將亞賽拜然推至中古世紀前期。既然亞賽拜然等同阿爾巴尼亞，也沒什麼不好。之後陸續出版的有：薩拉‧卡孫莫瓦《三至七世紀時期的亞賽拜然》及拉烏法‧梅里科瓦（Raufa Melikowa）的《阿契美尼德王朝（西元前六至四世紀）統治期間的亞賽拜然民族圖》。

2009 年，於巴庫舉行一場亞賽拜然國際考古會議，名為「銜接東方和西方的國家（西元前 7000~4000 年）」。

根據可取得的資料來源，儘管不完整也具爭議性，古阿爾巴尼亞的版圖延伸至南方的庫拉河。布尼亞托夫及其學生認為應該還包含庫拉河與阿拉斯河間的區域，這樣卡拉巴赫、贊格祖爾和納希切萬就都屬於阿爾巴尼亞，也就是亞賽拜然的。這些土地上的阿爾巴尼亞人本該亞美尼亞化，並接受格列高利式的基督宗教。所以，卡拉巴赫的亞美尼亞人當是亞賽拜然人的親戚，而塔特夫該為亞賽拜然的古蹟。「真正的」亞美尼亞人應當於十八或十九世紀時在那裡出現，他們由波斯和鄂圖曼帝國遷移至俄羅斯境內（根據布尼亞托夫的學生法麗姐‧瑪美多瓦的描述）。

資料來源的缺乏更強化了該理論的真實性。如果阿爾巴

尼亞的重要手稿全未保存下來，而我們知道它確實存在過，因為摩西・卡萬卡圖伊斯基（卡甘卡特瓦奇）曾經提起過。這意味著阿拉伯人及亞美尼亞人將其銷毀了。布尼亞托夫確信，亞美尼亞人有意使阿爾巴尼亞滅跡，用成功吞併阿爾巴尼亞教會的方式將其吞併。

蘇聯時期，布尼亞托夫的理論就已於亞賽拜然的學校間流傳。之後，阿爾巴尼亞神話與大亞美尼亞神話產生衝擊，卡拉巴赫的衝突同時包含二個層面：現代的和久遠的過去。

以色列記者如此記載：「有關布尼亞托夫對亞賽拜然民族起源的思考，大半屬於臆測，僅能作為學院式的抽象研討主題，與現實生活則毫無關聯。」但高加索就是要出人意表。（卡尼〔Yo'av Karny〕《高地人——高加索的記憶探索之旅》）

*   *   *

若拉有雙藍眼，像村裡大部份的人一樣。如果相信斯特拉波的話，那他也應該跟古高加索人一樣。

他不情願地離開尼治，在巴庫唸東方學，畢業後即在地方的黨委員會工作（入黨已 45 年了），之後負責編輯縣立報刊，是忠貞的共產黨員。

他認識日亞・布尼亞托夫，就是他找到阿爾巴尼亞與亞賽拜然間缺失的環節。他們成了朋友，該學者將自己翻譯的《古蘭經》贈與他。若拉將禮物放在尊榮的位置，與波斯版《聖經》比鄰。受布尼亞托夫的影響，他對民俗產生興趣，開始收集烏丁傳說、故事、歌曲、詩歌，之後更出版了幾本

書。

共產時期結束後，有人說應該宰公雞在鳩塔利教堂內獻祭，聽說基督徒是這麼做的，更有人堅持從眾人中選出神父。大家前來問若拉這些事，因為他是權威，大家還問要怎麼祈禱，和怎麼過節日。但若拉也不知道，從何得知？

他去找布尼亞托夫，但此人忙於政治，無法擔負阿爾巴尼亞教會的復興大業（後來死於不明地點，有可能是被真主黨的武裝分子殺害）。後來改去找法麗姐‧瑪美多瓦。她提供了諸多細節，但他只需要一些實際的建議。

他又去找喬治亞宗主教伊利亞二世（以利亞）。他同意派神職人員前往，但有個問題：喬治亞東正教教堂中的經書為喬治亞文，烏丁人完全不懂。

後來他前往俄羅斯東正教教堂的亞歷山大主教處，他們協議由莫斯科神學院接受烏丁的學生，讓他們學習東正教神學及東方禮儀。之後再說吧！或許讓他們祝聖？在此之前，俄羅斯神職人員將每年數次從巴庫到尼治。

他從《聖經》著手，在三年內將四部福音書和宗徒大事錄翻譯成烏丁語，由波斯語翻譯，再與俄文版對照，並且比較土耳其語和亞賽拜然語的舊譯之作。

最後註冊信仰協會，名稱定為：阿爾巴尼亞及烏丁基督宗教團體。

「我始終相信天主，」他向我解釋，「但我那時不懂宗教，也沒興趣。」直到被生活所驅使，可能沒有其他人想做這些。

阿爾巴尼亞教會於 167 年以後重生，更正確地說是西元

1297 年之後，因為在八世紀初與亞美尼亞教會合併。（譯註──根據作者解釋：阿爾巴尼亞教會於西元 706 年，也就是第八世紀初與亞美尼亞教會合併，失去獨立性，但名義上尚維持獨立地位，亞美尼亞主教甘扎薩魯同時擔任阿爾巴尼亞宗主教。該名義上的獨立為沙皇於 1836 年廢除，阿爾巴尼亞教會在實質上和名義上都被納入亞美尼亞教會。2003 年於巴庫以阿爾巴尼亞-烏丁基督徒團契的名稱註冊為宗教團體後，阿爾巴尼亞教會終於在 167 年後正式復興〔2003-167+1836〕，實質上經歷了 1297 年〔2003-1297=706〕。）

有一回，著名的探險家海爾達爾（Thor Heyerdahl）[13]來到尼治，這名挪威人在過世前經常到亞賽拜然，研究中世紀時斯堪地那維亞與高加索間的關聯。當然，帶領他參觀四周環境的是若拉。

經由海爾達爾的推動，挪威基金會決定提供阿爾巴尼亞古蹟修復的經費，先從基士村的教堂開始，接下來是尼治的鳩塔利教堂。

* * *

蘇聯當局與伊斯蘭對抗且不信任土耳其人，所以亞賽拜然人不得在宗教或大土耳其民俗團體歸屬的基礎上，建立自己的認同。記住，這種認同不過才剛覺醒，還很模糊、新鮮。蘇聯解體時，亞賽拜然人間的唯一聯繫，即是對亞美尼亞人的厭

---

13 參見註2。

惡及受傷害的感覺，但也並非每個人都如此認為。後來遭到卡拉巴赫的失敗恥辱，又產生了新的情結，迫切需要積極的想法充當黏合劑。

阿布爾法茲・艾爾奇貝是亞賽拜然第一任民選總統，保持泛突厥主義的看法，他認為：「我們是亞賽拜然的土耳其人，屬於分佈於博斯普魯斯海峽和雅庫特間的大家族之一份子。」

他將西里爾字母改為拉丁字母，以脫離俄羅斯並拉近與土耳其和歐洲間的距離。（這是第二十世紀內第三度改變字母系統；首度改為阿拉伯字母，1929 年時以拉丁字母取代，1939 年時改為西里爾字母。）甚至語言的名稱也改了，亞賽拜然語改成土耳其語。

艾爾奇貝後接任的總統黑達爾・阿里耶夫精確地說：「土耳其人是我們的弟兄，但我們是亞賽拜然人，亞賽拜然是我們的土地，我們生於高加索，高加索的阿爾巴尼亞就繁榮於此。」後來國語還是被稱為亞賽拜然語，但拉丁字母系統保留了下來。

阿里耶夫對清真寺、陵墓、古老墓園等古蹟的修復不遺餘力。下令修復巴庫的斯爾凡宮殿建築群，讓它們光澤閃耀，才配得上國王和皇帝的地位。他甚至指示將納希切萬的前伊斯蘭敬拜場所加以整修。

阿里耶夫盤算著，亞賽拜然人應當充滿著歷史的驕傲，但誰會為這些凹陷圓頂、石階上覆滿苔蘚的殘片感到驕傲？或許西方人可以，但絕對不是這裡。這裡需要的是氣勢、奢華、富麗堂皇，讓人不得不俯身下跪。讓亞賽拜然人認為：

「唷！斯爾凡人真是強大，出身不凡。」同時也必須讓他們相信，這不久後的未來，將一樣輝煌。

阿里耶夫制定了新的節日，包括：救國日（紀念自己重新掌權）、民族復興日、獨立日、共和國日、武裝部隊日、亞賽拜然種族滅絕日、亞賽拜然與世界團結日。學校和幼稚園上課前，必須先唱國歌。亞賽拜然國旗飄揚各處，像在美國一樣。

黑達爾‧阿里耶夫的紀念碑豎立於鋪著齊整大理石的廣場上，就在以他名字命名的展覽廳和中央銀行大樓間，兩邊黑色、中間金色，象徵石油轉化成黃金。高舉著手臂指引方向。

小地方就適用較小的紀念碑做為路標。

擺錘很快就達到極大值，開始向另一端傾斜，只需看一眼報刊。「眾所周知，亞賽拜然是個文化豐富的國家」——展會中新興畫家的看法。「眾所周知，亞賽拜然的葡萄酒根本不輸歐洲生產的，更不用說摩爾多瓦或喬治亞的」——此來自一篇論葡萄酒業發展的文章。「眾所周知，亞賽拜然的旅遊價值不下於埃及、西班牙或土耳其」——旅行社的廣告詞這麼寫著。

就是這樣了。走捷徑的結果就是這樣，短短數年間要彌補百年建設。神話與傳統在倉促中建立，因歷史學家們計件工作，因國家由上往下建設。

但有別的辦法嗎？

*　　*　　*

　　鳩塔利的整修就要竣工，烏丁人卻決定要將亞美尼亞文的字母打掉，他們是存留的標誌、埃奇米亞津天主教徒的歸屬證明。如果不是整修之故，應該沒人會去動他們，但在這全新的門面上，他們就太醒目、太刺眼了。

　　這幾個字母就是不幸的開端。

　　挪威大使為此不快，他是有心人士，來過尼治好幾趟，若拉確信他是經得起考驗的友人。如今他卻聲明，把字母打掉實在是野蠻的行為，他絕不容忍此事。若拉對友人的聲明感到不寒而慄：「他說他明白這一切，他怎麼可能明白，這些字母背後累計了千年的仇恨、屈辱、傷害和怨恨；當中包含了亞美尼亞人在霍扎威對亞賽拜然人的屠殺、卡拉巴赫和被誤認為是亞美尼亞人的烏丁人之苦楚。那他為什麼還要保護那些字母，在獨立的亞賽拜然中幹嘛要那些亞美尼亞的塗鴉？」

　　若拉怕大使命令基金會停工，整修就會在這片混亂中停擺，巴庫不會伸出援手，它也有自己的古蹟。他不知道大使沒有這樣的權力，不能直接下令，而即使他能夠，應該也不會如此做。不過，他卻做了更糟的事，他打電話通知同事們。若拉連蒼蠅都捨不得傷害，心地善良的他，絕不會讓客人空手而回，即使是一袋核桃、幾瓶桑椹釀造的私酒等。如今他卻被世人關注（他確信全世界都已知道此事，因為他認為亞賽拜然就是世界的中心！）把他當成毀滅者、破壞者、排外主義者和種族主義者。為什麼？就為了聖堂恢復了它的原貌嗎？

　　啟用典禮時不見西方來客，連個外交官也沒有。若拉本還心存希望他們會來。之前那些大使紛沓而至，要他接待參觀，也沒問他是否有空、累不累等。在想像中，他預見烏丁象

徵性地被接納入歐洲國家的大家庭中，而復興的阿爾巴尼亞教會則回歸基督宗教的世界，恢復其應有的地位。但只需要挪威大使的一通電話，這個景象就殘酷地破滅了。

巴庫官員和亞賽拜然電視台的人員來到尼治，將過程拍攝下來，若拉好不容易才被注意到，他們讓他說幾句話後，就把他趕到角落去了。

官員們長篇論述高加索的阿爾巴尼亞、偉大的亞賽拜然國、黑達爾‧阿里耶夫總統和俄國東正教教堂。這是他們的節日。

之後大家都走了，沒人打電話給若拉，已經不需要他了，不久他就過世了，等不到聖堂整修後的第一個聖誕節。他的心碎了。

我探視了他的墓，土堆上歪斜地插著塊告示牌，上頭寫著他享壽七十六歲。十字架是再簡單不過的，就兩條金屬棒的結合。希望這只是暫時的，內部藏著阿爾巴尼亞十字架，所發出的光芒如同兩臂末端的百合花飾及隱藏其中的月亮象徵。

巴庫日記（3）

2007 年 4 月 14 日

瓦濟夫・伊伯拉希莫格魯告訴我：住在亞賽拜然北部山
區的猶太人，藉二個詞語來描述全世界，那就是：「animuni
和 aniszmuni」，也就是說：「我們的」和「非我們的」。萬
物就包含在這二個詞彙中了。

沒有介於之間的。

2006 年 5 月 6 日

有人告訴我，在伊爾罕・阿里耶夫[14]造訪國內西北各縣
前，地方當局下令拆除扎卡塔威附近保留的中世紀高加索防禦
性城牆的殘餘，稍遠的地方改砌新城牆，齊整、閃耀著黑漆的
光芒，石塊間隙以石灰刷得粉白，這才值得國家元首注目。

2003 年 12 月 27 日

我整理剪報，分別歸類至不同文件夾中，類別為：「歷
史」、「文化」、「外省」、「巴庫」、「卡拉巴赫」、
「伊斯蘭」……等。部份剪報適於不同文件夾，但也有些無法
歸類，這些才是最有意思的。

---

14 亞賽拜然總統黑達爾・阿里耶夫之子和繼任者。

領袖

　　他過世時，記者埃爾馬‧胡賽努夫寫道：

　　「事情終於發生了，許多人心懷恐懼，也有許多人懷著希望，但絕對沒有人無動於衷。」黑達爾‧阿里耶夫過世了。他死了，應該再沒有比他和死亡間更大的矛盾了。這些年來在他的統治下，他彷彿是不朽的，就在大家覺得他會無止盡地存在下去時，他突然走了。

永恆的終結

巴庫，共和國宮，2002 年 11 月 26 日

黑達爾‧阿里耶夫佝僂且孤獨地住在總統別墅裡。他氣色很差，在聚光燈下，身影無所遁形。我們看見的是滿佈皺紋、細如竹竿的脖子，凹陷的雙頰及無神的雙眼。他嘗試微笑，但下頜的擠壓卻洩露出他堅強的意志力，也就是他多年來用以統治亞賽拜然的力量，如今戰勝他年老的衰弱，絲毫不肯鬆懈，以免讓我們見到他笨拙的痛苦表情。

我們都知道他夏天時在克里夫蘭接受前列腺開刀，而前幾年心臟也開了好幾次刀，因為這顆心臟叛逆地不願再打入血液。儘管新聞處發出聲明，說總統精力充沛，為國盡心盡力；儘管他又再度接見大使、簽署法令、剪彩並在院校發言，我們都感覺到，他將不久於人世。但我們都無法想像亞賽拜然失去他後的情景，他就是國家的同義詞，像路易某某世一樣。他替我們思考，決定裏海的原油流向，及亞雷什山脈中亞爾丁穆伊的公立學校校長由誰擔任等。我們已不只一次聽到他過世的傳聞，就像 1999 年時，克里夫蘭的奇蹟創造者為他進行心臟支架手術的情景一樣，許久都沒聲明出現，卻突然在二個月後，又精力充沛、微笑著歸來，還在機場就取得那些聽到他死亡消息後就磨拳以待的無恥之徒的名字。後來又出現新傳聞，說這一切都是他的傑作，要試探哪些人對他效忠，或者只是要欺騙死亡而已。

在國內最大的陳列廳中，二千名的激進分子慶祝新亞賽拜然黨成立十週年，這是他在蘇聯解體後，一手成立的黨。沒

有他，我們一無所有，一切的地位、名利和財富都拜他所賜。現在，當這卑劣的聚光燈將他自躲藏的黑暗角落中逼出來時，我們要站出來，拍手喊叫：「黑達爾萬歲！黑達爾萬歲！」我們可以就這麼叫著、喊著，直到天老地荒，因為沒人願意第一個停下來。只有他可以讓我們冷靜下來，他知道怎麼做，怎樣迅速判斷情勢，他知道這是力量的考驗。聚光燈再度落在他身上，這回不是意外，他把手舉起來，但鼓掌更響了。他沒有退路，只好起立證明，他是領導，眾人在他股掌之間。

　　他將手靠在欄杆上，前傾以獲得平衡，然後稍微移動。天哪！我心想，連坐著都明顯會給他帶來痛苦啊！他是怎麼做到的。他還是加強力量，平衡身體後，稍微抬起身子。掌聲未歇，他緩慢地，再度用力挺直。站直後，右手離開支撐，並示意掌聲停止，因為已經有夠多的熱情了。我們還禮貌性地持續喊叫了一會兒，然後靜下來觀察，我們的熱誠可不能輸給鄰近這幾排座位的人。他坐下之後，我們也跟著坐下來。

　　我們的疑慮都消失了，所以時候還沒到，真讓人鬆一口氣。最糟糕的是不確定狀態，在東方只能有一位可汗、一名書記或一位總統，否則就會失序。這不意味著陰謀和反叛不存在，領導甚至寧願出現幾個派系，看情況支持哪個，一切暗中進行，不得張揚，像家人一樣。這就是為何我們不懂反對派，他們公開地在報上、在集會中抹黑阿里耶夫，真是卑鄙！他們對前來巴庫指導阿里耶夫統治技巧的各外國代表、各種歐洲議會和歐洲委員會提出指控。這群渾小子，他當領導時你們還乳臭未乾呢！到底誰比較清楚亞賽拜然人民的需要。

　　台上現在由沙赫拉爾・阿斯克洛發言，他是黑達爾的老同志。在他協助下黨成立了。現在他難掩情緒，嘶啞的聲音顫抖著。「黑達爾啊！你對我的意義，就像阿塔蒂爾克之於土耳其人；[15]列寧之於布爾雪維克；華盛頓之於美國人一樣！」我們不能就這樣離開，我們再度起身，開始反覆呼喊領導之名。他二度起立，這次速度快了些，幾乎不藉雙手之助。他沒立刻要大家靜下來，只是動也不動地停了好一會兒，享受我們的熱情並接受我們的致敬。他的雙頰迅速恢復光彩，牙關也放鬆了，我們都看到他是如何醉心於權力，如同喝下讓人上癮的花蜜，總是覺得不夠。真是個壞蛋，卻不得不讓人對他刮目相看。無論在何時何地都會成為領袖，他天生具有此氣質。

　　當他第三度起立後，已見不到寒冬或疾病的蹤跡，一舉一動都充滿活力，身形朗健，足以讓大家嫉妒。之後他上台發表談話。他憶起亞賽拜然獨立之初，所面對的險惡環境，在卡拉巴赫的接連失敗，無能、甚至可說是有罪的人民陣線政府，讓經濟全然垮落。「那時候，」他接著說，「我跟一些同志共同創辦了黨。環境不易，但人民是支持我們的，因此才有今天的繁榮景象，和充滿希望的未來。」每逢遇上這樣的場合，他就會重複這段亞賽拜然的開國神話，連他的訪客也逃不掉。這已成為一場儀式，像民主、公民社會、市場經濟等符咒，是他對新時代的致敬。我們都知道，絕對是這樣的，他怎麼可能會錯。接下來，他宣布明年參加總統競選，這是所有人

---

15 其全名為穆斯法特・凱末爾・阿塔蒂爾克，土耳其的軍官、改革家、作家和領導人，土耳其共和國第一任總統，被譽為現代土耳其的肇建者。

的期望，雖然大家也不太明白，幹嘛還選舉，不過是浪費時間和精力。不過，我們還是適度地熱情回應，讓他感受到我們的支持，而且他不是在跟什麼伊斯密拉的居民會面時宣布，而是當著自己人的面前宣布，實令我們感到驕傲。此外，他對反對派感到憤怒，摩拳擦掌地將箭頭指向穆薩瓦特黨的領導伊薩‧甘巴爾，因為他們想毀掉這個國家。「你們示威時喊的愚蠢口號『麵包、麵包』是什麼意思？」他問，「你們這些反對派是否忘了你們在位時根本就沒有麵包，現在不但有麵包，連馬鈴薯、水果和肉都不缺。」此時他丟下一串數字，彷彿產品就地產生，而反對派滿口謊言。他還痛斥幾家報社的編輯，說他們只會危言聳聽，讓人輕信謠言，不肯就事論事。之後他開始談石油和天然氣產業的發展，由此再進入外交議題。講了一個小時，全程站立著。結束後，眼光中閃耀著年輕的光彩。

現在我們確信，他又回到那個無事不知、無事不管、讀遍書報又大權在握的他了。

*　　*　　*

他的出生日期不明。

官方說法是 1923 年 5 月 10 日生於納希切萬的鐵路工人家庭，但許多人信誓旦旦說他實際上要大個二、三歲，不然他在擔任第一份領導工作，也就是納希切萬內務人民委員部秘密檔案處處長時，就只有 18 歲。德蘇戰爭開始。1941 年 8 月蘇維埃軍隊進入伊朗，年紀大者都充軍至前線，是否因此他偽造了出生證明？他這麼個戰士？或許正好相反，因為他的能力，讓

內務人民委員部對年齡放水？他任公職時，具有師專學歷和巴庫工業研究所二年建築系的學歷。後來，他完成非全日制的歷史系課程。

（我們記錄下其他非官方説法，有一説是他出生於亞美尼亞的錫西安，他部份族人就來自此地，更有一説是他來自納戈爾諾—卡拉巴赫，也有人説他有庫德族的血統。各種説法在巴庫茶坊間流傳，大家都信誓旦旦所言為真，要不就是説話人的表親曾跟黑達爾守衛的鄰居交好，要不就是説話者在軍中跟黑達爾侄子的兒子是朋友等。這些謠言對他毫無影響。在東方，領袖必須具備神秘的氛圍，就算有哪個傳聞是真的，也從沒人知道是哪個。）

共產意識吸引他的説法令人懷疑，這比較接近契卡式的羅曼蒂克，[16]就像替史達林擔任間諜的德裔巴庫人理查·佐爾格一樣。他絕對是要跟納希切萬劃清界限，這塊亞賽拜然飛地，在亞美尼亞、伊朗和土耳其間拉扯，連魔鬼都避之唯恐不及。他做到了，他極快速地調升到巴庫去。最初，他擔任公安部的局長。當時認識他的人都説他做事一絲不苟，勤奮且雄心勃勃。

我們不知道他到底做了些什麼。如果聽信傳聞，他負責的應該是東方事務，包括土耳其、伊朗、阿富汗和庫德族

---

16 契卡全稱為全俄肅清反革命及怠工非常委員會，簡稱為全俄肅反委員會，契卡是俄文的縮寫譯音。此為前蘇聯一情報組織，於 1917 年 12 月 20 日由費利克斯·埃·德蒙多維奇·捷爾任斯基創立。該組織是因為列寧在俄國十月革命成功後要求捷爾任斯基創辦一可以「用非常手段同一切反革命分子作鬥爭的機構」而創立的。

等。蘇聯與此地有極大的利益關係，而亞賽拜然不需要翻譯，土耳其語和亞賽拜然語非常接近，伊朗則有數百萬的亞賽拜然少數民族，再說亞賽拜然也不缺懂波斯語、甚至阿拉伯語者。他的事業迅速攀上成功的高峰。

他娶了知名醫生阿濟查·阿里耶夫的女兒查麗法，他的岳父過去是亞賽拜然的蘇維埃最高領導之一，後來被移出影響力的圈子外（他們沒有親戚關係，阿里耶夫是普遍的姓氏）。這項投資很划算，不過也沒有具體原因可懷疑他們感情的存在。丈人將他引入巴庫的上流社會，這些關係彌足珍貴。後來黑達爾成為副領導，再成為亞賽拜然 KGB 的特務頭子，具少將頭銜。他位於查古爾巴的郊區別墅經常招待畫家、詩人、作曲家、學者等，這些藝術上的琢磨，是公安機關所無法帶給他的（他始終難以抗拒藝術家，臨終前幾年，他與巴庫出生的大提琴演奏家莫希契斯瓦夫·羅斯特羅波維茲交好）。

1969 年時他擔任亞賽拜然共產黨總書記，是共和國的首領。布里茲涅夫將他從魔法帽中拉出。維林·阿琿多夫之後其副手本來準備接位，誰也沒想到這名秘密警察的領導會脫穎而出。據說阿里耶夫自行推動了命運，在重要關頭時遞給布里茲涅夫那些他所蒐集的亞賽拜然高層的相關文件。據說卷宗就藏在他家，希施金複製畫《松林裡的早晨》後方的保險箱裡。阿琿多夫之後，共和國陷入貪腐之中，四分之三的人口生活於貧窮之中，部份的人屬於極端貧困，四處爆發因飢餓引起的暴動。KGB 知道是誰、給誰、何時及多少（老實說，在亞賽拜然人盡皆知）。據說，阿里耶夫讓總書記相信，只有他能控制

情勢。

　　黑達爾‧阿里耶夫的時代終於來臨，除了短暫的中止外，維續了 34 年。其實目前還持續著，因為現任總統伊爾罕‧阿里耶夫正是黑達爾和查麗法之子。他的領導經歷了布里茲涅夫、安德洛波夫、契爾年科、戈巴契夫及葉爾辛的時代，也經歷了蘇聯解體和獨立初期的混亂，帶領亞賽拜然走向歐洲理事會。他認為自己是不朽的，也將此信念灌輸給國人。

　　他不像政黨官僚。他相貌英俊、衣著得體，且始終保持微笑，笑容不曾自他臉上消失。他的妻子查麗法有自己的事業，是著名的眼科醫師，蘇維埃的標準也無法套在她身上，對於婦女們仍經常活在父親、丈夫和兒子陰影下的亞賽拜然，這點尤其不易。巴庫不但出現了迪斯可舞廳，爵士樂也由地下出現。

　　他未剷除貪腐，甚至未認真去處理此事，反而將成千上百的職位安插了家族的人。先從近親開始，然後找來表親、朋友、姨媽那方的親屬、叔伯那方的家人、姑婆那方的親人，最後再找來可靠的 KGB 時期的同事。沒有人認為不妥，東方以家族為基礎，如果你成了重要人物，卻不顧家庭，他們就會將你當成墮落之人或傀儡，沒什麼用處。怎樣都不好，重要的是，阿里耶夫給大家一條生路，將年輕人送去莫斯科、列寧格勒最好的大學就讀，安排工人就業並關注他們的薪水。最主要的發展集中於巴庫，外省像從前一樣貧窮，但還是投入一點財力，當他因經濟因素巡視國內時，就給這兒修段路，那兒蓋個學校，四處蓋衛生所等。

他實是公關高手，雖然他肯定不認識這個詞。他發誓他心向石油商，瞭解農民的苦楚，且他盡力改善漁民的生活。不過他其實傾向作家、記者、導演和學者，不止分配給他們公寓，還給予獎勵、噓寒問暖。獨立的亞賽拜然知識分子群體支持他復出領導，儘管幾年後多人感到失望，卻少有人加入反對派。如果說七〇年代在今日被視為亞賽拜然的黃金世紀，其中有多少真實成分、有多少是對寧靜生活的懷舊渴望、又有多少是「心靈工程師」的傑作就很難說了。

若非受到布里茲涅夫青睞，阿里耶夫應該也無法放手去做。為此他像名帕夏官員[17]般求蘇丹王的恩典，像名亞美尼亞貴族求國王親睞般，專機將魚子醬、鱘子醬、柳橙、葡萄酒和白蘭地等「陽光亞賽拜然的貢品」運至克里姆林宮，但這不過是標準程序，喬治亞的謝瓦納茲、哈薩克的庫納耶夫和烏茲別克斯坦的拉史多夫，也派了類似的飛機去。阿里耶夫的創意在眾人之上，他下令將總書記肖像織成地毯（大到連一般的貨車都裝不下），並且在詩歌中讚頌其名。他曾在某一場公開談話中 175 次提到布里茲涅夫的姓，是提到社會主義次數的二倍。

布里茲涅夫三度造訪亞賽拜然，每回都帶走龐大的贈禮。最讓他印象深刻的是鑲巨鑽的圖章戒指，旁邊還圍著 15 顆較小的鑽石。象徵著總書記和 15 個共和國。「就像圍繞太陽的行星」，阿里耶夫解釋道。難怪布里茲涅夫總是對阿里耶夫心軟，無法拒絕他的請求，無論是要求新路、油管、工廠或

---

17 帕夏是鄂圖曼帝國行政系統裡的高級官員，通常是總督、將軍級高官。帕夏時敬語，相當於英國的「勳爵」，是埃及前共和時期地位最高的官銜。

大學，甚或更高的補助金、或在名牌大學更多的職位等。

　　納希切萬氏族隨著阿里耶夫壯大。共和國愈富有，部長們、經理們、董事長們、主管和主任們的機會就更多，有些人藉此將自己的企業、學校和醫院等私有化，這當然都是非正式的。每家國營的商店、餐廳或電影院背後，都有個在亞賽拜然的「主人」從中汲取利益。

　　1982-1992 的 10 年間，阿里耶夫的事業就像正弦曲線或心電圖一樣，曲線先大幅上揚，停頓下來後緩慢下降，之後急劇往頭部、頸部下降，遠落在平均值之後，到達圖形底部，接著改變方向並往上攀升至頂點。

　　布里茲涅夫之後擔任領導的安德洛波夫在位幾天後，阿里耶夫就同時成為政治局委員和蘇聯第一副總理，之前沒有亞賽拜然人爬得如此高。現在他可以期待快速地被提名為總理（取代年將 80 的吉紅諾夫），然後呢……誰知道？先前領導蘇聯 KGB 的安德洛波夫信任特務機關的人，然而不久後也過世了，繼他之後的契爾年科在位統治的時間更短。之後的蘇聯領導，實際上也是最後一任，為戈巴契夫。

　　新總書記不喜歡這位亞賽拜然人，覺得他透露著東方的霸氣和腐敗奉承者的氣息，被認為是像布里茲涅夫一樣的強硬派，不想支持經濟改革。他傾向「強硬派」，然而卻失算了，首度下錯賭注。要將他除去，不是件容易的事，花了戈巴契夫四年的功夫，但目的達到了。1989 年 4 月，阿里耶夫失去蘇共中央委員會的委員一職，也是他最後的職位，理由是已屆退休年齡。

　　之後他還在莫斯科住了一年。紅軍平定巴庫後（1990 年 1

月 20 日），他召開記者會，公開譴責蘇聯當局。2 月 4 日，蘇聯最重要的報刊《真理報》，刊出揭露阿里耶夫的文章，也就是有關納希切萬家族將亞賽拜然私有化的過程。他知道他至此已一無所有了。

他回到納希切萬，在那兒他還是深受愛戴。兩個月後，他成為納希切萬最高委員會（議會）的議員，一年後就成為主席（也自動成為亞賽拜然最高委員會的副主席），二年後創立了新亞賽拜然黨。

蘇姆蓋特，市當局所在地，2003 年 4 月 3 日

黑達爾・阿里耶夫在未預先通知的情況下，來到蘇姆蓋特。地方的重要人士匆忙趕到市議會，百思不解到底發生了什麼事。當他們見到總統時，心中一片恐懼，行政從屬的第六感告訴他們出麻煩了。如果有好事，總統要給獎勵、讓他們升官或者就算只是誇獎和表揚，至少會在三個月前通知，讓他們有時間粉刷他將經過的路線兩旁的屋舍，種點花草並準備橫幅標語。來的前一天就把街道上的車輛清空（讓車主自己煩惱該怎麼辦，在這裡大家都沒車庫），並預先將附近的遊民關起來。兒童將獻花並朗讀詩歌（我們總統就喜愛兒童），年輕人也可表演列茲金民俗舞。[18]之後，我們就至海邊最好的蘇姆蓋特飯店，那是警察局長蓋的，不過為了安全起見，早已過戶至其岳父名下。一切都會像從前一樣，本來就該如此嘛！畢竟我們都是負責的成年人，位居要職，我們知道上頭對我們有什麼

---

18 此為高加索山區的民俗舞蹈之一。

期待。

　此外，那些負責拍攝的攝影機，不是為了記錄和給後代看的總統專屬電視台，只是亞賽拜然的電視台，廳內操作員已就緒，一定是預先得到通知。沒什麼，現在全國都等著看好戲了。

　「蘇姆蓋特的民眾、各位先生、女士，」阿里耶夫一開口，全場的人都起了一身雞皮疙瘩。這不像會議中講的話，而是對全國民眾發表談話！「我早就想來到蘇姆蓋特，」他接下來說，「跟各位會面，更進一步地瞭解貴市，並思索還可以為蘇姆蓋特做些什麼。我今天的到來，屬非常態性質，跟貴市當局的人事變動有關。」

　塔瓦庫爾・馬梅多夫當了 2 年又 10 個月的市長。這段期間，他接觸了許多重要人士，尤其是化學工廠「阿塞爾奇米亞」的廠長費克雷特・薩蒂霍夫，半數的蘇姆蓋特人都與他有關係，像社區、學校、幼兒園、文化中心等的人員。不久前，馬梅多夫辭掉薩蒂霍夫擔任他副手的兄弟。這混蛋什麼都沒做，對馬梅多夫的指正一笑置之，還說：「不是針對你，我會為自己辯解並照顧費克雷特・薩蒂霍夫的事業，與你無關。」當他終於離開後，費克雷特發誓向馬梅多夫報復。蘇姆蓋特的議員也與市長水火不容，包括：托菲克・胡薩伊諾夫及希迪爾・阿沃夫魯，第二位比較重要，是新亞賽拜然黨本地委員會的負責人。他也與商人查曼・伊斯肯德羅夫不合，他擁有希金地區三百公頃土地，和蘇姆蓋特私有化了的商業中心。馬梅多夫本人也非清廉，聽說他的位子是花了 5 萬美元買來的，之後就大肆撈錢，讓花掉的錢能夠回本。」馬梅多夫聽完總統

的開場白後，臉色蒼白，心中暗想：他們擺這一道，將過錯由一個人承擔，全亞賽拜然都將感到蒙羞。沒辦法，這一切都會過去，現在最糟的將是憤怒，我絕不能讓他們得逞，我得贏回這局。

「不久前，」阿里耶夫繼續說，「我們得到匿名消息，說塔瓦庫爾‧馬梅多夫工作不力、不適任，在秘書的婚禮上醉得一塌糊塗等等。沒錯，聽說他酗酒又吸毒！我們沒認真看待這匿名消息，但後來費克雷特‧薩蒂霍夫來了幾次，跟我辦公室的主任拉米茲‧梅赫迪伊夫及處長尤希夫‧衰巴托夫會面，說了一樣的話，就是事情既然如此，馬梅多夫不應該繼續在蘇姆蓋特工作，應該讓他下台等等。薩蒂霍夫還想跟我見面，但我沒有時間。

最後我接獲通知，薩蒂霍夫想跟議員一起來，包括托菲克‧胡薩伊諾夫及希迪爾‧阿沃夫魯，我接見了他們。他們談論市長的錯誤決策，講最多的是薩蒂霍夫，他說馬梅多夫管理不當，並且證實了匿名消息的真實性。胡薩伊諾夫和阿沃夫魯也重複了一樣的看法。這三人在蘇姆蓋特都任要職，而且得到信任。如果他們來到總統面前說出這些，就表示他得負起責任，他們的話很有可能是真的。

馬梅多夫也匯報了好幾次，後來提出要求，要我同時接見他和薩蒂霍夫。我同意要求，就在幾天前接見他們。薩蒂霍夫在馬梅多夫面前，重複他先前講的話，不過馬梅多夫一概否認，接著說他在蘇姆蓋特的政蹟。聽完他們二位的說詞，我得出結論，就是，馬梅多夫有過錯，犯下嚴重的疏失。我指的不是傳言，因為誰能證明他在什麼時候喝醉了？如果有人能

夠，就說出來吧！或者，又有誰能夠證明他吸毒？我甚至還直接問他：『你用毒品嗎？』他發誓五年前就戒了，所以我們就別管那些傳言。市長做了該做的事，不過卻半途而廢，沒將開始執行的任務完成，所以不適任。」

就在我們以為要結束時，總統出其不意地將炮火指向費克雷特・薩蒂霍夫（他那時眼光向下，以免洩露眼中的勝利光芒），開始列出「阿塞爾奇米亞」廠長的所有污點。「親愛的費克雷特，你手中掌握大型的工廠，」他說，「有無限的潛能，但你對城市不聞不問，只關心自己的事。很好，費克雷特。附屬於『阿塞爾奇米亞』的文化中心，屋頂嚴重損壞，你連根手指頭都不動，只將四方門閂關上，還洋洋得意地說，問題都解決了。劇院的下場也一樣，他們告訴我，老早就被關閉了。費克雷特，你把人民的文化奪走了，公司你也沒管好，拖欠稅賦，部長告訴我你還沒將日本人給的貸款還清，才付了 3,200 萬而已。還有，你向馬梅多夫報復，因為他將你兄弟給辭了。他做得沒錯，難道只有你的親人才能擔任要職，別人就不能？費克雷特・薩蒂霍夫，記住，你也犯了許多錯誤。還有你，托菲克・胡薩伊諾夫議員、希迪爾・阿沃夫魯議員及企業家查曼・伊斯肯德羅夫，和你，前市長沙吉爾・阿比朔夫。你們累積了龐大的家產，將城市私有化。很好，你們都因此致富，不過也得讓蘇姆蓋特獲得好處，讓別人也能從中獲利。」

總統繼續著他的演說，我們最後才聽出，他說馬梅多夫半途而廢，指的是什麼意思。他的意思是馬梅多夫辭去費克雷特的弟兄，卻沒有讓費克雷特本人下台。如果馬梅多夫跟議員們串通好，取得他們的支持，那費克雷特就絕對會走人。黑達

爾無法在一對四的局面下保護他。馬梅多夫因其弱點而受到懲處，其他那些人也受到威脅，做不好也有同樣的下場。他們肯定是獲得教訓了，現在他們得爭，看誰在即將來臨的總統競選中給得多，城市將被整頓得閃閃發光。馬梅多夫也明白了，機會來臨時，別再讓愚蠢的行為給壞了好事。機會還會再來的，因為他表現了忠誠和服從。（你們沒注意到嗎？領導根本沒有具體的控訴，對於那些不斷提出的傳言，連他自己都說是沒有意義。）

我們對剛愎的領導佩服之至。他才從克里夫蘭回來還不到三星期，剛動過疝氣手術，且下個月就要滿八十歲了，演講起來還是跟過去一樣，所有細節、姓名、日期和數字都一清二楚，也像往常一樣決定一切。他讓我們想起在知名電視節目中做菜的廚師，隨便做什麼都成功，但我們那些勤奮地抄寫食譜的太太們，按圖索驥去做，成果卻完全不是那樣。今日，總統給我們看他的廚房，權力的廚房，甚至傳授大師級課程。不過，放心吧，他那一套也是無法抄襲的。這種鬧劇該在全國上映。

我們還不知道，為何阿里耶夫總統選擇了本市，不過卻有答案可說明。他在結束時提到，蘇姆蓋特像是縮小版的亞賽拜然，居民來自全國各地。所以，他演說的對象是全亞賽拜然，全國人民！是的，親愛的！像醜陋黑夜般的蘇姆蓋特於55年前建立，就在田野間，作為化學廠的必要附屬結構。而今，在面積上屬亞賽拜然的第三，甚或第二大城。無可否認地，它曾是大雜燴，或許也因此始終被忽略。好在現在那些人將競相整修、美化都市，就讓他們為此熱身。選舉時，我們都

支持黑達爾‧阿里耶夫，沒有其他選擇。

＊　　＊　　＊

　　據說，對賺錢很有一套的人，就算把他的一切都奪走，他還是有辦法在一年後成為百萬富翁。阿里耶夫對統治同樣具有天賦。但當他 1990 年退休回到納希切萬時，沒有人會對他的未來下 5 毛錢賭注。當時坐鎮巴庫的是阿亞茲‧穆塔里波夫，亞賽拜然最後一任總書記和第一任亞賽拜然總統。他對莫斯科效忠，也就是阿里耶夫與之發生衝突的經濟改革派。亞賽拜然人民陣線要求穆塔里波夫的頭顱，他們是反對派的大規模運動，類似波蘭的團結工聯和立陶宛的改革運動（Sajudis）。人民陣線的創辦人為異議分子，二十年來他們聚集於煙霧繚繞的茶館中，夢想著自由的亞賽拜然，現在終於有出頭的機會了，對他們而言，阿里耶夫比穆塔里波夫更遙遠。

　　納戈爾諾─卡拉巴赫的衝突增強，住在那兒的亞美尼亞人屬多數，他們嘗試與亞賽拜然分離，併入亞美尼亞，他們為此向當局請願、罷工、集會並封鎖道路。亞賽拜然人以鎮壓回應，效應排山倒海而來，一名亞美尼亞人被殺、二名亞美尼亞人被殺、四名亞美尼亞人、八名、十六名、三十二名；一個村子被燒、二個村子、四個、八個、十六個等等。再加上蘇姆蓋特的亞美尼亞之屠殺和首都的騷亂，為此，莫斯科（蘇聯始終還存在著）派出軍隊平亂，所以軍隊進入巴庫，任意掃射。不久後，亞賽拜然境內就無亞美尼亞人了（除了卡拉巴赫以外，亞美尼亞語稱為阿爾卡赫），而亞美尼亞境內也見不到亞

賽拜然人的蹤跡。

流血戰爭隨著獨立爆發。在第一階段中，亞美尼亞人屠殺霍扎威的村民，穆塔里波夫辭職，離開前往莫斯科。在亞賽拜然人人擁有槍支，非軍人、游擊隊員、民兵等的部隊全國遊走，散播恐怖氣氛，土匪假搜尋亞美尼亞人之名，光天化日下搶劫民宅、商店和工廠。汽車不再被偷，只是被「徵用」至前線。經濟不再存在，千百萬人的示威活動使巴庫癱瘓。

權力唾手可得，阿里耶夫還不出手，他繼續等待，先在納希切萬站穩，雖然現在與國內其他地方失去聯絡，但贏得土耳其的連線。共同邊界中有數公里長度原先完全關閉，以帶刺鐵絲網圍起並埋下地雷。現在則出現間隙，也就是阿拉斯界河上的橋樑，人道援助自此展開，麵粉、糖、油和麵包等物資流通。生活賴以維持。跟阿里耶夫共同開啟通道的蘇萊曼·德米雷爾，當時還是土耳其總理，後來成為總統。阿里耶夫稱該通道為「希望之橋」，他希望在橋通之後回到巴庫。

亞美尼亞人這時佔有舒什，該市為亞賽拜然在卡拉巴赫的飛地（卡拉巴赫則為亞美尼亞在亞賽拜然的飛地），位處高於區域首府之上的群山間。只有失去巴庫才真的很糟！有眾多的亞賽拜然詩人、歌手、作曲家、畫家、導演、學者，甚至親王、將軍和書記等都出自舒什，這種情勢有助於證實亞賽拜然有權擁有全卡拉巴赫。舒什成為民族神話，就像波蘭的前東部邊疆對波蘭的意義一樣（著名的舒什亞美尼亞人名單較短，但也可觀，在此略過）。關於誰歸還傳奇之城給亞美尼亞的爭執，加深了在亞賽拜然的混亂局勢。阿亞茲·穆塔里波夫企圖在全面混亂中奪回權位，議會在驚慌中甚至確認了他的任

期，但人民陣線動員軍力，控制了電視台，並以此掌握國家大權。人民陣線的領導，也是東方學的學者阿布爾法茲·艾爾奇貝，於提前選舉中獲勝。

新總統跟喬治亞的茲維亞德·加姆薩胡爾季阿及亞美尼亞的列翁·特爾-彼得羅相一樣，完全不懂政治，是天真的民族主義者，相信與土耳其間的結盟，仇恨俄羅斯。他有話直說，像過去在茶館或群眾集會中一樣。沒有生存的空間。

他失去的理想，後來卻成為阿里耶夫的王牌，也就是將亞賽拜然的石油及天然氣讓西方石油企業租用。艾爾奇貝政府準備了巴庫和全球最大石油集團間的「百年合約」，該文件本預定在倫敦簽署，油管預定經過亞美尼亞，金額極高的國境費中，有部份以自然方式轉交，亞美尼亞同意將大部份的佔領地歸還。然而就在去英國前夕，艾爾奇貝失去位子。

政變由蘇勒特·胡薩伊諾夫操作，先前他於卡拉巴赫奮力作戰，有段時間跟國防部長鬧翻，就將前線忠於他的部隊撤出，並藏身於家鄉占賈。數月後，艾爾奇貝下令將他逮捕審判，但胡薩伊諾夫將派來收拾他的四千人遠征軍降伏，佔領了占賈，並前進巴庫，一路上未遇到較大的阻力，350 公里的距離只花了他一星期的時間。

他的計劃不明，或許他想宣布擔任總統，或許會將位子讓給前任總統穆塔里波夫。人在莫斯科的穆塔里波夫，關注事件的走向，並計劃回國。不知他到底是單獨行動，或者有俄國人撐腰，不計一切地要切斷「百年合約」的進行，以免失去對巴庫石油的控制權。俄國人本可在胡薩伊諾夫捨棄前線時，於卡拉巴赫將之擊敗，或者在占賈才出手。但也可能什麼都沒透

露，等到上校完成後，才讓穆塔里波夫過來接收一切。俄羅斯104 空降步兵師在占賈駐軍，直到 1993 年，是否胡薩伊諾夫在此軍營中獲得武器和戰術？

當叛軍接近首都時，艾爾奇貝驚慌地打電話給仍在納希切萬的阿里耶夫：

「趕快過來吧！我派飛機去接你。」

艾爾奇貝也是納希切萬人，屬歐爾杜巴茨克縣的卡拉基村。他怕阿里耶夫，為了防止他回歸，下令修改選舉法，規定總統候選人的年紀不得超過六十五歲。他們倆就生活經驗、類型、年紀都大不相同。但國家遇燃眉之急，同僚讓人失望時，艾爾奇貝只得向同鄉求救。後來他責備自己，不該把瓶中妖釋出。

他希望阿里耶夫出任首相，但阿里耶夫寧願掌握議會。沒時間討價還價了。他於 1993 年 6 月 15 日宣誓就職，取代伊薩‧甘巴爾擔任國會主席。

現在這一天成為亞賽拜然救國日。

幾天後艾爾奇貝離開巴庫，極有可能是經過阿里耶夫的慫恿，要他消失一段時間，無人想到這是個圈套。隔天，阿里耶夫就宣布總統逃亡，因此必須由國內第二要人來接掌責任，也就是議會主席。艾爾貝奇的抗議已無濟於事，在他正式卸任前的四年期間，他都無法離開他的家鄉小鎮。

這還沒什麼，只是戰爭前的熱身而已，艾爾奇貝根本不被阿里耶夫看在眼裡，只有街頭才能引起混亂，而現在全站在阿里耶夫這一邊。他從飛機舷梯下來時就感覺到了，巴庫的群眾熱烈歡迎他。親阿里耶夫的編輯們為他準備好基礎，在報上

誇耀這是納希切萬的奇蹟，烽火連天間的和平，而這秩序與和平是在警棍的伴隨下得來一事，就被略過不提。阿里耶夫抵達當天，親自於《Bakińskim Raboczim》報上刊登了一篇文章，呼籲全國團結。

剩下胡薩伊諾夫。阿里耶夫無法征服上校，於是決定登門造訪。他飛到占賈，那是上校感覺最確定的地方。他這個德高望重的人，竟去拜訪一個小毛頭！他們間的談話，改變了亞賽拜然。

「統治過超級大國，我的成就已達巔峰，我已經足夠了」，阿里耶夫先打開話題。目擊者說他看起來臉色蒼白，氣喘吁吁且聲音顫抖。「我就要丟出我生命之書中的最後幾頁了，我的剩餘時間，要奉獻給我的國家，我要支持你，也只有你能挽救亞賽拜然了。讓我追隨你吧！在我還有一口氣在時，我會把我的經驗提供給你。」

說完這些話，他本該暈倒過去。

胡薩伊諾瓦的顧問老哈吉‧瓦濟夫，根本不相信他的話。「他將比我們都還要活得久，而且在這之前就先將我們剷除了。」他提出警告。（跟其他幾位會談中在場的人士一樣，他不久後就在不明情況下死去。）

但胡薩伊諾夫已嗅到權勢，他相信幸運之星，他這類人就是會祈求它的眷顧。如果上校先前權勢其來有自，現在則完全不在乎這些人了，阿里耶夫給了他各種幻想。

幾天後胡薩伊諾夫成為總理，阿里耶夫繼續擔任議會主席。

這時，在亞賽拜然烽火又起，住在國內南部，講伊朗語

的少數民族塔利什起來叛亂，要求高度自治。反抗軍領袖阿里克朗‧胡馬托夫甚至已宣布成立塔利什─穆甘共和國，並自己任命為總統。阿里耶夫指控艾爾奇貝和人民陣線的挑釁，但塔利什的反叛和胡薩伊諾夫的政變也是相同陰謀的一部份，由穆塔里波夫派或俄國人所挑起。胡馬托夫認識胡薩伊諾夫，只不過後者已跟了阿里耶夫，不會幫他。二個月後塔利什共和國即垮台，胡馬托夫被緝捕，但暫時容許他逃亡，等塔利什的情勢穩定後，就讓他回到監獄。

處理完最緊急的事務後，阿里耶夫即於議會中主持艾爾奇貝總統免職一事，並宣布重新選舉。他說服了胡薩伊諾夫，他要親自出馬選舉（選舉法修正後已符合資格）。

「你還年輕，還有時間，我已一腳踩入棺材裡了。人民不瞭解，為何年輕人要將長者推開，你瞭解我們的民情的。我會將一切傳授給你，以後讓你繼任。」

他緊急批准獨立國家聯合體的文件，以安撫莫斯科，並邀請俄羅斯的盧克石油公司會談巴庫石油的事。

他輕而易舉地贏得選舉，做滿二任總統，10 年任期，直到生命終結。

他先打擊犯罪，執法無情，汽車竊盜判無期徒刑，土匪則判死刑，無人抗議，終於可以心無恐懼地走上大街了。短期內，亞賽拜然成為高加索最平靜的國家（加入歐洲理事會後，死刑已遭廢除）。

後來胡薩伊諾夫的勢力也被剷除，他耍了他一年的時間，不斷欺騙、誘惑他。這段期間他建立起關係網和系統，重建類似以 KGB 領導和總書記為基礎的新結構。他強化了他的

家族，無論是各部會、中央或地方行政單位中，都有他的人脈。當他在莫斯科辦事時，可藉這些人控制亞賽拜然。穆塔里波夫和艾爾奇貝時期，有部份人跳槽，部份人離開，但仍有一大部份人脈留下，如今總算得以歡慶頭子的回歸。總理感覺到權力日漸消失，但卻無能為力，經驗的傳遞更不用提了。阿里耶夫反而公開地嘲笑他的無能和粗糙的舉止。更過分的是，總統不顧總理和莫斯科的反對，讓西方石油企業進入裏海，並簽署了「百年合約」，這正是那張讓艾爾奇貝失去權勢的合約。胡薩伊諾夫本打算挑起政變，計劃卻破滅了（有可能是阿里耶夫自導自演），總理逃至俄羅斯，躲在被推翻的後蘇聯領導人藏匿處。

　　數月後，在土耳其情報單位協助下，破獲另一起企圖政變的案子。蘇萊曼‧德米雷爾早就警告阿里耶夫危險的存在。自那時起，沒人敢再動阿里耶夫一根汗毛。

　　「百年合約」簽署 8 年後，BTC 油管的鋪設工程開始施行，從巴庫附近的三迦超經喬治亞抵地中海岸的土耳其傑伊漢，莫斯科自此失去裏海碳氫化合物的運輸壟斷權，歷經這麼長的時間才能打斷其阻力。阿里耶夫未等到石油運輸的那一刻，但這無疑是他的功勞，經由類似路線運輸的天然氣管BTE 也是。周旋於俄羅斯、西歐和土耳其及伊朗之間，他建立起政經皆穩定的獨立國家，對投資人深具吸引力。卡拉巴赫的衝突對這項能源大計劃沒有阻礙，亞美尼亞人幾乎佔領了飛地整個區域及其周邊，佔亞賽拜然領土的百分之十幾。戰爭末期時，原先交互支持雙邊的莫斯科，轉而支持亞美尼亞。1994年時簽署停火協議，油管經過亞美尼亞的計劃已破滅。

阿里耶夫的政府伴隨著規模難以想像的貪腐，納希切萬家族視國家為自己的農場。反對派分子拉拉・朔夫克特-哈吉耶瓦教授估計該家族的資產達 300 億美元（為國家預算的數倍）。根據她的說法，亞賽拜然的百萬富翁全是部長或其他政要。據穆薩瓦特政黨的經濟學專家古巴德・伊巴豆戈魯博士的估算，該家族的年收入為 15 至 20 億美元。他認為，亞賽拜然的經濟中，灰市佔 60%。

　　新亞賽拜然黨壟斷國會，於選舉中造假，反對派不僅上不了國營電視台，連民營電視台也一樣。還好出版界還維持獨立，不僅描述掠奪之人和規模，同時也列出特定部長們的房地產清單（總統本人及其近親則列為禁忌），大家卻都不在乎，甚至少有人去閱讀這些文章。阿里耶夫時代，反對派在巴庫市中心有辦公室，可以舉行街頭示威遊行，這在裏海另一岸的中亞，絕對是不可思議的事。

　　黑達爾・阿里耶夫的亞賽拜然，就這樣處於獨裁和民主的途中。

　　良師、導師的角色讓他自我感覺良好，他向西方訓示議會制該如何，在清真寺裡教導大家如何當虔誠的穆斯林。他擅於傾聽，他的談話對象堅信，他分享他們的觀點。

　　時事評論家及作家艾爾米拉・阿琿多瓦談道，當他自國外出差回國後，邀請與他同行的記者，並問他們的觀感。他說：「大家都在愚弄我，只給我們看他們想給我的。不過，我在巴庫也將一樣。你們卻有自己的途徑，跟不同的人接觸，進出商店，搭乘公車。」（擔任總書記時，他僱用社會學家，針對共和國的實際情勢編寫報告，他是唯一的讀者。）

　　研究現代亞賽拜然史的塔德烏什·希文托霍夫斯基教授回憶，他不直接看著對方的雙眼，而是將視線稍微降低，停留在鼻子和顴骨一帶，具有調查官員般的敏銳目光。

2003 年 4 月 21 日，共和國宮，巴庫

　　在這天，遠距離外看到他的人說他的狀況非常好，而那些有辦法擠到前面的人說，才不是這樣，他的臉頰十分蒼白，更有人注意到，他上台時明顯地舉步維艱，他進行演講後，左手開始顫抖，必須以右手用力壓才能制住。

　　演說開始 16 分鐘後，他突然一個腳步向後，頭轉向後台，彷彿在等待救援。廳內的所有攝影機，在這一刻全部對著上方，全亞賽拜然的觀眾在螢幕上只見到共和國宮的天花板。不久後，轉播就中止了。從那些當時在裡面的人中得知，總統身子開始疲軟，不過侍衛跑向講台，將他扶住，接著，軍官就將總統帶往後台，接下來 20 分鐘內發生的事，只有數人或十多人知道。

　　突然間，他又返回螢幕，天外救星一般，專橫如以往，從被強迫中斷的句子、詞語、甚至標點符號開始，將中斷的思緒連接起來。大廳中可見到他前一秒時走向台前的情景，被報以熱烈掌聲。「我很感動，」他就這麼起頭，「你們知道的，我們今天慶祝三十週年的軍校校慶，以占姆什達·納希切萬斯基命名，是我最關注的。在我演說時，不只是朋友注視著我，還有那些不怎麼喜歡我的人也一樣。那些人使我入迷。不過，看得出魅力對我產生不了作用。」

　　接下來的 15 分鐘，內容一再重複，不過速度加快了，就

像有人為預覽而加快播放速度一樣，先是總統喊叫，抓住心臟處，然後在別人來得及跑到他身旁以前，他倒了下來，電視畫面跟先前一樣，先是天花板，然後條紋（螢幕出現字幕：「本電視台為目前產生的干擾感到抱歉」），接著播放民俗音樂。

這次中斷的時間比較短，黑達爾第三度現身，但他已不再嘗試演說，只祝福與會眾人身體健康、成功，然後在如雷掌聲中退出。話未說完，應該是真的身體非常不適。

晚間的新聞媒體報導：「總統因血壓急劇下降的結果，短暫失去平衡，數分鐘後，血壓恢復正常。目前，總統黑達爾·阿里耶夫感覺正常。」

……老醫生以和善的詞語做為掩飾，告訴他離開的時候到了，將軍啊！請至少決定一下讓誰來處理，這樣可以省去之後的混亂。但他吃驚地問，誰說我打算死了，親愛的醫生，讓別人去死吧……

（加西亞·馬奎斯，《獨裁者的秋天》）

* * *

他預測了一切，甚至是他所不相信的死亡。死前，他趕上將權力轉交給兒子。

2003 年春時他確定會於 10 月份的選舉中參選。大家都知道這是他第三度參選和第三任，而憲法的規定是兩任。對此，他已有答案。憲法是在他第一任期間表決通過，法律不追

溯既往，所以其實第二任當為第一任，第三任為第二任。

夏季時，中央選舉委員會登記了二位姓氏為阿里耶夫的候選人，名字是黑達爾及伊爾罕，當時伊爾罕擔任議員、國營石油公司 SOCAR 的第一副董事長，及國家奧運委員會主席。伊爾罕·阿里耶夫聲明，他同意競選只是為了支持他父親的競選活動。除了他們以外，宣布參選的還有十幾人，其中有機會與阿里耶夫競爭的有三人，包括：伊薩·甘巴爾、艾提巴爾·馬梅多夫及拉拉·朔夫克特-哈吉耶瓦。

8 月份時，他考慮憲法中的最後修正，將伊爾罕提名為總理，現在總理是國家第二大，在總統無法處理國事時，由他接任總統的責任。

秋季，進行投票前不久，黑達爾退出參選，由伊爾罕贏得大選，選票超出甘巴爾許多。國際觀察家已注意到大量的做假票和濫用特權，全都針對伊爾罕設計。反對派因此帶人民走上街頭。

（如果選舉誠實舉行，伊爾罕也肯定會贏，但絕不會如此高票，或許還得投第二輪，這就意味著，當局並非萬能，反對派必定會大聲喧嚷，那些結果——咦！不是真的嗎？——是作假的，結局有可能很慘。再說，誠實的意思是什麼？管歐洲理事會和委員會說什麼！政府官員和選委會成員必須支持當局的候選人，畢竟是當局給他們飯吃的，如果他們支持反對派，就表示不忠誠、忘恩負義！）

選後之夜和隔天一整天，示威遊行持續著，後來才被警察及軍隊驅散。數人被殺，而暴動參與人則受到嚴厲懲治。

西方譴責武力的使用，但承認選舉結果和伊爾罕的勝

利。

繼位終於完成。黑達爾其時人在克里夫蘭的醫院裡。

他何時何地過世，我們不得而知。

官方公佈的死亡時間是 2003 年 12 月 12 日，但諸多人懷疑，儘管我們談論的是現代政治，且媒體緊緊追蹤每一步。

經歷共和國宮那不幸的一幕後，官方報紙寫道：「總統肋骨挫傷在家休養，工作不中斷（我們知道，他 4 月 22 日還接見了美國大使羅絲‧威爾遜）。」根據反對派報紙的報導，他心臟病發作，且說話困難。

他於 5 月 3 日至 11 日住進安卡拉古爾罕軍事醫院，根據聲明，是為了治療腎臟和「其他身體上的毛病」。5 月的其他日子、整個 6 月和 7 月初，他人都在亞賽拜然。

7 月 8 日又再度前往安卡拉的醫院，預定住院時間為數日，但被延長為一個月。從那時起，除了醫生、家人、最貼近的同僚和貼身侍衛以外，沒人見到他。他於 8 月 4 日在古爾罕頒布法令，任命伊爾罕‧阿里耶夫為總理。

此後再也沒回到國內。8 月 6 日他自古爾罕被移至克里夫蘭的醫院，進行「檢查研究」。9 月底時伊爾罕前往探視。10 月初時，反對派的報紙報導他死亡的消息，但選舉結束兩個月後才獲得證實。

在伊爾罕地位鞏固後，他才走了。

葬禮於 12 月 15 日舉行，150 萬人哀悼（亞賽拜然人口 800 萬多一點，其中 200 萬移民，長期居於國外）。

葬禮舉行前一晚，人們至總統府前獻花致意。我前往的時候，維安人員正將花運走，不一會兒，花束又再度堆疊至挑

高一樓的窗戶位置處。許多人哭泣，就像那位婦人一樣，應該是俄國人吧！像瘋了一樣在人行道上徘徊，到處向別人搭訕，對我也是。她說：

「我們該怎麼辦？怎麼活下去？孩子，或許你可以給個建議吧？」

永恆結束了。

巴庫日記（4）

1997 年 8 月 23 日

一名巴庫記者告訴我，從某個時刻起就不准將總統黑達爾·阿里耶夫列入民意調查範圍，儘管在大部份的情況下他還是會穩拿第一名寶座。

2007 年 5 月 20 日

於亞賽拜然現代史教授納希曼·亞古貝爾處午餐。主人邀了拉伊斯·拉蘇沃夫為座上客，他是亞賽拜然民主共和國（1918-1920）的創始人之一馬曼德·阿敏·拉蘇爾扎德的親孫子。

在布爾雪維克佔領共和國後，拉蘇爾扎德成功地逃離（至少在波蘭待過），但其家人卻留在亞賽拜然，受到迫害。拉蘇爾扎德之子阿熱爾（拉伊斯之父）被流放至哈薩克的卡拉干達，拉伊斯就在當地出生。

他還說，當他父親聽到曼馬德·阿敏過世的消息（於 1955 年逝於安卡拉），感到欣慰，總算能擺脫他們的糾纏了。他們未就此罷休，阿熱爾·拉蘇爾扎德直到蘇聯即將解體前才回到巴庫，在獨立後的亞賽拜然過世。拉伊斯將波斯姓氏中的 zade（扎德）結尾改成俄羅斯姓氏的 ow 結尾，才可以稍微提前住在巴庫。

在艾爾奇貝及人民陣線統治時期，不久前還為人所唾罵、以各種罪名被指控的曼馬德·阿敏·拉蘇爾扎德（從資產階級民族主義、從事間諜活動，到支持法西斯主義等），對這

一切通常保持沉默，現在他卻成了獨立的象徵、亞賽拜然的阿塔蒂爾克，[19] 或者更貼合此情況的說法是亞賽拜然的畢蘇斯基。[20] 他出現在千元馬納特鈔上（為當時的最大面額），也成了大學保護人，距離大道不遠處的廣場本來要立他的紀念碑，已經有告示牌通知。

黑達爾·阿里耶夫未禁止該崇拜風氣，只是漸進地將之消弭。印有鑽油塔的新鈔開始流通（千元舊鈔耗損必須回收），後來並找一些藉口將其在幾所院校的保護人地位取消，包括大學在內。

十幾年後，紀念碑不僅從未豎立，告示牌也在整理作業中不見了蹤影。

一國無法容納二位國父，二位阿塔蒂爾克。

2008 年 9 月 7 日

英雄公墓。阿布爾法茲·艾爾奇貝及黑達爾·阿里耶夫二位總統之墓，相距只有 100，至多 200 公尺之遙。

他們完全不同，卻又有許多相通之處，如：

——二人皆來自納希切萬，

——二人皆在國外逝世，

——二人皆因政變取得統治，

——二人皆致力於亞賽拜然和西方的統合，並力阻莫斯科

---

19 即凱爾末，第一任土耳其總統。

20 全名為約瑟夫·克萊門斯·畢蘇斯基，曾任波蘭第二共和國國家元首，為第一次世界大戰中期起，波蘭政治中的主要力量和歐洲政局的重要人物。他被認為是讓波蘭在被瓜分 123 年後，於 1918 年重返獨立的功臣。

的影響力，

　　——二人皆狂熱地追尋民族統一的理念。

　　阿里耶夫剷除了艾爾奇貝的勢力，卻在他死後為他隆重地舉行了葬禮。生前為死敵的艾爾奇貝，死後卻成了王朝的重要盟友。

　　這是我首度見到艾爾奇貝的墓碑，儘管其家人反對，當局還是建立了。其比例讓人想起阿里耶夫的紀念碑，二者皆為立姿（阿里耶夫雙手垂放，而艾爾其貝則緊握），二者皆有國家的象徵伴隨。當然，阿里耶夫之墓之宏偉，無與倫比，佔有獨立的空地，紀念碑後為亞賽拜然的石刻地圖。

要人

這則與公寓有關的廣告，文字冗長又充滿細節，屋主有意將之出售或出租。第一句的訊息大抵如下：該寓所位於「精華區」「精英公寓」三樓，擁有便捷的「奧的斯」電梯和全天候保全服務。第二句廣告詞中提出保證「所有文件具備」。

接下來的十幾行字則在敘述裝潢，公寓有兩條瓦斯管，水管和電路（社區內斷電時，這裡將繼續由市內其他區的電源供應），及二條電話線（對擁有數據機者至關重要），各房間內有空調和「昂貴家具」，廚房裝潢為「現代化風格」（此處條列各種家電設備及其品牌），浴室中安裝了浴缸和按摩浴缸。

廣告中提出警語，該機會提供對象為經濟條件良好且行事認真者，非誠勿擾。

我依照所提供的電話號碼打去並約了時間。

為我開門的是個飽經風霜的大鬍子，雙手青筋暴露。門房嗎？不是。門房不穿白襯衫，也不佩戴金鍊子或昂貴的深色細條紋西裝，再說西裝大了兩號，掛在瘦子身上像件約束服。屋主嗎？連鬍子也沒剃乾淨？襪上破洞連連，他匆忙地套進室內拖鞋中（看得出來才剛脫下皮鞋）？

「在下沙米斯坦，」他伸出手來，「我是管理人。」

後來才知道，屋主根本不來，他沒時間管這些瑣事。他是個要人，地位非常重要。這樣的公寓他有十幾套。於禮來說，也不便跟每個人都碰面，這一切就歸我管。

我脫下鞋跟著進入客廳。

公寓有 200 平方公尺大、5 間房間，合乎巴庫標準，任何一間單身公寓至少都要有 50 平方公尺大，而兩房的工作室則至少佔地 80 平方公尺。舒適的居所比較好從舊式建築裡找，像一次世界大戰前、首波石油熱潮時建的市區連棟樓房，或典型的蘇聯時期高樓，也稱為史達林高樓。

五間房內皆有電視，我後來發現廚房中也立著一台。亦步亦趨地跟著我的沙米斯坦就像博物館中的警衛，一一地打開電視，「衛星電視，55 個頻道」，他像背書似地侃侃而談，「天線架在屋頂。鄰居也是屋主的小叔可視需要解碼，我留下電話。」

最大的 65 吋液晶電視就掛在客廳牆上，還有整套影視設備、音響及「皮製沙發」。沙發旁的燈具……其實應該說是具備燈具功能的全套組合裝飾，是個灌木叢生的小池塘（鴨子在池中央悠哉地游）。灌木叢中豎立著一座鞦韆，牧羊女坐在鞦韆上，而牧羊人就在她面前屈膝吹笛，鞦韆後孤單地立著一棵樹，樹冠成了燈罩，掩飾下方的燈泡。

這燈飾應該價值不菲，完全瓷製，包括池塘和水鴨，絕對是手工彩繪的，或許整組燈具就完全手工製。牧羊女的鞦韆板凳以純金製的繩索連接，而池塘水光下隱藏著碎鑽，在燈光下閃閃發光。

房內的一切佈置都是最高級的，包括：大理石製的假壁爐、數種原木材質的拼花地板、二間房內的華蓋雙人床（分別為粉紅和天藍色調）、水晶燈、鏡子和燭檯等。這些東西店裡都買不到，「要人」應該是從歐洲或美國引進的——「完全西

方標準」——在我參觀完畢後，沙米斯坦下了結論。

他不肯透露要人的身分。

「我不能，」他解釋道，「我答應過的。」文件上也是用別人的名字。

幹嘛告訴我這些？想炫耀他知道多少？或者想表示要人的身分無關緊要，因為簽合約的另有其人？他可以直接說出他代表的人是誰——文件上註明的那個人，根本不需要提起要人。且讓我們從頭摸索。

（亞賽拜然人常是狡獪又單純。我曾經和計程車司機為了車費一路爭執，因為他要求的是天價，還執意說費用就是這樣算。我們最終達成協議，但在抵達目的時我才發現沒帶錢，我要求他等一下，他毫不猶豫就答應了！他根本沒想到我可以就此跑走，根本不付錢。）

我本要走了，但沙米斯坦提議一起喝個茶，他應該是在巴庫奔走了一天，替要人辦事，現在藉機喘口氣，找個人陪伴、講講話，就因為這樣才有茶館、茶坊的出現。但沒時間去茶坊，況且沙米斯坦也不敢跟有意租 200 平方公尺公寓的人去，這裡讓他覺得像個主人，我們在廚房坐下。

我問他是不是管家。不，不止如此。實際上公寓只是周邊工作，他最主要的身分是司機，負責接送要人到公司或去開會。也載他老婆嗎？不，載老婆和孩子的另有其人，他們用寶馬越野車。「我們，」他特別強調「我們」以表示他不只是個私家司機，他將自己當成要人的同僚，類似助理或秘書，「我們開凌志。」

（各大重要人物的司機在此受人尊重。在各政府大樓、

辦公大樓和豪宅前都可看見他們的蹤影，不是抽著菸就是擦拭他們那豪華轎車的後照鏡，那比較是種表演而非出於必要，因為他們的一天由洗車場開始也在洗車場結束。他們自視於清潔工、管理員、店員、工地工人、電廠和煤氣廠員工之上。環繞著他們上司的權力和全能之光環也使他們自滿。）

我問沙米斯坦認識要人多久了。結果是自小就認識，他們同住在 N 縣的某個鄉，父輩是朋友。後來那個人去唸了大學，當他成了要人，又需要可信賴的人時，就將那畢業後放羊、後來又做點小生意的兒時同伴找來巴庫。

我已經可以推斷出要人的身分了，既然他的出生地已被確認。對亞賽拜然人而言，個人出身有其基本意義。在這裡最常問陌生人的問題就是：「Harałysan?」意思就是「你來自哪裡？」更確切地說是：「你的籍貫是哪裡？」答案可決定大家將他當自己人或是陌生人；可能的盟友或潛在的敵人。

當局否認同鄉在政治上扮演重要角色，不過連孩童都知道由黑達爾·阿里耶夫一手建立的納希切萬氏族控制全國；而阿亞茲·穆塔里波夫倒台（1992 年）後，巴庫氏族就再也無法翻身；首腦人物來自亞美尼亞的埃里溫氏族，則在近期中與納希切萬氏族合併。有時其他勢力的人物會爬上高位，就像來自占賈的現任總理和來自夏奇的副總理之一等。但他們對實際決策無影響力，他們的氏族在政治角力中無足輕重。宗族性有其歷史根源，過去亞賽拜然由眾多王國、汗國和蘇丹國所組成，亞賽拜然民族直到十九世紀才具體成形，縣城、家園等概念是最可靠的基準，再加上在東方極為普遍的家庭和鄰里間的緊密關係。

　　來自 N 縣的重要人物不多，我輕而易舉地就查出要人的身分是經濟部門的副部長之一。沙米斯坦自己將謎底送上門來。

　　讓我們繼續追索。

　　要人是誰？他是個擁有權勢的大人物，或者說白了就是個有錢人。很多的錢。財富與地位息息相關，地位本身不帶來財富，但提供可能性，想要獲得地位，就必須有適當的出身和保護者。

　　在巴庫流傳著一則笑話：從納希切萬來了飛機，一個胖男人下機後擠入計程車中。

　　「去哪裡？」司機問。

　　「去高位！」

　　企圖心強又具才智的年輕人，雖無靠山也可以獲得不少成就，但終究會遇到極限，實權和實錢應該是跟他絕緣的。他可能只買得起二手賓士，而與他同齡的懶鬼，只因是某重要人物的兒子或侄子，卻開捷豹馳騁。他貸款買屋，而那人就住海濱別墅。除非是三生有幸，被人選入同夥中，雖然機率低，但的確有可能發生，一般人都寧願相信自幼認識的親戚或朋友。

　　這位要人很重要在，對沙米斯坦、巴庫的鄰人及 N 縣的村里同鄉來說可是非常厲害，屬於精英的一分子，是精英中的新貴，從魔術帽中變出來的，因此才不想透露這些寓所的內涵。有人注意到了就會說：「這人翅膀硬了，該讓他知道他的位置在哪裡。」

　　真正的大魚不隱藏自己的事業，相反地，他們將自己的

姓氏視為商標。在西方，如果某位政治人物的兄弟（或者兒子、外甥、父親、叔伯輩或姑姨等）從商，他就會盡一切努力讓人不要將他與該事業聯想在一起。同樣地，該企業家也會與從政者間作一切割。在亞賽拜然，有個顯要地位的表兄弟是重要資源，是企業聲譽的保證，跟這種企業打交道安全無虞，所以跟各種勢力間的關係值得誇耀。

在此地，財富必須刺眼、閃耀且炫目，從過去以來就如此，蘇維埃時期亦同。八〇年代末期時，亞歷山大・列別德將軍於巴庫的某區中認識了黨書記。其同僚對他展現的敬意足可媲美對蘇丹王的禮遇，親吻其手、在他發言時起立致敬，且以倒退和鞠躬的方式離開其辦公室。將軍問他們哪來這麼隆重的禮節，「這個嘛！有其歷史性的因素。」書記如此回答。

那名書記跟其他書記、領導、長官沒兩樣，掠奪了巨大的財富。亞賽拜然中央委員會官員伊里亞・日言左夫曾描述過那些精英分子，他有幸能成功地逃向西方。於巴黎出版的《政黨或黑道？被掏空的共和國》中我們讀到：「貪利的渴望在亞賽拜然所形成的氛圍，使得生活變得難以忍受，到處是氏族、袒護……共和國早就被劃分成各勢力範圍。行賄、受賄風氣盛行。」在那個年代（六〇和七〇年代之際）一切東西都有定價，不光是產品和服務，連職位也是如此。「花 2 萬盧布就可成為劇場經理，」日言左夫寫道，「集體農場經理值 5 萬盧布，而大學校長的職位甚至要價 20 萬盧布（還是划算，醫學院入學考就要一萬多，當然金額的一部份是進入校長的口袋）。縣立檢察官的頭銜要價 3 萬，縣立黨委員會第一書記為 20 萬，副書記值 10 萬，而部長則得 15 至 25 萬。當時的平均

薪資為 120 盧布，巴庫居民每三人就有一人擠身於國營公寓中，平均每人所獲得的空間不到 10 平方公尺。」

受到小費和以金錢等貴重物品表示敬意等東方傳統的影響，尋常的蘇維埃貪腐情況在亞賽拜然形成體系，涵蓋了生活的所有領域。

我那要人穿的是舶來品，或者是在尼扎米那些貴得不像話的商店中買的，如果與友人在那裡巧遇，還是面子十足。他的品味應屬保守型，買的是深藍色西服、帶袖扣的白襯衫、平淡無奇的領帶、或許略尖頭款的經典皮鞋。

要人的實際生活如何？

下班後肯定是和朋友約在餐廳，待在包廂中，並點些烤肉串和肉飯等。他們喝著純伏特加並一邊討論該怎麼做，究竟拿誰來開刀，怎麼得到「上頭」的關注（「上頭」偏好威士忌）。

星期天時，要人帶妻小走向大自然——去瀑布區或林中餐館（最好是開車就能直接抵達餐桌旁，以免老婆的高跟鞋鞋跟受損），他們享受數小時的餐點，直到孩子們開始吵鬧為止。夏日時妻小都出城去，在海邊度過，他於週末時前去探望，他們在安塔利亞或沙姆沙伊赫的某個五星級的旅館度過一、二星期的時光，在那些地點總會碰見一些熟人。

每年帶老婆去杜拜一次，去過購物節（有錢人在杜拜有自己的公寓，每數星期去一趟，要人應該也考慮過此事）。

或許身邊也有人吧？如果已經有了幾部豪華轎車、蓋了豪宅，或許就可開始考慮組另一個家庭。沒錯，指的不是女性友人、情婦或二奶，而是有太太和孩子的正常家庭。法律老早

就禁止伊斯蘭中所容許的多妻制，但誰說要結婚了？第二個家庭是件奢華的夢想，是社會地位及富裕的象徵，家裡必須維持一定的生活水平，比照第一個家庭的標準，負擔造型師、化妝師、家教、輔導老師、管家和司機等費用，還必須送他們去渡假。言談中不准提起第二個家庭，但得讓幾位好友知曉，否則就失去遊戲的意義了，最重要的是別讓大老婆知道。

要人應該無法更瘋狂了，或者他負擔得起，只是他的地位還不容許他這麼做。技巧就在於不要玩得太過火了。巴庫對某個大人物或其親人的事蹟總是蜚言不斷。曾經發生過這個情況，就是某個事件中的主角失寵了，沒了後台，只好自行消失一段時間。

在隆重的宴會中最容易聚焦。商人伊斯坎德爾‧哈里沃夫之子與科奇王朝財產繼承人結婚，租用巴庫柏悅酒店作為婚宴場地。有明星捧場，使氣氛更歡樂，其中包括：艾羅斯‧拉瑪佐第、托托‧庫圖諾（Toto Cutugno）、吉普賽國王合唱團、土耳其歌星艾伊姐‧培坎（Ajda Pekkan）及俄羅斯的飛利浦‧克爾科羅夫（Filip Kirkorow）和安吉莉卡‧瓦倫（Andżelika Warum）等人。另一位商人捷利曼‧伊斯梅洛夫曾於莫斯科的布拉格餐廳中舉辦私人的新年宴會，席間演唱的明星有：瑪麗亞‧凱莉、瑞奇‧馬丁、羅比‧威廉斯等人，是搭私人噴射機來的。

後來伊斯梅洛夫打敗所有人，在安塔利亞開了地中海最豪華的旅館馬爾丁宮。他花了 15 億歐元建了這座融合東方折衷風格的建築（根據媒體報導為巴黎歌劇院、埃爾米塔日博物館及伊斯坦堡的多爾瑪巴赫切宮和伊斯蘭教教長住所的混合

體）。共有數百名流前來參加開幕典禮，包括莎朗‧史東、莫妮卡‧貝魯奇、派瑞斯‧希爾頓及李察‧基爾在內。由莫斯科市長尤里‧盧日科夫親自剪彩。光煙火費用就花去數百萬，而就在某個時刻時，空中紛然落下百元美鈔。

鋪張豪華的程度連普丁都被激怒，他在電視上緩緩說出，在這危機時期，浪費金錢是不當行為，企業家應當在國內投資，而不是將錢拿到國外（伊斯梅洛夫生於巴庫，但早就在莫斯科定居並經營事業），之後當局就立刻關閉屬於伊斯梅洛夫所有的莫斯科切爾基佐沃市場。

人們憎恨這些要人。在阿舒節當天，群眾於清真寺前聚集，哀悼伊瑪目胡賽因的亡逝時，我看見一名重要人物開著他的賓士禮車強行穿過擠得水洩不通的街道。司機按喇叭又揮拳相向，人群紛紛讓出路來，而該要人的深色玻璃窗則被搖下，讓大家見一下廬山真面目。實在太慢了，他就催促司機，而司機就開向二側離得最近的人群，將他們推倒後又鳴喇叭，多了些空間出來後，該賓士突然加速，碰到有些人的腿部。只聽見吵鬧和抱怨聲，有人低咒，有人大叫會記住這一切。記住又怎樣？還不是拿人家沒辦法。重要人物關了窗，賓士自交叉路口轉彎就此揚長而去。

艾爾欽向我說明，這些要人壟斷一切，每項生意都有其主，絕不容許競爭的存在。只要你經營的是家庭式企業就沒問題，一旦開始壯大，他們就開始修理你，你要不就順從他們，要不就轉行，否則死路一條。艾爾欽是學地理的，不過做的是電工，開設一人公司。以前曾和朋友一起做生意，出租葬禮用的帳篷，帳篷內可進行對往生者的追思，可以喝茶吃點

心。一個月後他就被盯上了。「你壞了我們的計劃，」手機中傳出這句話，之後對帳篷生意具獨家代理權的人向他提議：「你可以繼續做，不過百分之五十的利潤歸我。」艾爾欽經過計算，認為這樣養不了家，就又回到電工。

艾爾欽還告訴我，這裡有兩套法律標準，就是武力和金錢。憲法是出口給西方用的。

我告訴沙米斯坦不租這寓所，因為沒有車庫，在大樓前沒有可停車之處。他無法理解：「有車道啊！司機可以在此停車。」我告訴他我沒有司機。他以不可置信的眼神看我。你自己開車？怎麼可以？

他一定懊悔浪費了時間，我竟然不是要人。

巴庫日記（5）

2005 年 3 月 16 日

巴庫的汽車展中一邊展示著豪華的悍馬、凱迪拉克、凌志和寶馬，另一邊則是俄國的拉達和伏爾加牌汽車。沒有中階的汽車，應該是因為亞賽拜然還無中產階級之故。

2005 年 3 月 28 日

亞賽拜然語課。今天唸讀本〈我的一天〉。主角叫什麼卡瑪爾（Kamal）的，有老婆和兩個孩子，在辦公室工作。每天清晨 7 點半起床，吃早餐後去上班（先搭公車，再搭地鐵）。9 點抵上班地點後打開電腦，中午一點是午餐時間。之後與朋友聊天、看電視、讀報、喝茶或咖啡。下午 6 點下班，一小時後（搭地鐵、公車）就在家裡了。

尋常上班族的尋常一天，亞賽拜然的課本是這麼看待的。

2004 年 6 月 3 日

我們下樓去拍打地毯，在院中引起不小的騷動。

這是我們在巴庫租的第三間公寓，每次屋主都向我們推薦打掃、擦窗戶和洗地毯的婦人，每次都被我們拒絕。我們原以為跟面子有關，自己打掃不太說得過去，最好有人幫忙，但如今看來應該還有更深一層的意義。對我們而言清掃可能來自一時興致，對這些婦女而言則是賺外快的唯一機會。

令人吃驚伊斯蘭中竟有這樣根深蒂固的想法，儘管亞賽

拜然社會中已完全無神化和世俗化。你賺錢嗎？你有謀生的工作嗎？那也得讓別人有機會賺錢糊口。慈善捐款，也就是扎卡特（zakat）是伊斯蘭五大支柱之一，為將部份所得捐給窮人，這是每一位穆斯林的責任。

（聘用婦人擦窗戶的友人說，他們把窗戶擦得更髒，也不會打掃，明顯地只是因為需錢用，就有好心人幫忙安排，這是真正的慈善捐款。

東方世界對我們來說經常是冷酷而無情的，沒有社會福利。福利金、救濟金和獎學金，經常也包括補助金和養老金在內，只有少數人可得，或者是數目微薄得可憐。另一方面來看，也無人會被遺棄，家庭的關照與我們有天壤之別，甚至擴及遠親、鄰人或同一清真寺內朝拜的信徒等。個人問題是整個團體的問題，舊世界的裂痕產生於與西方接觸之後，譬如說某人已未定期上清真寺，可是還無法完全對自己的生活負責，這些人是最不幸福的。）

馬梅德

「……所以我指的是公平，我的馬鈴薯都是健康的，因為我是穆斯林，我不會向任何人撒謊，大家都知道，你可以問那賣報紙的老法雷丁，他會做證。我母親用這種方式撫養我，而祖父蘇萊曼總是說……」

「姓名！」伊爾加爾打斷他，或許有點太粗魯了，因為他從椅子上跳了起來。

「怎……怎麼了？」他因被嚇到而說話含糊。

「你們叫什麼？」伊爾加爾溫和些地重複了問題。「名字、父親的名字等等。」

姓氏不需要，至少不是現在，但他必須將故事中斷，加入一些規則、整頓一下。再 15 分鐘應該就可以結束，而休息室中還有十幾人。

他熟知這些客戶，每個人都這樣，給他們一根手指，他們就會拿走整隻手。當他們感受到一點善意和同情時，就不走了，他們將講述一生的故事，以自己的不幸作為誘騙，在工作時騷擾、家門前閒聊，還會在與家人散步時順道來訪。這樣的情況發生過幾次，所以現在他很敏感。他小心翼翼，不要變成老兄、夥伴，或者更糟的是變成美國大叔。

他瞭解他們，他們無處可逃。對警察而言，這種尋常人就是垃圾，對官員來說就是糾纏不休之人，對老闆而言就是做苦工的人，重要的是，怎麼從他身上壓榨出些什麼。他瞭解他們，但也知道無法拯救這個世界，他有年輕的太太和女兒要照

顧，不會為了一個遭人攆出公寓的老太太，或被某個重要人物的兒子因酒駕而撞成殘疾，連警察都顛倒是非黑白的不幸之人而忽略了家人。

他是知名律師，有自己的事務所，所得也令人滿意，這一切都是辛苦得來的。他賺得了房子和好車，有一次突然想到或許是為他人做些事的時候了。可能出於年紀漸長，或者是突然想到牆上如果能掛些感謝狀應該不錯，像他在美國實習時看到的那樣。一切從計程車司機的遺孀開始，他還等著自己車的時候，只好搭他車去市區，突然間人潮湧動，一名司機竟在附近上吊自殺了，因為他賴以維生的拉達車故障，沒錢修理，而家中還有五名嗷嗷待哺的孩子。在這裡男人就必須養家，不然就稱不上男子漢。隔天那名寡婦就上前搭訕：「幫助我們吧，學問淵博的人啊！」原來，醫生不願在死亡證明上簽字，要索賄紅包，而她哪來的錢。他前往急救處，醫生過去是同校的。他問怎麼了。聽到的回答是：「還不就這麼一回事。」他為此生氣，寫了投訴書。不久後醫生就來了電話：「幹嘛小題大做？」後來又開他玩笑，說是伊爾加爾應該跟這女人有一腿，被他先生撞見，她先生因而羞愧上吊自殺，為此伊爾加爾告訴他，這名婦女是他妻子的遠親。

他有意提供免費的法律諮詢服務，本預定每星期撥出一小時，不久後就衍生成二小時，再來是三小時、四小時。案子數量繁多，他不得不偶爾將公文帶回家處理，且總是答應自己，這是最後一次了。他創立了非政府組織並且號召法律系的學生前來擔任義工。

當天請求者特別多，當伊爾加爾聽到關於馬鈴薯、賣報

紙的法雷丁和蘇萊曼祖父等事件時，他幾乎大發雷霆。

「馬梅多夫、馬梅德·阿里·奧格魯」，那人開始背誦。本還想加油添醋，但感受到伊爾加爾的目光，因此放棄了。

那人看起來五十歲上下，但伊爾加爾猜他才剛滿三十，那些人看起來都很老，連孩童都有張老臉。（孩子們也來了，某個年輕人發出抱怨，他被學校退學了，不得不工作，家裡已無米可炊。他在蘇式小巴中擔任驗票員，為此二個月未去上課。伊爾加爾想起鄰居檢察官那唸醫學院的兒子，應該也很少去上課，因為他整天坐在門前的長椅上，或開著黑色寶馬在市區兜風，車裡頭讓他給安裝了各種奇怪的喇叭。有一回伊爾加爾問他：「考試考得如何？」他卻一味地笑：「我老爸都付錢打點好了。」）

馬梅德·阿里·奧格魯·馬梅多夫穿著皺巴巴的格子西裝外套，應該穿了許多年了，這裡人將它當成一般外套及勞動時穿的背心，在本地連小男孩都穿著西裝外套踢足球。他腳上穿著長尖頭的皮鞋，也是十分老舊了，不過為了配合見律師這樣的場合，倒是十分仔細地擦亮了。

「怎麼來這裡了？」伊爾加爾嘗試著冷淡點且就事論事，他希望客戶直接進入事情核心，省去對族譜的牽連及無邊的咒罵，然而那人卻以自己的方式去理解，並拿起腳下的袋子，伊爾加爾心中閃過一個念頭，他應該是真的很疲倦，竟未及早發現那包東西。

「這給可敬的律師先生的夫人，是新鮮的馬鈴薯，保證好吃！」

馬梅德是來辦事的，他盡力而為。如果這世上沒有白吃的午餐，那這免費的諮詢也得付出點代價。這些窮人、受傷害的客戶總是帶點奇怪的迂迴，不斷讓伊爾加爾吃驚。他們不斷尋找另一個出口，使簡單的事情更迂迴和混亂。他們尋求讓伊爾加爾滿意的談話方式，猜測他的喜好、情緒及他最想聽到的話。律師經常產生錯覺，彷彿他們來自不同的民族或國家。

　　他因此想起大學畢業後在地方法院的實習過程。那裡假如傳人十點到，卻要直到一點才開始。伊爾加爾問為什麼叫這些人來，卻讓他們在走廊上等那麼久，通常也沒有重要或緊急的事得做。對史達林時期的記憶還很深刻的審判長、經驗豐富的律師就對他長話短說道：「為了要讓他們崩潰。」

　　「聽著，馬梅德，」伊爾加爾直接就以平輩稱呼，因為他要瞭解案子，而客戶卻以禮貌的試探方式做為計謀，「我不要你的馬鈴薯，你不用送禮，你不欠我。現在告訴我你來的原因。」

　　馬梅德感到困惑，但開始說出：

　　「我在市場賣馬鈴薯已經 10 年了。我的攤位就在入口對面，大家都買我的。一星期前警察命令我遷到最後一排去。現在就連跛腳狗也懶得理我了。昨天我賣了 20 公斤，但 1 公斤我只得 1/4 馬米耶德。怎麼養活家人？幫幫忙吧！」

　　「你付場地費嗎？」

　　「每天付 5 馬米耶德，跟其他人一樣，另外再給廣場主管 5 馬米耶德。」

　　「那位警察說了什麼？」

　　「什麼都沒說。他們說他挑中我的位置要給他侄子，那

是廣場裡最好的地點，是收入的保證。我要求的是正義。」

伊爾加爾認為警察有可能就將這地點賣了，對他而言這一點也不奇怪，他知道在亞賽拜然用錢可以收買一切，包括：考試成績、官員的關照、甚至是職位等。有一次他在報上讀到有位典獄長在收賄後將十幾名暴徒放走，還繼續領取他們的口糧，後來事跡敗露，因為其中一名暴徒闖入商店行搶而當場被捕。

多年來亞賽拜然在世界貪腐國家中一直名列前茅，但實際情況要複雜些，在西方貪腐經常被比喻為癌症，在健康的體內逐漸蔓延，但只要將癌症切除，就能獲得釋放（手術棘手且經常有轉移和併發症產生，則另當別論）。此地的貪腐形成體系，包含生活中的所有領域，從個人出生起（讓母親和嬰兒回家得給紅包），直至死亡（在墓園中佔有一席之地得以紅包賄賂）為止。

在亞賽拜然，收賄者也常是賄賂者，像警察向駕駛收受金錢，轉手再給教他孩子的老師。老師向學生收錢，但也必須付給醫生或火車站的售票員（在這體系中愈高位者，拿的更頻繁而給的較少。）

連續的收賄者會為自己留下一定的小額比例，其他的就交給主任、長官、領導等。收到錢的那個人也是這麼做，金錢就這樣滾到最頂端，其中一部份則回流至下面的階層。各部會官員有二份薪資，包括需納稅的公開薪資，和另一份等值的紅包。以此方式收買他們的忠誠，必要時每人都有一冊厚厚的文件夾可查。歐盟專家納悶，你賺的不過這麼多，買車的錢哪裡來？（亞賽拜然的立法不輸西方，所有歐盟的認可機構、程序

及原則都列入考量。協助實施立法的歐盟專家也摸不著頭緒，為何施行成效與他們國內有差異。）

賄賂所得的金額都投資於國內，經常投入於住宅建設，此被認為是最值得的。許多人因此得利，如：駕駛、建材進口商、附近商店的老闆、最主要的還有混凝土工、水泥工、屋頂工、粉刷工、鋪地板工、煙囪清掃工、各種臨時或半臨時的安裝工及管道安裝工。施工監督、建築師、縣當局等也能從中撈一筆。

總統外出時有時車會陷入某個凹洞中，總統為此氣急敗壞：「這裡的路怎麼這樣？一星期內讓路整平！」因此縣長只好立刻自掏腰包找修路工人、機械和瀝青，官方預算微薄，做不到嗎？那就是不稱職的長官。總統只在乎最終效果：路面必須是新的，絕不能是修補的。如果沒辦好，立刻有人向總統舉報，隔天辦公室前就有成排的告密者等著要接手這個倒霉長官的位置。

伊爾加爾有時思索要如何解決此事，實在毫無頭緒，可以讓百分之一的警察離職，甚至是百分之十，但要如何將百分之七十或八十的人告上法院？此外也還有百分之七十或八十的海關人員、法官、稅務稽查員、教師、醫生，甚至那些收受紅包以決定誰上電視（或不上電視）的記者們。該律師就曾親眼見過喬治亞邊界的海關人員向某個外籍人士收受 100 美元的莫須有費用，該外籍人士深知此地陋習，在一番討價還價後，費用就降至 5 美元。此名遊客付了錢，但也不忘酸他們一下：「怎麼，賄賂嗎？」海關人員憤憤不平：「怎麼算賄賂？這是對我們工作的一種尊重！」

伊爾加爾大學畢了業，後來又唸了博士，連一戈比也未付，他專心一意、成績優秀，但若不是他那具影響力的父親，讓講師們也得禮讓三分，誰知道他會不會成功。現在可好了，誰不想跟律師套好交情。

他一路順利，先替電廠兩名無故被解職的員工爭取到賠償。這可不是小事一樁，因為電廠廠長為某部長的表兄弟，訴訟持續三年，歷經各階段審理，最後電廠輸了。其他被解僱的員工也提出訴訟，一共超過百人，電廠不得不和解，他同樣免費替那些員工辯護。

馬梅德的案子毫無希望，他手邊根本無任何契約書，什麼都沒有。廣場主管說攤位在哪個地點都不具任何意義，警察則駁斥他將別人移位的說法，目擊者也因害怕而不敢舉證，往往在最後一刻請病假或離開。如果真開庭的話，馬梅德大概也會緊張到忘了怎麼說話，他這類人總是吃虧的一方。

「我要的是公正，」馬梅德喃喃重複著，「我都按時繳費，他們為什麼不讓我待著？」像法雷丁這種報販，有時會慢兩天付費，我從來不這樣。儘管法雷丁沒有固定攤位，他將貨攤背著四處去，然後蹲著賣。廣場管理人不收他錢，就只給主任或警察塞點費用。

「你也付給警察嗎？」伊爾加爾制式化地提問。

「每星期付 1 斯爾凡那。」他總是在星期天早上來，打我巴掌，我給他錢以求安寧。

「他打人？！」律師精神為之一振。

「沒錯，他打人，」馬梅德嘆口氣，「他可以打人，但不能讓人走投無路，畢竟我付給他錢。怎麼樣，你們幫這個忙

嗎？」

　　「等等，」伊爾加爾像狗尾上黏附的刺果一樣，纏繞著「打人」這個點不放，「警察無權打人啊！」

　　「怎麼會無權？！」馬梅德被激怒了，「那國家給他槍和警棍是做什麼的？」

　　「維持秩序是必要的，我沒說不是。」

　　伊爾加爾還想解釋些什麼，但馬梅德已沒在聽了，免費的律師絕對有嫌疑，法雷丁說對了。他連馬鈴薯都不要，得向小舅子借個 10 斯爾凡那，再跟廣場主管談談。

　　馬鈴薯就讓警察的老婆拿去吧。

巴庫日記（6）

2002 年 12 月 23 日

有人告訴我這麼一個故事：在亞賽拜然中部的某個十分貧窮的村中，長老決定村中必須有自己的警察。找出合適的候選人後，村裡全力投入並將之送往巴庫的警察學校。學成回來後，他就開始在路旁站崗並藉機賺錢，很快地就將債務還清，但後來他被車給撞了，全村的人還得集資為他辦葬禮。

2003 年 5 月 20 日

外交部人權會議。亞賽拜然國家科學研究院人權研究所主任羅夫山・穆斯塔法耶夫發表演說，他說人們不瞭解自己的權益為何，農村地區的人們尤甚。例如說：警察攔住車輛並要求賄賂（賄賂為罰單的替代，可能是虛構的或者屬實，屬於違規）。駕駛應當知道他不需直接付款，可以要求提供法源基礎或向該名警察的上司提出申訴。他不知道這種狀況，就直接付款，造成貪腐的興盛。

2005 年 3 月 14 日

會議有關亞賽拜然民主共和國的內政部副部長及東方學者薩笛格貝尤夫・阿加貝伊扎德（1865-1944，亞賽拜然民主共和國倒台後他任職於利沃夫的揚・卡齊米日大學），某個發言人說在阿加貝伊扎德掌政時期，每 1 戈比都算計得清清楚楚，比如說：搭乘計程車等，賬單都保留著！

光是這些賬單就講了 10 分鐘。

2007 年 4 月 15 日

　　薩賓娜活躍於波僑組織（其祖母為波蘭人，第一次世界大戰後出生於當時屬於羅馬尼亞的撒爾紐夫策，至今還說得一口流利的波蘭語及羅馬尼亞語），其兄弟薩米爾才剛結婚。他說他們夫妻倆沒有任何朋友，因為還在努力謀生，而朋友得隔段時候就邀請，這都需要花錢。你可不能貼笑大方，讓客人就坐在沙發上，喝個茶吃點自製蘋果蛋糕可不夠。他們因不瞭解而將這一切解讀成冒犯，他們會覺得被忽視且受到傷害，之後他們將到處散播，說我們待人不周。

皮爾

有人說當警察來抓阿迦時，卡車拒絕服從。那是一輛老舊的 ZIS5，國內人稱扎哈爾。警察將阿迦的貧瘠財物裝上車待出發時，引擎卻無法發動。還有一種說法是警察的司機們群起反抗，第一位、第二位、第三位、第四位、連最後的第五位都是，不管他們將遭遇什麼樣的麻煩，他們就是拒絕執行命令。無論如何，驅趕阿迦的任務未竟，阿迦直到終老都住在巴庫老城菲爾多西路 3 號的老家住宅中。

人潮一批批來到阿迦住處，當局也拿此沒辦法。警方數度封閉整個地區，但人們絲毫不退卻，穿過柵欄、地窖及屋頂而來。警察也各有不同，有的驅趕人們，有的視而不見，免得對不起自己的良心，有的更在收下幾盧比後親自示範如何突破重圍，數日後檢查站就收了，封鎖也解除，以免再跟其他人妥協。

阿迦過世後，人潮擠滿了老城狹窄的巷弄，靈車極為艱辛地往前移動。隔會兒就有人衝向車去，但在擠滿的人群中很難有大動作的施展，那些近鄰毫不費力地就把狂人擋下，直到隊伍行進至安全的距離範圍。母親們將孩童高舉，至少要讓他們的腳碰觸運載聖潔大體的車身。之前曾上演了爭水之戰，也就是由服務員替阿迦搽拭身體所用之水。受女人慈惠的男人們不放過任何一滴水，以各種杯子、瓶、罐等收集。他們將水當作聖髑般珍藏，提供給重症患者、清洗傷口或給新生兒撒在唇上。

人們以阿迦、阿塔加、貝尤克‧阿迦、米爾莫夫孫‧阿

迦或瑟吉德‧阿里等名字稱呼他。他在證件上所登記的名字為阿迦、瑟吉德、阿里‧米爾‧阿布塔里巴‧歐格魯‧米爾莫夫孫扎德。於 1883 年生於巴庫。

家族來自伊瑪目胡賽因，穆罕默德的孫子。阿迦的哥哥就讀於納傑夫的伊斯蘭大學，但也研習俗世的學科，如：數學、物理及天文學等，就我們所知他蒐集了大量的圖書。其弟在土耳其、法國度過半生，後來於三〇年代回到亞賽拜然，家人決定要讓他成親，他當時特立獨行，穿風衣、軋別丁西裝、訂製皮鞋及高聳的法國軍用平頂帽，且手杖不離身。他輪著開別克和塔特拉牌車，後來又買下蘇聯的嘎斯 M-1 車。他自在地過活，彷彿蘇聯不存在似的。其遠親中不乏亞賽拜然的知名學者、醫生、作家和導演。

在布爾雪維克起義前，位於菲爾多西路 3 號的房子有許多巴庫的富人前來造訪，包括：熱伊那瓦伯丁‧塔吉耶夫和穆撒‧納吉耶夫。在一次會議中決定於 1917 年春天召開第一屆什葉派神職人員代表大會。亞賽拜然民主共和國的伊斯蘭教教長由阿迦的姐夫阿葷德‧莫瓦‧阿利扎德擔任。

人們熱愛阿迦，他生性質樸且未受過什麼教育，身體畸形殘缺，被限制在那張椅子上，以此度過他的大半生。

人們深信阿迦有醫治的能力，應該說是天主藉由阿迦治病，是至高的天主揀選了他。就連他最親近的人在內，無人能說出其天賦究竟為何，且是否是他一直擁有，或者後來生了重病後（他出生時即行動不便和說話困難，後來癱瘓加劇並且有嚴重的骨質疏鬆症）才具備。

　　三〇年代開始有人至阿迦住處朝聖。客人由其姐薩基娜-哈努溫招待，也被稱為冀查，他的生活全奉獻於對阿迦的照顧。阿迦傾聽人們的請求並將手掌置於來客的頭上（在他無力氣時，就由薩基娜將他的手抬起）。有時他還想說幾句話，就由唯一懂得他話語的薩基娜為他翻譯。阿迦對每個人都顯露出真誠美好的微笑，但他最樂於見到孩童。

　　沒有客人的時候，阿迦就坐在窗邊或戶外（家人將他連人帶椅一起抬出去）。他對行人和鳥兒微笑，並以頭部動作向人示意問好。每當有人問他時間，他就很高興，將左手輕微抬起，而站得離他較近的人就從他口袋中拿出銀色大掛錶。「謝謝你，阿迦！」發問人這麼說，而阿迦就散發出光彩。阿迦酷愛抽卡茲別克牌香菸，人們有時就將點燃的香菸放他嘴上，視此為善心之舉或是自己的小小奉獻。

　　戰爭使阿迦更盛名遠播，被派往前線的軍人去找他祈福。穆斯林、東正教信徒、猶太人、甚至無神論者都來找他。有些人留下襯衫，他們發誓如果能幸運歸來，就來取回並獻祭（錢由薩基娜‧哈努溫拿走，她將一小部份的金額作為家用，其他的就分給需要的人）。許多歸來者都相信是阿迦救了他們。他們說在危險時刻他們向他呼救，然後就感受到他的出現。格奧爾基‧扎布勒汀（Gieorgij Zapletin）將這些故事收錄於《嘿！阿塔加爸爸……》，在亞賽拜然獨立後出書。

　　戰後前來朝聖的人潮絲毫無減緩的趨勢，阿迦每天從早到晚地接待他們，完全沒有私人的片刻時間。直到 1950 年 11 月 17 日他過世。

　　阿迦在阿普歇倫之蘇瓦蘭的墓地很快就成為皮爾—聖

地。從巴庫前往有數十公里的距離，漫漫長路難以抵達。警方登記來客，且每隔一些時候總會藉著整修的理由，將墓園整個關閉，有幸去成的人說那兒散發出一股不尋常的力量。

亞賽拜然不斷流傳著神奇的治病傳說，正如於 1973 年因患嚴重氣喘而送克烏達米爾縣立醫院的女教師阿絲瑪爾·哈米多瓦，醫生本已不抱希望。「清晨隔壁房的病患過來告訴我，她在夢中見到阿迦。他說他已將我的病去除，不久就會好轉。我不知道該怎麼看待這件事，但從當天起我的狀況就開始改善，直到今日都還健康地活著。」（Gadżi Nizam Gabiboglu，格奧爾基·扎布勒汀，《Ja Ataga Dżaddi...》）

蘇聯解體後，儘管在卡拉巴赫戰爭持續且貧窮蔓延，陵寢的建造依然啟動了。由蘇瓦蘭、巴庫的居民和阿迦的家人共同建造，有錢的出錢，幾年內就修葺成莊嚴的大理石墓。10年後成了亞賽拜然最大、最壯觀的清真寺之一，以波斯風格的湛藍陶瓷鋪設，與朝聖綜合建築間以露台連接，其空間規劃包括：祈禱室、食堂、會議室和停車場等。曾幾何時巴庫及其鄰近地區的居民前往菲爾多西路的家中弔唁，現在全亞賽拜然都湧向蘇瓦蘭。

阿迦成為聖人，因為聖人是由人們、民族所認可的，非由任何當局宣布或任何權威認定。是人性化的聖人，有著殘疾的身體，並依賴環境的憐憫，對香菸和魯拉卡博串[21]特別喜愛，居住的環境中設備簡陋（阿迦的住處還住著他的親人，對來客開放）。阿迦的畫像被掛在人們的屋子裡、商店中和工作

---

21 中東一帶燒、煎、烤的肉類料理總稱。

室內，而計程車司機則隨身帶著他的小張照片，反面印著《古蘭經》經文，在清真寺旁出售。

他最常見到的幾種形象為：穿著深色衣物、帶羔皮無邊帽的男子；整個背部都依附在椅背上，右腳痙攣性地扭曲而雙手交叉，頭部則軟弱無力地垂在胸前。當教宗若望保祿二世於 2002 年 5 月 22 日來到巴庫時，首度自其登位以來無法自行走下梯子，先搭升降機，之後在估算與講台間的距離後艱困地起身站立在平台上，由護衛推動，看到這景象，有不少人想起阿迦。隔天即有報紙將二人的照片放在一起比對，有著同樣不自然姿勢的教宗和亞賽拜然的聖人，垂著頭並遭受身體的苦痛。

《史達林報》寫道：「該『聖人』是場邪惡騙局中被利用的工具，讓成千上萬無知且未受教育的人受騙。」

某知名的巴庫教授曾於孩童時期被帶去見阿迦，他回憶當時只感到厭惡和反感，他記得當時感到頭部劇烈疼痛，有過這樣的經驗後他就不願再與當時那陳腐的往事有任何關聯，對那些崇拜阿迦的人，他一律稱之為落伍之人。

「他不過是個鄉下愚人，心智年齡只有幾歲的殘疾人，怪誕而愚蠢。」這位知名的亞賽拜然專家羞赧地解釋道（他覺得羞赧主要是因為專家應談論重要的事，而不是迷信）。「他不知道周邊發生的事和人們對他的期待：他對所有人都保持微笑、撫摸並擁抱。治病？沒什麼治病奇蹟，是人們對阿迦的信仰治癒了他們，而不是他本人的功勞。根據統計，有一部份的病人本來就可能復原。但人們寧願相信奇蹟。」

一會兒後他若無其事地說，如果女兒生重病，他太太也

會去舒瓦蘭。（我知道前幾年這位巴庫教授一家人曾經歷悲劇，但我沒有勇氣問他們是否也去了聖地。）

亞賽拜然的皮爾聖地有幾百個。除了像阿迦陵墓這樣的大型皮爾外，也有屬地方性、省或縣內進行崇拜的聖地，或者小規模、只有鄰近住家造訪的聖地。部份皮爾就位於重要行駛路線上，通常都車流密集。最早期的皮爾在伊斯蘭前即存在，如納希切萬的阿沙巴—伊—卡夫（Aschab-i-kahf）洞穴，阿里耶夫總統致力修復，並立了紀念碑為證。

部份皮爾有專門功能：如治療偏頭痛、消化道、視力問題或焦慮等。也有些只有婦女造訪，如為了求子（曾有巴庫治療不孕症的診所在報章媒體上打這樣的廣告詞：「再也不用前往皮爾了！」）最重要的皮爾屬全國性，人人為之嚮往。

對在皮爾聖地得遵守什麼樣的規則，沒有硬性規定。每處都略有不同。一般得先脫鞋（如果是在室內），三度繞墳墓而行（如果有墳墓的話）並且祈禱。之後食用所帶來的食物或宰殺綿羊（一旁當有將羊皮剝離羊體的鉤子）並且現地烹煮。還必須記住給看守人的捐獻。

至皮爾聖地朝聖屬於個人的隱私之事，人們自行決定何時何地前往，有些人常年去同一地點並許下同一願望，也有人走遍全國找尋適合他們的地點。

亞賽拜然學者不大願意研究皮爾，他們認為羞於啓齒，不適合二十一世紀的文明社會。現代科學將皮爾列為「黑暗」、「民間「、「低俗」、「非官方」的伊斯蘭，以與「高等的」和「官方的」伊斯蘭有所區別，後者由伊斯蘭學校、穆拉、宣禮吏及經過註冊的清真寺所代表。

　　而是否必須拿瓶子敲石頭的布左夫那皮爾，或庸醫以捲成香菸狀的成綑便條紙灼燒朝聖客身體的馬爾達坎之哈珊皮爾，都還稱得上是伊斯蘭？

　　儘管如此，決定負責此項目的研究人員認為，皮爾文化的興盛與蘇聯的亞賽拜然還有與伊朗、伊拉克、沙烏地阿拉伯的穆斯林中心脫離有關。此外當局不斷壓迫「官方的」伊斯蘭教，使得 1,500 座清真寺在 70 年後僅存十幾座，卻對皮爾的狀況視而不見。哲學家阿里‧阿巴索夫更深入歷史探討：「亞賽拜然人認為他們被殖民的時間比其他穆斯林國家長。沙皇俄國時期形成穆拉官員的制度，他們不需熟於《古蘭經》，但必須對當局忠誠。地方上的知識分子已完全歐洲化並且脫離人民。人民只有自己，在傳統的包覆下，扭曲宗教教義。」

　　研究人員不明瞭何以在蘇聯解體後皮爾崇拜繼續發展，畢竟已經可以前往麥加朝聖，在伊斯蘭院所進修（在本地或國外），可學習阿拉伯語並閱讀宗教文學了。或許是因為「官方的」伊斯蘭讓人與官僚的例行公事、權力、「自行其事」聯想一塊，而皮爾就比較讓人熟悉？這兩個世界在阿迦的家庭中交織著，除了聖人本人和其旁單純的姊姊薩基娜‧哈努溫外，屬於其中的還包括一批受過嚴格教育的伊斯蘭神學家。

　　穆斯林領導人 Sheikh-ul-Islam[22]阿拉舒庫爾‧帕沙扎德多次訓斥亞賽拜然婚禮或葬禮習俗中不合乎伊斯蘭的禮節，但卻沒勇氣譴責皮爾。

---

22 伊斯蘭的較高權威頭銜。

巴庫市中心有座紀念碑，描繪女子扯掉罩袍的景象。1927年3月5日，有一萬名亞賽拜然女子同時將遮住他們的臉和身材的罩袍拋棄，大行解放。之後就少有機會看到罩袍了，甚至在蘇聯解體後也一樣，恢復宗教自由後曾讓人擔憂亞賽拜然什葉派將仿效伊朗。

這些罩袍在世紀之交時重新出現，起初帶著怯意地在鄉下、城郊傳播，後來連巴庫主要街道都出現了。女孩們——因為大半是極為年輕的女性在遮臉——通常只是要展現出他們「不同於」一般人，不想與這世界同流合污，有些則是受保守家人的強迫。出現了首批的瓦哈比派女性。

瓦哈比派也就是激進的伊斯蘭教派，屬「人民」、「官方」之後的第三流派，帶有遜尼派思想，勢力還不強大。有時還見得到穿著低領口和穿著罩袍的女性友人一起挽手散步的景象，目前在平衡狀態。（此還存在著第四流派，著重於年輕、受過良好教育的穆斯林，他們鄙視皮爾，卻也不認同官方的官僚式宗教。該流派領導伊爾加爾・伊布拉希莫戈魯認為伊斯蘭的宗旨與西方的人權觀念並不背道而馳。）

激進派呼籲淨化信仰中的迷信要素，也對靈魂的主宰採取抗戰，其敵人除了讓人不快的當權派阿拉舒庫爾・帕沙扎德之外，還包括不蓄鬍的老菸槍、跛子聖人米爾莫夫遜・阿迦。

巴庫日記（7）

2005 年 2 月 20 日

阿舒拉節。我們前往阿普歇倫半島上的那爾達蘭。該村落極端保守，毫無變化，婦女們穿著罩袍，圍牆上寫著宗教標語（高大的石牆，圍住宅院並且互相連接，讓街道看起來像峽谷），不時與警方發生衝突。2002 年 6 月的暴動中被殺的男子，在那爾達蘭被尊為殉教者，也就是在聖戰中為信仰犧牲者。警察確信此處針對世俗國家機構醞釀反叛，數百名警力參與（較小的警力部署將很快被壓制）的突擊中，照例有大量軍火武器出現。

那爾達蘭的兩座中央廣場以阿里和胡賽因伊瑪目之名命名，村裡的商店不賣酒。村民在伊斯蘭黨中活躍，為在監獄中服刑的同胞舉辦抗議行動，也極力爭取較廉價的天然氣（他們以此暖化溫室，據說所帶來的收益不錯），鄰里守望相助。如果說在亞賽拜然存在著公民社會的話，那就是那爾達蘭了。

此為重要的朝聖中心，根據傳統說法，什葉派第七伊瑪目穆薩・卡齊姆的姐妹拉希姆就葬於此地，她是雷薩伊瑪目的姨媽，她的墓園為知名的皮爾，早就吸引大批人潮。九〇年代末期沿墓穴周邊建造了清真寺，據說是國內最大者。其外部以砂岩砌成，內部則為綠色大理石，當局並未插手，甚至未持反對態度。

當天的朝聖者有一萬多人，或許是幾萬也說不定。通往村落的道路被關閉，並針對汽車劃分出停車場。至皮爾的私家車自此出發，以寫有阿拉伯文的彩帶固定於汽車引擎蓋上

（我們稱之為「聖戰」計程車，免費搭乘），由糾察員負責指揮交通，他們是本地男孩，手背上有臂章。無警察、市警衛介入，卻能夠有序地進行，無塞車和不協調的現象。看得出來，他們都是本地人，負起主人的責任。他們讓人想起教宗首度回到波蘭朝聖時的教會服務情景。

2005 年 3 月 18 日

建築師 R 說在亞賽拜然人人喝酒，也強調信仰強烈的信徒除外。他以諷刺的口吻強調，語氣中帶著巴庫本地人在那些連俄文都說不好的外省人面前所具有的優越感。「真正的信徒不多，只不過是一小撮狂熱分子。」

R 深信他對自己的國家和民族再瞭解不過了。我問他是否去過那爾達蘭，他像看見外星人一樣看著我：「幹嘛去那裡？」

2006 年 5 月 10 日

艾米爾坦誠地說：「當我一想起 15 或 20 年前發生在亞賽拜然和巴庫的事情時，幾乎難以相信我們所經歷過的一切。」這真的是我們的生活嗎？

他似乎害怕將自己的回憶與童年時看過的影片錯置。

內城（伊車里沙赫爾）

沙米爾‧阿里耶夫的場景自紙燕開始：一對青少年在老屋的屋頂上摺紙，並一一地射向空中，紙燕在內城上空翱翔，盤旋於狹窄的街道上，最後掉下庭院，攝影機追蹤著它們的走向。

巷弄交叉口中站著一名老者，衣著不修邊幅，風扯著他的頭髮，男子朗聲誦讀一首詩。瘋子？先知？一隻紙燕恰好落在他腳邊。

在舊式客廳中有數人坐在桌邊，熱切地討論著。紙燕劃過窗戶，落在地上，從另一房間跑來的小男孩看見了，將之拾起，丟了幾次到空中，最後掉在桌上，友人將它朝地下射。男孩再度拿起紙燕，這次是將它朝窗戶外釋放，目光久久注視著它的蹤跡。

兩名兄弟沿街走來，分別是哥哥和弟弟。弟弟機械性地抓住飛來的紙燕，並將之放到裝有筆電的公事包中，兄弟進入家中，還有幾隻白色的紙燕在空中盤旋。

老屋的屋頂上，男孩和女孩再去拿一疊新的白紙。

*　　*　　*

在內城內必須單向行走，街道全無直角，彎曲前行，迴繞，經過千年的清真寺和旅店，蜿蜒向上然後陡峭地下降，一棟接一棟相連的石屋看來像碉堡。從房屋正面處不時有延伸而

出、玻璃圍繞的陽台，稱作「szuszebend」，幾乎快碰觸到對街的房子。只要有幾座這樣的陽台，街道就變成隧道。

這樣蓋是有用意的。巴庫可說是風城，一年內有三百天吹風的日子，夏日從南方吹來乾熱的基拉瓦風，冬季為來自北方的哈齊風，氣溫有可能因此陡降 10 度（氣象學家稱為巴庫北風）。東風則帶來氣候的改變，它自亞洲生成，趨近大海，夾帶著成噸的粉塵和沙粒，滲入喉嚨裡，塞住耳鼻，逼人流淚，甚至可讓車輛移位並折斷大樹。在這巷弄的迷宮中，風力失去衝力，便緩和下來，不再造成傷害，同時也帶來足夠的陰影，能擋住炙熱的陽光照射。

在炎熱的月份內，白天就在庭院和遮頂陽台間消磨，黃昏後則在平頂屋頂上，可望見海灣。圍牆和大門將人們好奇的眼光隔離在外，屋頂以隔板圍住。有時透過虛掩的門可望見部份的庭院，像是蹲坐著玩西洋雙陸棋且邊喝茶的男人、做飯中的女人和正在遊戲的孩童等。但來者反而感覺到自己被觀察，敏銳的搜索目光來自屋隅、陽台或是看不見的角落。

內城就坐落於巴庫中心，但絕對無人會說這是市中心或城中區，不僅如此，沒人會說這是巴庫，彷彿從圍牆後才算是巴庫。不過，也沒人否認。「當然是巴庫了。」過路人在旅客攀談時答道。但平時都是這麼稱呼的：「Iczeri Szeher」（內城）。或者簡單地說：「kriepost'」（堡壘、要塞）。

除了旅客外不讓人進入，沒有必要。要散步可以走濱海大道，購物去尼扎米街，舊時稱作市集街，可以前往由舊旅店改裝、有著古典裝潢的小餐廳，但它們就坐落在濱海的伊車

里，同斯爾凡博物館一樣，這兒也是校際郊遊的去處。

對巴庫人而言，內城就是郊區，像馬爾達坎、那爾達蘭、加拉、濟拉和其他的阿普歇倫住宅區一樣，在行政劃分上屬首都管轄，但實際上卻形成獨立的微體組織。那裡的人們都根深蒂固、充滿宗教熱誠並且說自己的方言，除了因結婚或繼承而遷入外，幾乎沒有外人。

在巴庫將克里耶波斯特（Krieposti）的居民稱為克里耶波斯特尼耶「kriepostnyje」。在俄語中意為「要塞之人」，源自要塞這個字和「農奴」。

數世紀以來沒有別的巴庫，整個城市就局限在伊車里沙赫爾，已是東部的疆界，波斯遙遠外省的首都，沒有著名的作坊、學院和藏經樓，但由所保存的旅店情況看來，商業曾經十分興盛。巴庫位於南北及裏海往西的交通要道上，可由海上往波斯及土耳其斯坦。阿普歇倫本身就是商人的目標，從此地運出鹽、番紅花及中世紀時用來治療皮膚病並製造希臘火用的石油，[23]當時就已因此帶來財富。

城市也將自己的發展建立在別人的不幸上，當占賈為地震所摧毀時，斯爾凡的統治者決定將首都設立於此。巴爾地因帖木兒掠奪而陷落，讓巴庫因而繁榮，內城中的大部份古蹟就來自此時期。十九世紀中再度地震後，舍馬哈省就在瓦礫堆中倒塌，俄國人將省都遷至巴庫。

城市被分區，每一區皆有自己的清真寺和公共浴池。斯

---

23 希臘火是拜占庭帝國所利用的一種可以在水上燃燒的液態燃燒劑，為早期熱兵器，主要應用於海戰中。

爾凡統治者於市內最高點（巴庫為天然的露天劇場）建立了總部，壯觀的綜合建築包括宮殿、清真寺、陵墓及土耳其浴等。國王於迪萬哈那（政務宮）治理國事、在最大的廳中接受覲見並審判臣民。嚮導樂於指給旅客看地上的開口，訴訟進行時被告的頭部就自此伸出（審判廳下方為地下牢房）。斬首後（很少有其他判刑）屍體就落入地牢內，最後據說是由下水道流入海。

運河出口有可能在處女塔樓中，為國內最獨特的建築。30公尺高的巨大建築為圓柱體，低兩公尺的扶壁自此分開，波狀牆壁厚 5 公尺，其上為鍛造樓梯和水井井筒，以汲取淡水。就像內城的所有建築，塔樓以石灰塊鑿成。今日的樣貌形成於十二世紀，但其較低矮的部份則要更早，或許是紀元之初。

塔樓在防禦工事系統中獨樹一幟，高於其他塔樓、塔和城堡主樓數倍，高高聳立於城牆之上。自其窗難以擊退偷襲者，所有窗戶皆朝天向上。

無人完全明瞭它為何而建。有人認為它是祆教寺廟，有人認為是天文台，更有人認為是燈塔。也有可能是所有這些功能的綜合，但也同時是幻想和驕傲的紀念碑，對星辰的永恆夢想。

*　　*　　*

十九世紀時的石油熱潮與內城毫不相干，這一切都在城牆外發生。數十年間那裡產生了不一樣的巴庫，跟伊車里沙赫爾、舊式東方毫無相似之處，甚至跟全亞賽拜然都格格不

入。

　　新城的早期街道沿城牆劃分，兩旁矗立著石油鉅子的城堡及其兌換所和市集、政府部門及外國和基督宗教的聖堂等，後來建立了經濟型公寓住宅區，為堅固的住房建築，類似維也納或巴黎的建築。其後方的區域就是倉促濫造的貧民區和鐵皮棚屋，來自俄羅斯、波斯和土耳其各方成千上萬的窮人就聚居於此，懷抱著改變命運的希望。更遠處就是油田，成群的鑽油塔和裊裊黑煙的煉油廠，成窪的漏油閃閃發光。

　　人口數量於該時期成長了十幾倍，在第二次世界大戰前達 20 萬人。

　　駱駝商隊於市中心暫停和休憩的照片，至今還保存著。動物都骯髒且蓬亂不堪，必定行走了多天。它們的脊背上背負了各種由箱子、包包、袋子、綑繩、繩結等組成的複雜結構。戴著羊皮帽穿陳舊繫帶長衣的牧人有著土庫曼五官，毫不在意地面對鏡頭。為何他將商隊停在此處，不得而知。後排可以看見正面外觀古典而豪華的兩層樓房，房前立著使用電力的街燈，垂直的街道上有汽車駛來，遠方工廠的煙囪冒出煙霧。

　　該相片拍攝於二十世紀二〇年代初。亞賽拜然一直處於半游牧、不識字且封建的波斯、土耳其時代。巴庫的出現對漫遊者應當像海市蜃樓、錯覺或幻想。建築師伯斯可剛完成六層樓的新歐洲旅館建築，位於戈爾查科夫斯卡街。正面為新藝術和構成主義風格，其鋼筋混凝土骨架在當時被列為建築奇蹟，內部有四座電梯，房間內有衛浴及蒸汽加熱系統、電氣系統埋設於牆內。市長下令所有在巴庫港停泊的船隻除了貨物之

外，還必須攜帶土和樹苗。不久後在這些廢地上闢成花園和公園，這裡沒什麼是辦不到的。

巴庫可說是當年的杜拜，在荒蕪的沙地和岩石上生成。然而杜拜屬於阿拉伯，而巴庫卻藐視東方，背身而去。國家曾被征服、被殖民過，十九世紀初為來自聖彼得堡的總督統治，受俄國駐防軍保護，重要生意為外人掌握，如：羅斯柴爾德家族、諾貝爾家族和西門子家族等。賺得家產的亞賽拜然人也變得像歐洲人一樣勢利，他們去巴登—巴登溫泉區渡假，請英語女教師，招聘波蘭、德國和意大利的建築師修建宮殿。只有他們的妻子還是始終遮臉。

巴庫以其驚人的財富與亞賽拜然形成對比，但更大的差異在其歐洲化。為亞洲的西方之島，但該島內部卻有東方之地駐足，也就是內城。

諺語說：任誰在巴庫的石油大亨家中住上一年，就再也回不去一般的文明世界。巴庫像其他在缺乏控制的殘酷資本主義時期突然發展起來的城市一樣，融合西方對利潤的貪婪和慾望；東方的狡猾及高加索的極度殘忍。石油商必須僱用私人軍隊，暗殺、縱火、綁架勒索等罪行司空見慣（有時，保鏢毛遂自薦，提出讓受驚嚇的企業主無法拒絕的提議），屍體永遠地消失於油井中。

在利潤的爭奪中，國籍不具重要性，彼此的利益比宗教和語言更讓人緊密結合，再說，大家都說俄語。多元文化下的巴庫，產生巴庫人，他比起任何人都更能認同自己的城市。巴庫人像國際化大城羅茲的公民一樣，他們可相互稱兄道弟，與此同時羅茲在俄羅斯的另一端因棉紡織的產業而大賺。他們比

較喜歡使用當地的德國方言，而非俄語，但同樣地玩世不恭且無所顧慮，也同樣愛好奢華物品及氣派。「這些人多半無政治原則」，斯特凡‧戈爾斯基如此描述羅茲人，「將羅茲當成祖國，對羅茲十分忠誠且成為愛國的羅茲人。」

掛在亞歷山大‧涅夫斯基東正教堂區教堂內的照片，可說是當時羅茲的標誌。它展示出資興建大教堂的製造商們，包括天主教徒、基督教徒、猶太人等，或許還包括一名東正教徒。命運安排下，這幾年當中在巴庫也建了亞歷山大‧涅夫斯基大教堂，捐助者來自各種教派、猶太人和穆斯林。該聖堂由德國人馬菲爾德和波蘭人戈斯瓦夫斯基所設計。在史達林的命令下同畢艾伊巴特清真寺及天主教聖母無原罪聖堂一起被拆毀。

在東方學專家湯姆‧雷斯的書中有著這樣的照片：聖誕樹下坐著三十名兒童，一旁站著數名女性，看來應該是他們的保姆。所有兒童皆穿戴整齊，看得出是來自富裕的家庭。其中一名男孩穿著初中制服。簽名內容是：「穆斯林—猶太聖誕晚會，於巴庫，1913 年。」不可置信嗎？「那麼，羅茲如果不算奇蹟，那什麼是奇蹟？」作家耶赫爾‧葉沙亞‧圖倫克思索著。

巴庫如果不算奇蹟，那什麼是奇蹟？

烏恩‧艾爾班努（Umm el-Banu）為兩大財閥山希‧阿薩杜瓦耶瓦及穆斯‧那基耶瓦的孫女，她於 1905 年生於動盪不安中的巴庫。童年時喜歡和表兄弟們玩亞美尼亞人大屠殺的遊戲，他們的遊戲受害人是名遠親及其亞美尼亞籍妻子所生的女兒塔瑪拉。

「塔瑪拉，你這卑鄙、該死的（撒上胡椒粉的——波語形容詞）亞美尼亞人！」表哥阿里大聲抗議，並捏她的手臂。

（烹飪用語「撒胡椒粉」與「亞美尼亞人」合用就成了侮辱詞，原因讓人費解。）

塔瑪拉因疼痛發出嘶聲，但之後就帶著認命的表情嘆口氣，然後垂下她美麗的小臉龐。

「塔瑪拉，過來！我幫你矯正一下亞美尼亞式鷹鉤鼻！」表弟阿薩德大叫後用盡全力拉她小而直的鼻子。

對廣大的工人、匠人、小店主、茶店主、挑水工、擦鞋匠及其他城裡市井小民來說，這已經夠理由還手了。不等同於巴庫人的其他巴庫居民包括：亞賽拜然人、亞美尼亞人、波斯人、猶太人和俄羅斯人。大家只管自己人。

烏恩·艾爾班努曾寫道：「巴庫的許多亞賽拜然人和亞美尼亞人都積極參與相互屠殺的過程。同年中，組織較良好的亞美尼亞人根絕亞賽拜然人，作為對先前傷害的報復。後者在缺乏更好的主意下，將此事件做為將來屠殺的基礎。就這樣，雙方冤冤相報無了時，就除了那些在事故中犧牲性命的大量不幸者之外。」

13 歲的艾爾班努會說流利的亞賽拜然語、法語、英語、德語和俄語，且對文學和音樂都感興趣。當時，在經過第一次世界大戰和二度俄國革命的動盪後，巴庫成為國家獨立後的首都。她的父親米爾扎·阿薩杜瓦耶夫進入國會，後來擔任貿易和工業部長的職位。和平沒有持續多久：

一個月後祖父穆薩過世。根據死者遺願，我們四名孫女

繼承了他龐大的遺產，其規模之大，就連在當時百萬富翁多如牛毛的巴庫來說，都屬罕見。命運的嘲弄下我在十三歲那年成了百萬富翁，就那麼幾天而已，因為某個早晨，我被整個街道中響起的《國際歌》悅耳聲所叫醒。我起床看見士兵們，他們的長相和制服都有別於亞賽拜然軍人，他們是俄羅斯人。深夜裡唯一一輛裝甲車跨越獲得短暫獨立的亞賽拜然共和國的既定邊界，並在還沉睡中的巴庫讓紅軍登陸。這就夠了，一眨眼的功夫，兵不血刃下亞賽拜然軍隊就已不存在了，共和國就此滅亡，其公民由俄羅斯接管。

我親眼見證世界末日。

烏恩・艾爾班努十五歲就嫁人了，四年後她倉促離婚，並由君士坦丁堡逃至巴黎。她曾任售貨員和模特兒，也當過秘書並翻譯俄國和德國文學。終於開始寫作，以班寧為筆名加入沙龍，與恩斯特・榮格、安德烈・馬爾羅等人交好，曾於薇拉和伊凡・普寧夫妻家中做客，也與尼可斯・卡贊扎基斯通過信。她出版了許多著作，但受歡迎程度都比不上那些由榮格寫序，且於「高加索日」中被引用的書籍。

她再也沒回到巴庫。剛開始是不能，因為她出身的階級被蘇聯宣告不存在，後來，她就不想了，童年時的城市只剩下城牆。

她於 1992 年過世。於二十世紀中第二度宣布獨立的亞賽拜然，再度陷入混亂與戰爭中。

*　　*　　*

共產的巴庫始終為多國籍的組成，資本家消失了，但有不少的亞美尼亞、猶太和俄羅斯知識分子、藝術家及老派的工程師倖存下來，也因此還能保留城市的面貌，而不至於變成油田和煉油廠的附屬部份。

　　民族混合中固有的力量，在結合語言、文化和凡事都能成功的城市神話之衝擊下，學術和藝術都受到影響。從基礎開始建設的高等學府，當中只有巴庫大學還對亞賽拜然民主共和國時期具有印象，只消幾年的功夫就與莫斯科、基輔和列寧格勒的大學平起平坐，誕生了優秀的音樂人才。

　　在此成長的人士包括：列夫·郎道（物理學家、諾貝爾獎得主）、姆斯蒂斯拉夫·羅斯特羅波維奇（大提琴演奏家）、理查·佐爾格（蘇聯間諜）、斯塔姆·伊布拉吉姆別科夫（尼基塔·米亥科夫的劇作、奧斯卡獎得主）、瓦吉夫·穆斯塔法扎德（鋼琴家及爵士樂作曲家）、穆斯林·馬戈馬耶夫（演唱家），還有後來的加里·卡斯帕羅夫（國際西洋棋世界冠軍）。

　　巴庫出身的還有偉大的數學家盧菲特·艾斯克·扎德，自上世紀五〇年代起於柏克來大學任教。扎德打破傳統分辨真假之區別的二價邏輯概念，並為世界帶來「模糊邏輯」的概念。他的邏輯就像生活中一樣，在真實和虛假間存在著一系列的中間值。

　　不久後巴庫人又出現於巴庫，他們屬於知識分子，包括：醫生、作家和學者。隨著時間演進，這個概念更加大眾化，包含所有將巴庫認定是祖國的人，普通的司機或裁縫也都可稱為巴庫人。（但必須知道的是，巴庫的裁縫並不尋常，他

們是藝術家，是裁剪和縫紉上的特級大師，可稱作高加索的皮爾·卡登和克莉斯汀·迪奧。再者，司機也非比尋常）。

巴庫的香頌演唱家波里斯·大衛德安，綽號「波卡」的亞美尼亞人，曾如此唱道：「有這麼一個叫巴庫人的民族。」在這裡禮讓婦女，讓他們先進入室內，也幫助他們提物品。出入劇院、閱讀書籍都是得體的事。波蘭的旅行者馬雷克·勒赫曾寫道：「巴庫人的特點在開放、心地善良且對生活的態度輕鬆自在。」巴庫被創造成高加索的伊甸園，東、西方的幸福合成。

只有伊車里沙赫爾不願被巴庫化。

快樂之源的極點在七〇年代。「什麼伊斯蘭？」當遊客對年輕女孩穿著短裙、小飯館中供應葡萄酒且在迪斯可舞廳中跳扭擺舞（十年前爵士舞才從地下現身）的現象感到詫異，對此巴庫人只是聳聳肩。「什麼共產主義？」當他們對來客產生信任時，就睜一隻眼閉一隻眼。

當時在位的黑達爾·阿里耶夫保留了巴庫神話，並當作自己的成功販賣給莫斯科：就在這塊歐洲和亞洲交界處所生成的國際城市，置身於一切種族和宗教的偏見之外。此外，巴庫也俄國化，就像亞美尼亞人必須和亞賽拜然人對話；俄羅斯人同猶太人；列茲金人同塔列什人；德國人同庫德族人對話一樣。在教養上要求無誤且文雅的俄語，錯誤或太濃重的口音就會洩漏鄉下人的身分，馬上會引來他人的訕笑或玩笑，雖無惡意，但絕非完全無優越感。

真正的精英如那基耶夫、塔吉耶夫和阿薩杜瓦耶夫等家族的繼承人，並非作家或音樂家（他們也過得不錯，阿里耶夫

給了他們住房和高薪），然而他們卻是總書記的親戚、親信、親信的親戚和這些親戚的親信等，當局的人。他們將列寧的意識形態視為儀式、自我的標籤，且是莫斯科國王宮廷中的必要規定，他們關心自己的財源且悄悄地將亞賽拜然私有化。

離此意識形態遙遠的巴庫人，不經意地強化了該體制。他們是殖民地上的本土精英。

外省討厭巴庫和城市的國際文化。可以想像得到在自己國內卻有漂泊者的感覺嗎？而那些從阿格達什、薩比拉巴德或卡拉巴赫來到首都的人就有這樣的感覺，站在車站前廣場上對街頭的交通、吵雜和廢氣都感到茫然（巴庫和亞賽拜然其他地區的對比之大，除了二、三個城市例外，近百年來幾無改變）。在電車內、商店中、甚至是公家機關內都被要求說俄語，警察則處處要錢，只偶爾有好心人士肯指點如何搭地鐵或過馬路。

在外省眼中，巴庫就像水蛭般吸吮著全國的血液，這也就是為何在阿格達什、薩比拉巴德或卡拉巴赫什麼都難以買到，不僅沒有公路，薪資也常連月不發。然而只要有人夠幸運，當好運向他招手且不費力地即跳過障礙的那一端，將過去的生活拋在腦後，貧窮就再也無法傷害他，生活不再捉襟見肘！

巴庫就像陌生的、更好的外星球。住在巴庫就意味著拉住幸運之神。

*　　*　　*

隨著經濟改革的到來，巴庫神話像海市蜃樓般消失了。亞賽拜然人和亞美尼亞人成長的千百院落、多少生死之交的情誼、異國姻緣等等，都在民族主義的浪潮下被抹去，被掩蓋在地毯下的各種傷害和偏見隨著首度的機會而浮現，雖然是曾有著絢麗的色彩和精湛的編織工藝的東方地毯。

先從蘇姆蓋特的大屠殺開始，1988 年時在離巴庫不遠的該工業城市中，共有 26 名亞美尼亞人死亡，他們為鄰人所殺，並非那些與他們直接相鄰的鄰人，但卻是同一街道、區域或社區的人。一連三天的暴動中，也有五名亞賽拜然人和一名列茲金人死亡。

伊雅·伊凡諾夫娜以為她徹底瞭解此城市。她是名幼兒園老師，從一開始就住在蘇姆蓋特，也就是自四○年代末起。她教育了國內千百名的孩童，各種國籍都有。她在震驚的狀態下向記者們述說，先前都處於和諧的狀態中，大家參加彼此的婚禮和葬禮，月底拮据時也互相借支（她善於表達且又是俄國人，所以各報章都樂於引用她的話）。她無法明瞭為何仇恨就這麼爆發，在蘇姆蓋特恐怕無人瞭解。

巴庫人也不知所以，他們只是欺騙自己，認為自己瞭解巴庫和亞賽拜然，認為視國籍和宗教無重大意義的群體實在不多，就連在首都也一樣。其實城市以外的地區不同國籍者涇渭分明，不存在亞賽拜然─亞美尼亞村，也沒有混合家庭。大家各自守護著自己所受的傷害。亞賽拜然人像在班寧時期一樣，牢記過去的屠殺並傳播亞美尼亞人的陰謀。亞美尼亞人害怕「土耳其人」，不惜一切代價地想加入亞美尼亞，目前暫時加入社會主義的納戈爾諾─卡拉巴赫，他們屬於其中的多

數，經濟改革鼓動前者及後者。

（後來發現，那些實際上謀殺了亞美尼亞人者在蘇姆蓋特居住的時間並不久，他們在當地未紮根，還只是住在宿舍和員工旅館中，這種人最易陷入圈套並受煽動。）

屠殺過後，亞美尼亞人開始離開，最初從蘇姆蓋特，後來從其他城市，最後才無奈地自巴庫出走。那些迅速下決定者還能夠直接賣掉房子，或和那些返國的亞賽拜然人交換，後來就越來越困難了，因為供過於求。那些後覺者在戰爭所帶來的震驚中，不得不將財物拋下，還慶幸自己能逃過一劫。最後亞賽拜然境內就完全無亞美尼亞人了，除了納戈爾諾—卡拉巴赫以外，連同幾個相鄰的縣一同宣布獨立，不為世上任何國家承認。

其他共和國的俄羅斯人、猶太人和德國人也跟隨亞美尼亞人的腳步，開始離開。當蘇聯進入嚴重的危機、通膨、空貨架、易貨貿易階段，此時公開性、開放性也散播開來，再無人害怕因言論而下獄，護照的申請也比較容易取得。有能力的人就逃到國外，而莫斯科和列寧格勒也因較易謀生而具人潮。八〇和九〇年代之際出現移民潮、新一波的人口流動，在車站、飛機場和帝國港口間露宿著失望的人群，車票、機票的銷售控制在黑幫手中。

亞賽拜然人也離開，最主要是從巴庫，通常是那些最具才華、受過良好教育且最被需要的人們。

巴庫那些亞美尼亞人、俄國人、猶太人和原本定居的亞賽拜然人的位置，由外省的亞賽拜然人取代，首批為亞美尼亞和卡拉巴赫的難民，他們引起人們的憐憫和恐懼。他們闖入被

遺棄的空屋中，佔據未完成建設的工廠，將城裡僅存的亞美尼亞家庭攆走（甚至連部份亞賽拜然鄰居都奮起保護他們）。他們拆除亞美尼亞墓園，將自己的不幸、遺留在舒什和阿格達瑪的家園及前線上的失敗，報復在這些十字架和墓碑上。卡拉巴赫的亞美尼亞人於此同時，也肆意破壞穆斯林墓園並褻瀆清真寺。

繼難民之後，來自納希切萬、穆根斯基草原和高加索山麓的亞賽拜然人接著湧入。從來就無好日子的外省更加凋零，回歸以物易物的自然經濟，有數月的時間未有金錢出現，飢荒開始，首都成了唯一的救生板。

隨著外來人口成長快速，到達某一時刻，他們終於感受到了自身的力量。他們不再因自己的口音而感到羞慚，對於因他們將「茶」說成「擦」而面露笑意的服務生，他們會給予譴責。他們再也不嫉妒巴庫人，相反地，巴庫人成了譏諷之詞，意味那些高傲、與亞美尼亞人為友、嘲笑宗教且幾乎不說亞賽拜然語之人。他們將巴庫視為戰利品、受征服的首都，它曾經陌生，現在卻是我們的。

外省人的力量來自數量。過去如果有人遷移至首都，通常會致力於融入城市環境和群體中，與四周融成一體。如今，外來人口有 50 萬，甚至可能達百萬時，被吸收已不可能，且外來人口可也不願意改變自己的習性。他們是整村的人口來到，佔據了院落、住處、過道，且生活一如既往，只不過是在巴庫。他們趕著羊群過馬路，在公園裡放牧牛隻，且在陽台養雞。在公寓大樓間拉起繩索曬衣物，將濱海大道變成市集。他們不想，也無法過不一樣的生活，直到 10 年後這群分

子才受到約束。

外來人口攀上高位，且快速地取得財富。總統黑達爾．阿里耶夫的故鄉納希切萬人取得最大的影響力。兩百萬人口的巴庫市長由歐爾杜巴德人擔任，這是納希切萬的邊疆小城，夾在亞美尼亞和伊朗之間。有著納希切萬車牌的車編號以 85 開頭，至今不可侵犯，雖然司機通常跟總統無任何關係，警察卻不會去攔他們。

巴庫和全亞賽拜然的最新歷史是由都市與鄉下、首都與外省、多元文化與民族文化間的爭鬥所寫成。阿亞茲．穆塔里波夫的垮台成了外省戰勝首都的象徵。

亞賽拜然的首任總統來自巴庫，他被以波蘭團結工聯為樣本的反對派運動，也就是亞賽拜然人民陣線所推翻。該陣線為全國性組織，但外省人民在其中扮演了重要的角色。追隨者中巴庫人不多，他們寧願加入自陣線中篩選出的穆薩瓦特政黨，為知識分子所組成，且師承亞賽拜然民主共和的傳統。在穆塔里波夫之後繼任總統的陣線領導阿布爾法茲．艾爾奇貝，生於納希切萬共和國的小村莊中。

一年後取代艾爾奇貝的黑達爾．阿里耶夫同樣來自納希切萬，儘管多年來一直住在巴庫。知識分子相當認可他擔任黨書記的那段時期，且有部份巴庫人加入他的團隊中，但分別於一年、二年、三年後失望地離開。他們對貪腐、威權主義都感到嫌惡，但最無法忍受的還是氏族關係。阿里耶夫之上已無莫斯科、克里姆林宮、馬克思主義及列寧主義。他以自己的納希切萬的同胞建立起亞賽拜然語的民族國家，在這樣的國家中是容不下始終說俄語的世界主義者。

　　自九〇年代末期，巴庫本地人就已經在政治和大型商業間無所作為了，對新富之後代而言，巴庫已是他們的祖國、家園，他們的下一代俄語不流利或者根本不會説，英語程度卻不錯，將成為巴庫的新一代精英，巴庫將有不一樣的面貌。

　　艾爾瑪·胡塞諾夫擔任反對派週刊《監視器》的主編，不斷地刺激當局。2005 年 3 月 2 日晚上九點前，他被不知名的攻擊者於自家的樓梯間槍殺，他的家人確信這是當局要他封嘴的做法。隔天則出現兩種其他説法：這起暗殺是反對派所為（以抹黑當局），或亞美尼亞人（以破壞亞賽拜然的穩定）。

　　政論家米娃·法拉朱瓦耶瓦提出了第四種理論。直到死前都認同自己是巴庫人的胡塞諾夫，本就該被橫行的暴民所解決，不管扣扳機的人是誰。她寫道：「你見著這樣的人，他目光呆滯，表情中不帶任何思緒，不久前才習慣廁所是在屋內，而非屋外籬笆處。但現在卻在指揮和管轄。大學裡出現愚蠢的講師，醫院中庸醫行道，而法官簡直就是文盲。但每個人卻充滿活力和企圖心，他們知道如何在封建等級制度中展現忠誠，也知道如何諂媚逢迎，他們試圖猜測並預先滿足宗主的期望。」

　　艾爾瑪（胡塞諾夫）文中的最後部份提到亞賽拜然人開始分成悲觀主義者和受虐者兩種。「悲觀主義者判定這個國家已無未來，他們打包行李並利用一切機會離開。受虐者則認為不會有所改善了，但他們寧願等到演出結束。」

　　3 月 4 號這天我們這數千人的隊伍往狼門墓園去。我們正好經過哈桑·貝伊·扎爾達比大道，有人憶起百年前扎爾達比

的葬禮上的人潮景觀跟此場面類似。那場葬禮已成歷史。（扎爾達比是亞賽拜然的新聞媒體之父，他在死前，怨恨地寫道：「我呼喚，無人理會；我指示，無人看見；我解釋，無人能瞭解。」他像艾爾瑪‧胡塞諾夫一樣是受虐者。）

＊　　＊　　＊

二十一世紀前 10 年中期時，大量的石油又開始自巴庫流向世界各地。而金錢也自世界各地湧來。亞賽拜然又再度能自在呼吸。

首都到處是鷹架，建設、重建、改建和整修等工程如火如荼進行中。國外投資商和個人們都投入國家建設中，辦公大樓、旅館、商業中心等紛紛成立。新富講求時髦所不可或缺的大門前石獅、門廊前數公尺長的棕櫚道和大理石等等。當空地難求時，建商開始拆除市區舊樓房，警衛將房客撐走，其他的就以錢來解決，1 平方公尺的土地價格超過 5 千美元，卻還有上漲的趨勢。

幾年間巴庫就失去了新藝術和折衷主義的不拘魅力。

福阿德‧阿琿多夫曾是警官和亞賽拜然的國際刑警組織代表，但他的興趣卻是舊時的巴庫。他空閒時就往檔案館和圖書館鑽，因此找到一些偉大工業家的後裔資料，並收集文檔、圖紙及照片。他使用的是優雅、舊式的俄語——「您的卑微僕人在此請求諒解，因交通困難之故無法準時抵達」——當他前往約定的會面地點卻因塞車羈絆時，他會打電話做出如此解釋，他也以同樣的方式說英語。

　　當他要移民加拿大的消息傳開來時，無人肯相信。他當時已有自己的電視節目，名稱為《巴庫之密》。他同時也在大型會議上擔任同步翻譯的工作，出門開的是賓士車。應該沒有任何把柄落在他人手裡。「我不希望我的孩子在此成長。」他對友人如此解釋移民的理由。首波的石油潮將巴庫塑造成我們所知道並喜愛的樣貌，但現今的潮流卻在將它摧毀。

　　阿琿多夫所指的是十九世紀的、歐洲的巴庫，社會主義下的巴庫想同時成為歐洲和亞洲式，就像伊斯坦堡一樣。如果去除最近百來年，俄羅斯和蘇維埃侵占的這一段歷史，可以說這城市根本未離開中東。

　　今日的巴庫又再度成為杜拜，但比較像是阿拉伯的原版，是當地的、本土性的。亞賽拜然的。

　　新巴庫回到伊車里沙赫爾，城牆不再是兩種世界的分野。建設公司找到一些空地，有節制性地開始蓋起一些膳宿公寓、幾棟辦公大樓，以石灰築成的私人建築，不虛華。要在那裡蓋房必須有強大的背景，內城已被列入聯合國教科文組織，基本上不能更動，頂多只能維修，但伊車里現已炙手可熱，怎能不動如山。

　　沙米爾‧阿里耶夫的場景自紙燕開始，兩兄弟得知重建計劃及其後有位神秘且富有的白西裝客在撐腰一事。該男子根本置古蹟和人們於不顧，他只想將伊車里打造成巨大的娛樂中心，處女塔樓將被改建成旅館，而原先一旁立著的聖巴多羅買小聖堂將改建成賭場，距其不遠處將建色情工作室。

　　兩兄弟知道他們無法阻擋計劃的施行，白西裝客的影響力巨大。他們乾脆遷移到鄉間，住在一間廢棄的空房裡，他們

打算建造塔樓的複製品，以此方式為後代保留該建築。他們找到適當的基地，便開始製作首批的模型，他們將因此需要二萬四千塊的石磚。

出其不意地，白西裝客來到鄉裡。這對兄弟認為這個橫刀奪愛的外來者雖暫時按兵不動，但任誰都知道，他絕不善罷甘休。下回再來，兄弟們就得接招，他們絕無勝算，先是弟弟犧牲，再來是哥哥。白西裝客將返回巴庫。

歷史是無法停止的。

巴庫日記（8）

2005 年 12 月 20 日

拉拉・朔夫克特-哈吉耶瓦為醫學教授（外科醫生）、哲學博士及反對派人士（在黑達爾・阿里耶夫掌權後任國務卿，但半年後即辭職作為對當局貪腐的抗議，後來又放棄亞賽拜然駐聯合國大使的職務），在談起自己的童年和年輕歲月時說道：

我母親會法語並以原文為我讀大仲馬的作品。我就讀音樂學校，因為我這種身分的女孩必須會彈鋼琴。在五〇年代和六〇年代當時，巴庫為歐洲城市，聽的是爵士樂，艾拉・費茲傑羅深受大家喜愛。我們擁有傑出的藝術家和科學家。

1994 年 6 月 20 日（馬哈奇卡拉・達吉斯坦共和國，俄羅斯）

塞伊菲丁・塞伊菲丁諾夫〔風景畫家、列茲金人〕）談論關於文明的衝突：

我於 1968 年考入巴庫的學院。我是個鄉下人，對國家問題毫無概念，只知道那遙遠落後的農村。一夕間突然置身巴庫，從此才知道一民族當討厭另一民族。

我們房內共住四人，包括我、兩名亞賽拜然人和亞美尼亞人提姆爾・穆赫拉尼安。亞賽拜然人不放過任何一個可用言

語、動作或語調來捉弄那人的機會。要瞭解這些，你必須熟知高加索的心理、心態及其幽默感。

現在有人說那曾是偉大的友誼和國際主義，他們不斷重複過去的宣傳。

2007 年 1 月 1 日

我們搭公車回到巴庫，扎汗吉爾幫我們買票。（當然，沒有他，我們也能辦到，但我們很識相，我們在扎汗吉爾住處迎接新年，他才是主人。如果有人看到我們自己買票，而扎汗吉爾在旁觀看，他未盡地主之誼的消息馬上會傳遍扎卡塔瓦區。）

我聽到他詢問入城車票一事。車票到手後我才問為什麼只用「城市」代稱，因為路上還有數座其他城市，畢竟是幾百公里的路程。他回說那些城市各有其名，但「城市」則絕無僅有。

就好像，當有人提到：「他、他的、屬於他的」的時候，大家都知道指的是黑達爾・阿里耶夫。不容許有任何的錯誤。

希那魯格・歷史的終結

1.

我們可以在一日內來回。從庫巴（古巴）開去要 1 小時，在當地停留個 3 小時，足夠粗略地瀏覽並拍幾張照片，然後 1 小時回程，一共是 5 小時，再加上 4 小時「庫巴－巴庫－庫巴」的路程和 1 小時的午餐時間。如果我們黎明出門，晚間就可以優雅地出現在巴庫酒吧裡，向人誇耀我們去過希那魯格。

40 年前這地方完全可說是世界的盡頭。

2.

表面上一切都沒有改變。

希那魯格仍然讓人震驚，彷彿從寬廣的谷底和溪澗中平地升起，錐狀土丘、以石塊嚴密堆砌的房舍、要塞農莊、史前生態博物館、迷失在大高加索宇宙的獨立行星。

幾乎沒有巷弄，只有陡峭的小徑和通道，垂直的迷宮。

在平房屋頂上曬著唯一的燃料牛糞，在此高度已無樹木的蹤跡。屋頂可說是住在上方的鄰居之前院，而鄰居的屋頂又是上頭鄰居的前院，一直追溯至山頂的尤蘇夫家。尤蘇夫就住在頂端，靠近清真寺，居高臨下地望著每一戶人家，雖然他並不是要人，反過來說大家有點輕視他：畢竟「最先的要成為最後」。

在這些屋頂－庭院的開口中，裊裊地升起炊煙。

3.

希那魯格所在的山頭就寂靜地坐落在自然的露天劇場間，讓人想起巨大的火山口。簡直就像未剪斷臍帶的肚臍，將此山與周圍巨大的狹窄瘻管連接，從前曾設防，至今兩邊依然保留這石牆的痕跡，羊群經此趕往路徑。

村外數公里、2,700 公尺高處（希那魯格的地勢要低些）燃燒著永恆之火。火焰由岩石裂縫間洩露的天然氣供應燃料，可說是大自然的奇蹟，因為在山上少有天然氣出現。這是神聖之地，人稱「查尤氣格」或波斯語的「阿塔斯基亞」，就像巴庫附近蘇拉哈那的火崇拜者神壇。

或許可以記起索羅亞斯德時期。

阿塔斯基亞之後什麼都沒有，只留下夏季牧場和通往山頂的蜿蜒小徑，山名為：基茲烏蓋伊、沙赫達古和巴扎爾丟奇。可以徒步前往，有時可到頂部，但只限於夏季，山後就是俄羅斯的達吉斯坦。

4.

附近的斜坡，也就是想像的火山口邊坡為墓地，成群的墳墓在無情的風雨中飄搖，只有較新的墓碑還能辨識，數年或數十年等較老的墓碑就只能憑猜測。最古老的就又回復成原先的石頭模樣，三不五時就有不知世代的遺骨現出地面，這之間穿梭著川流不息的放牧羊群。

從墓地的規模可看出人們在此地已存在二千年了，在高加索的阿爾巴尼亞興盛時，希那魯格就已存在了，希那魯格人為當時「野蠻民族」之一，其古人定居於真實混合神話、現實

混合假象、住著亞馬遜人，且普羅米修斯在此滌罪的歐亞大陸邊疆。

根據古書記載，山地居民為善良的野蠻人，他們每年夏天下山至平原取鹽，躺在鞣革上並以滑冰而下的方式克服山上的路段。他們不知道大於一百的數字，因此只能從事小型的交易。他們善良不欺人，戴著氈帽、長袖長袍和毛褲，服裝以動物圖案裝飾（跟今日的希那魯格人一樣）。當他們辦完事後就立刻返回，以荊棘將一張張牛皮固定在腳上。他們不與人爭執也不妨礙別人。

中世紀早期變幻不定的怪物在高加索定居，他們是半人半獸的黑夜之僕。亞歷山大大帝擁有這個不潔的國度，歌革和瑪各之地，以雙重的圍籬與文明世界隔離（Hic inclusit Alexander duas gentes immundas Gog e Magog, quas comites habebit Antichristus）。

5.

最古老的是象形圖畫：直線、圓圈、曲線等在最古老清真寺的牆上所刻畫的線條。該清真寺建於西元 968 年，超過千年的歷史，但其石塊很可能來自被拆除的異教廟宇，因此銘文的時間要更早。無人可讀取，無人知曉當時的人想傳遞給後代什麼樣的訊息。

伊斯蘭約在第十，或者甚至是第八世紀時由阿拉伯傳入，這並不妨礙希那魯格人對自然的崇拜。在往加拉伊胡達特途中的阿塔斯基亞及自岩石中湧出的聖泉，被朝聖者因其意向而留下的各種緞帶、手帕、布塊等纏繞。阿卓馬爾德巴皮爾為

第三處聖地，清真寺也同樣有三座。

雅谷特·阿爾·哈馬維為十三世紀的阿拉伯人本主義者，曾回憶自此出身、名叫哈基姆的學者，他曾於巴格達唸大學，後來定居在布哈拉。某個來自希那魯格的馬哈茂德於達吉斯坦和希爾凡留下大事記。就我們所知，他於1456至1457年間完成任務。他以阿拉伯文寫作，此前俄羅斯地理學家約翰·古斯塔夫·格伯曾造訪希那魯格，就這樣了。

6.

人種學者和語言學者在十九世紀中葉抵達，就在俄羅斯征服高加索後，他們是俄羅斯人，要不然就是在俄羅斯服務的外國人，通常是軍人。他們發現希那魯格人為不同的部落，有自己的語言，甚至連近鄰都聽不懂。稍後發現，與世界其他語言都無相同點的希那魯格語，在結構上與烏丁語相關，且在某種程度上與達吉斯坦南部的語言相關。

什麼樣的語言啊！17種例外和77個音，其中有18個母音和59個大部份無法發出的子音，可說是世界上最豐富的字母系統。時光機將我們帶到高加索的阿爾巴尼亞，希那魯格位於所有道路的終點，保存了最原始、最古老的語法形式。

「對你們而言所有的一切都是相同的，」巴吉爾對我解釋道，「我看見道路，」「我沿道路而行。」不管道路看起來如何，不管它的來處與去處為何。但對我們而言，這卻是生死之交。我告訴某人「路好走」，他就走了，結果卻死了，因為我指的是通往我家的路好走，而非被風雪襲擊的通往牧場之路。

　　我點了點頭，然而卻完全無法理解。

　　在這些村裡頭：克里茲、克里茲達那、阿里克、阿哲克和哈普特說的是克里茲語，而在布都格說的是布都格語。克里茲語、布都格語和希那魯格語都同屬於沙赫達格語系。前二種語言的類似程度使人們可以互相溝通，而希那魯格則是完全不同的世界。

7.

　　一年中有數月的時間與外界斷絕的希那魯格必須自給自足，婦女們編織地毯並縫製衣服，男人則負責打獵，但最主要的還是負責看顧羊群的工作，羊群是生活的基礎，供應奶、肉和羊毛，一切生活所需。甚至具有日曆功能，數百年來希那魯格以羊群數量測量時間，長者至今還以此方式計數。大家都知道在十九世紀末時羊隻的數量為 10 萬，戰前為 7 萬隻，而千禧年間為 2 萬隻。

　　布爾雪維克創辦了學校，過去只有穆斯林的伊斯蘭學校，而牧羊人則集中在集體農場。這是可以理解的，幾世紀來羊群都是共同放牧的，集體農場針對條件困難的工作支付獎金和津貼，對北方極地工作也有同樣的津貼，現金可以就近在農場內的小店中消費，銷路最好的是茶葉和伏特加酒。

　　不幸就從 1968 年在岩石間鑿出的公路開始（之前如果要前往縣城庫巴，必須徒步下山或騎馬走 20 公里路到克里茲達那，自此有時有公車開出）。雖然路途極為艱辛，難以想像地顛簸，但強化的吉普車和小型卡車都還可以應付。

　　最早出現在希那魯格的車輛為裝載投影設備的越野車嘎

斯，司機隨行帶了一些影片和現時期刊。他在村裡的中心點，也就是五條小路交會處展示，希那魯格的長者每晚在此聚會，談論一天時事，同時也決定隔天要做的事。可以說，現代化妖魔就透過電影和期刊等旁門左道方式，悄悄溜入希那魯格。（建築家吉烏娜拉・梅赫曼達羅瓦認為自此時起，連房子建築的方式都改變了，開始出現玻璃門廊和窗戶。過去窗戶並不普及，一般光線自天花板的開口進入，門廊根本就沒人見過。）

後來就變化急劇。今年還架起電路，希那魯格的石屋中開始照耀著燈光。之前對電力就已不陌生，在集體農場、村委會、學校及醫務處的需要下，由柴油發電機製造。

幾年後就有了電視，影片和期刊隨手可得，每天。

1991 年蘇聯解體前，希那魯格裝設了集體碟型衛星天線，加入世界村的行列。

8.

已退休的俄語教師阿勒丁・巴巴耶夫，明確地記得希那魯格傳統消亡的時候，那是在七○年代初期，公路開通後不久。

先是婚禮習俗自行消失，新人的父母不再為客人架設帳篷，俗稱阿蘇格的朗誦者也不再表演，阿克薩考長者也不再發表寓言故事，新型舞蹈取代了婚禮期間的賽馬活動和嗩吶吹奏比賽，倒的是伏特加酒。

之後年輕人也失去過去為展現體能，而於春季舉辦的本地式摔角和終點設於村落邊界的競跑等興趣，男孩們現在改成

追逐足球遊戲，但更常就只是盯著電視螢幕看。

還熟知傳統歌謠的老婦也逐漸凋零，年輕女性寧願哼唱熱門歌曲或俄羅斯民歌恰斯圖什卡。

巴巴耶夫告訴我，1968 年自縣城庫巴開始流入的大眾文化讓傳統死去。

9.

我們還可以談國家嗎？

蘇聯於 1979 年進行人口普查期間，阿勒丁‧巴巴耶夫和以希那魯格語寫作出書（六〇年代莫斯科學者以西里爾字母為基礎，創造了字母表）的詩人拉希姆‧阿烏哈斯，共同宣布屬於尚無任何形式的希那魯格國籍。村裡很快就出現來自巴庫的專家委員會。「你們要證明什麼？想找麻煩嗎？結束這什麼的民族主義吧！你們就以亞賽拜然人登記吧！」

他們放棄了，民族主義在還沒開始前就已結束了，他們以適當的方式進行登記。

在獨立後的亞賽拜然中，拉希姆‧阿烏哈斯製作了新的字母表。他得出結論：拉丁字母更能忠實地反映高加索的喉音。他安排了希那魯格語的課程大綱並自行編排教科書，課程於 1993/1994 學年度開始進行，希望出現。

六年後該科目卻被取消。該部聲稱是依「父母的請求」，他們希望自己的孩子能將國語──亞賽拜然語學得更好。

10.

在我首度前往的當時，這可說是件艱鉅的任務。

有幾位司機開車到希那魯格，他們開的是嘎斯 66，有著厚實的車身，在路上很沉穩。他們載貨，也順便載客，他們跟人們約在不同的地點，因此要找到這些人，需費不少功夫。

40 公里的路程大概得費 5 小時的時間。

希那魯格的暮色已黑，11 月中旬了，天色暗得早。在庫迪亞查伊山谷的上空漂浮著鉛色的沉重雪雲，我們深怕會被困在這裡直到春天。

一群男子將我們的卡車包圍住，孩童們應該是看到了我和亞策克，當嘎斯吃力地攀爬上坡時，有外人來的消息就已散佈全村。1995 年當時，外人入村還是會造成轟動，連年被人提起。男人們喊叫、推擠著靠過來打招呼，詢問我們的名字和來此的原因，並邀請我們喝茶和過夜。

招待我們的叫胡賽因・阿迦，四十多歲的聚落領導。他向我們述說破產的集體農場，薪資甚至不夠搭車到庫巴。那些馬上離開的人都還能應付得來，留下的人則考慮離開。他們不會也不願意向過去一樣地生活，像集體農場前的時期一般。（胡賽因自己就離開了，留下數代先祖所居住的房宅。他像所有的希那魯格人一樣，知道所有祖先的名字──「在沒電視以前，我們根本不知道自己是那麼可憐」──他告訴我們。）

對生活滿意的人是阿伊瓦斯，人稱埃迪克。瘸腿、身體不好的他，一點一滴地攢下零頭，不理會他人的嘲弄。在我們來訪前一星期，他開了村裡的首間酒吧，他想在希那魯格終老。

　　第二晚我就開始發燒了，不到一小時內溫度就升到 42
度，我開始神智不清，我覺得就要走了，清晨時燒卻退了。我
曾將此過程寫入《高加索星球》一書中。我還描述了我們周遭
所發生的神奇事蹟和怪異事件，像是電子產品等發生的種種現
象。

　　我沒寫出與獵人巴巴・阿里碰面的事，他於九年前在基
茲烏加亞和沙赫達格間的巴烏提蓋伊山口見過「雪人」，希那
魯格人稱為斯塔烏米耶拉。發燒、巴巴・阿里、雪人──這一
切實在夠了。

11.

　　馬克・埃利奧特的指南於 1999 年出版，書名為《亞賽拜
然與喬治亞遊覽》，他一箭正中靶心。在巴庫已有數千名的外
國人居住，包括：石油商、造船商、建築師和企業代表等，他
們有的是錢和空閒的週末。部份的人極樂意到城外走走，但當
時缺乏地圖，道路上也無路標。埃利奧特的書中提供了詳細的
圖表和說明，像是：「大樹後右轉並沿黃管開半公里左右的
路」，絕對不會迷路。希那魯格也被列入指南中的有趣去
處，在第二版中甚至上了封面。

　　現今被稱為亞賽拜然希那維格的村落，開始有外國人造
訪，有些人後來在網路上加以報導。尤蘇夫，也就是住在山頂
上清真寺旁者，被好幾個人提到，找他很容易，每位清真寺的
訪客都在他的勢力範圍內。尤蘇夫的俄語流利且個人經歷不尋
常，他曾在西伯利亞服役、跟俄國女人同居，後來又參與納戈
爾諾–卡拉巴赫之爭。尤蘇夫在談話中，只要提起戰爭就自動

添加肩章星號並加深所受創傷。

　　旅者在網路上分享實用建議，像如何在庫巴找到好的烏里揚諾夫斯克車（嘎斯已沒有人開了，舒適度較差，速度也慢上兩倍）。或者隨行帶些什麼（如糖果，可以分給孩童）。有人提出警告留意在廣場走動、邀人喝茶的人，他將會強行推銷基里姆地毯。也有人抱怨替他拍照的人向他要美金（這裡的觀光客不多，每年大概百人左右吧！但只要有幾個對零頭不在乎的人，就足以讓人把待客之道的觀念完全轉換）。

12.

　　後來我又三度去了那裡，所待的時間逐次減少。

　　第一次去時還在那兒過夜，現在只有最貧窮者還邀人夜宿，有錢人對一小張草蓆或一盆水都要求鉅資（某個人後來成了推銷商販，纏住每個遇到的遊客說：「先生，過來這兒，有最好的旅館，是個好地方。」）

　　希那魯格還是充滿神妙之處，我在巴吉爾的住處就找到這樣的地方。他於油燈下為他那殘障的兒子朗讀拉希姆・阿烏哈斯的詩。男童眼中閃著光亮，隔天一早他就爬到窗下的椅子上，久久地看著外界的模糊輪廓（窗戶上不是玻璃而是舊壓克力板，以數層箔紙貼上做為隔離用）。我從未見過如此多的花朵，巴吉爾的太太拿裝油的錫罐、老舊水桶和瓶瓶罐罐栽花，開出粉紅和紫紅的花，取代了地毯的裝飾功能。

　　11月到，又是齋月開始，古老清真寺中進行祈禱的清一色是老人，巴吉爾發誓過幾年頭髮開始轉灰後，也要加入他們的行列。

第二次去時我造訪拉赫曼，他剛好娶了第二個老婆，表面上這被禁止，但誰也沒抗議，至少在希那魯格是如此，只不過證書是清真寺的穆拉發給，不是政府機關。

我問拉赫曼，幹嘛年紀一大把了還這樣做，他的孩子年紀跟他老婆差不多。

他笑了笑。你那麼聰明，還不知道討老婆做什麼！

我告訴他就要去乞討了，今日誰還養得起兩個家庭？

他又笑了笑。她能吃得了多少？就這麼一丁點，等同麻雀的食量。

莫妮卡 B 對較小的村落讚不絕口，像是：克里茲、克里茲達那、哈普特、哲克、阿里克、蘇薩伊等。這些皆靠近庫巴，很容易前往，沒有旅客，而將來也不會有，除非是意外經過，從大鐘那兒過來，因為連埃利奧特都沒提到這些村子。

莫妮卡每個都去過。她說希那魯格正經歷商業化和現代化，而這些村落都還維持著過去的生活。更早前就有過進展，少量的現代化所帶來的作用像疫苗，往文明稍微前進了一些，然後就停留在原處。

這些村落果然很美，散落著一些古老的房舍、清真寺、貧窮的皮爾，不過跟希那魯格還是有段相當的差距，連環繞的山脈都感覺比較低矮，比較平靜。

哲克村，阿加里的家園，所有人都有著藍眼睛，這山區裡許多人有著藍眼珠，他們的基因還未與其他入侵者混合前，高加索的原始居民外觀就是如此。他們展示給我看一條舊皮帶，上頭釘滿沙皇時期的硬幣。當中掉了幾枚。他們說過去在月蝕期間就拔下一枚，切成兩半，讓黑暗能就此分開。哲克

爾人（他們如此稱呼來自哲克的人），在歷史初期原像烏丁人一樣崇拜月亮，後來這兩個民族都皈依了火的信仰，之後前者接受了伊斯蘭信仰，而後者是基督宗教。

在阿里克村，與梅茲里斯談論雪人，梅茲里斯兜著圈子並掩飾著，他怕我會逼他。最後揮了揮手：「他真的存在，我們村裡把他叫做埃爾多夫。」

在阿里克，婚禮進行中。新郎用手指蘸了一下鏽紅色的指甲花，之後展示給聚集的客人看，新娘則悶悶不樂，今日她就要離開父母和閨中密友們，將過去的生活就此埋葬。在兩、三次分娩過後以婦人的身分重生，屆時，在看見男人進房時，將首度不用因此起立。

莫妮卡說她在亞賽拜然感覺像小王子在等燈塔看守人的星球上，一小時內觀賞了數十次的日落。那年莫妮卡經歷了四次的早春，分別於：亞熱帶的連科蘭、巴庫、庫拉─阿拉斯低地和最後的大高加索。

我有時在亞賽拜然也感覺像小王子。

13.

第三度時，我開自己的車前往，引擎容量 1.2 的普通歐寶科薩，時間在 2006 年的 10 月底。三星期前總統伊爾罕・阿里耶夫開放了庫巴─伊斯皮克─希那魯格的柏油路段，庫迪亞爾查伊峽谷入口處的岩石上，有固定的大理石標牌註明著。

我開車時速上百穿過高原，以前曾在此和亞策克 B 看過一名老者騎著白馬。

在山腳下的村莊，大約第一排屋宇的高度處，男子們挖

著壕溝，我向他們說「色蘭」（意為祝你平安）。他們也回我：「色蘭」，然後繼續做自己的事。我將車停在那兒，沒受到異樣的眼光，甚至連孩童也沒跑過來。

我到了不久前才開啟的博物館，唯一的一間收藏室中聚集了數百本阿拉伯文藏書、大部份是古老的《古蘭經》，是由居民所捐獻的，除此之外還有一些舊時物品、舊衣物、幾把獵槍、地毯等物。

我問了拿大型鑰匙為我開門的男孩，日子過得如何。

「艱辛，」他回道：「非常艱辛。」沒有工作，沒有錢，手機也訊號不良，像在中世紀，像在這座博物館裡。沒錯，日前總統答應建設基地台後，終於有了訊號。

表面上看來，這是絕佳的想法──將全希那魯格改變成博物館，每個山地居民都是自家和其羊群的管理員，還可因此收取費用。在宗教抗爭時期，東正教教堂的最佳命運就是被轉變成無神論者的博物館，所有物品將被原地保留，只不過對象換成人就不同了。

回庫巴的路上，我看見有名醉漢倒在壕溝裡，或許他更早些就躺在那兒了，只不過我沒注意到，也或許他在一分鐘前才敗在這條路上。往希那魯格還有一公里路程。我思索著，達吉斯坦的古尼伯老人們不要道路，認為來自城市的腐敗就沿著道路擴散，他們說得有道理。

14.

丘爾多・蘇萊曼絕對不會妥協的。他極具自信和男性力量，知道他要的是什麼，不向弱點屈服，他就是典型的高加索

人。

　　故事發生在沙皇時期。在庫巴針對一幫匪徒審判，他們無惡不作。法官傳喚了附近的村民代表當陪審員，希那魯格長老決定由丘爾多前往，他的眾多優點中還包括謹慎且不服輸。

　　當時至庫巴必須徒步兩天。當丘爾多出現在法庭時，他那纏著皮帶的皮毛外套和羔羊帽都髒亂不堪，而那穿越山上溪流，走過山口的鞋都幾乎要散開來了。那以貌取人又自恃甚高的法官，以嘲諷開場：

　　「他們派了什麼樣的叫花子來啊？難道在希那魯格找不到更適合的人選嗎？」

　　「在希那魯格適合的人選很多，」丘爾多語氣平靜地回答，「但我們的長老認為如果是配合你的話，派我來就綽綽有餘了。」

15.

　　詩人拉希姆‧阿烏哈斯寫了有關丘爾多和許多其他的故事。

　　他沒有遇到柏油路開通和路旁壕溝裡出現醉鬼的時代，但在他生前就有大量的希那魯格的語詞、諺語和寓言消失，一去不返，因為生活本身已受到改變。當人們不再吹嗩吶時，嗩吶這個詞語也就被遺忘了；當最後一個可敬的人離世時，可敬這個字也跟著沒入塵土。拉希姆嘗試讓這些詞語復活。

　　他曾要求我協助他出版希那魯格語的語法書。我無法處理這件事，除了時間不足外，也未全力以赴，我不知道這些手

稿後來的去處。或許這鼓脹的紙質公文夾被他那住在庫巴的兒子帶走了，也或許有人拿去充當柴火燃燒。

「當拉希姆孤單一人時，他就什麼也不是。」他曾於詩中控訴著。

過世前他曾說道：「我的書籍是希那魯格最早問世的，也極有可能將成為最後的一批。」

不過希那魯格語還算是幸運的，諸多其他的語言根本等不及付印成書。

16.

1859 年時希那魯格共有 2,315 名居民和 338 戶人家。

1990 年時居民 2,090 人、359 戶人家。

1996 年時居民 1,684 人、312 戶人家。

接下來的 14 年中，居民數量又減少了 500 名，房舍還有接近 300 戶，但只有三分之一，或者在最好的情況下為二分之一有人居住。

希那魯格人不斷離開，他們最常遷移至庫巴或鄰縣，他們的位置可能由富有的亞賽拜然人所取代，他們在此蓋了旅館、飯店、滑雪纜車和滑雪道。

自希那魯格遷出的孩童會說當地語言，但他們寧可說亞賽拜然語，孫子輩大約有二分之一還聽得懂母語，曾孫輩將知道他們的出身，但他們一定無法回溯自己的祖先至第十代。

17.

十九世紀的科學家以居維葉的理論來解釋塔斯馬尼亞人

的命運，這在今日看來再尋常不過。在數以千計的物種絕滅之下，塔斯馬尼亞人能存活下去，主要是因為其地理上的隔絕，他們曾是遠古時代所遺留的「活化石」，他們在與時代的另一個時間端接觸時，不知如何應對。從演化的角度來看，他們被滅絕意味著他們欲回到的所屬世界，早就枯槁了。（《消滅所有的牛隻》）

巴庫日記（9）

2002 年 10 月 9 日

《*Zierkało*》雜誌刊出記者前往薩畢拉巴德及薩阿圖伊的報導（分別距巴庫西南部 170 及 185 公里）。

該行程是由地方的索羅斯基金會在區域項目的架構下所資助的，目的在讓亞賽拜然的記者有機會體驗自己的國家。巴庫人很少離開首都，有時可能有數年之久他們都沒去他處，連記者也不例外。他們頂多去拜訪家人，前往露天餐館或者就到海邊及皮爾聖地。他們沒有觀光或四處出遊的習慣，富裕者旅行的機會就頻繁些，他們搭機至安塔利亞、洪加達和塞浦路斯度假。

其報導讓人聯想起未開發國家的記錄：巴庫的城牆外通向未知的領域，在其中什麼都可能發生。記者充滿著恐懼地深入這些空間，之後帶著勝利的感覺回來──成功了，我們劫後餘生。

2005 年 2 月 26 日

我們飛往油岩地區，可說是機緣巧合。我隨華沙電視台的外景隊前往伊爾罕·阿里耶夫總統處，其中有人詢問要怎麼去，總統隨即指示助手辦理出發事宜，後來發現直升機中還有空位，所以我們可以順道前往。這種行程通常得花數星期的時間才能辦好（不保證能成功）。

我隨行帶了卡普欽斯基的書：「我看見海中的城市，大海浪濤洶湧、巨大無涯……。」（《柯爾克孜下馬》）

油岩區城市的起源一般認定是 1949 年，當時自海中探出的岩石上建立起首批的住房，後來又加蓋了平台（其上有員工宿舍、員工餐廳，甚至小廣場）及 300 公里長的立體交流道，供卡車和公車行駛，運送工人至鑽油平台。在盛產的年代，油岩地區每天可開採 2 萬噸石油，以油管運送至巴庫。目前的產量為十分之一，但每日從離陸地更遠的吉烏內什拉抽出 16,000 噸（亞賽拜然石油公司 SOCAR 的多年負責人那提克・阿里耶夫曾告訴我石油就像水一樣，會為自己找到最佳流向）。多年前排放至大氣中的天然氣，現今也開採。

　　油岩區的存在當感謝兩名波蘭人：維托爾德・茲格勒尼茨基，他是世上首位思索自海底開採石油者（他的計劃於 1896 年提出），和帕維烏・波多茨基，他於二十世紀初期填充了部份的巴庫灣，使茲格勒尼茨基的構想能夠實踐（離岸技術當時還不為人所知）。在工作期間波多茨基失明了，他的畢生之作就在盲眼的狀態下完成。他於 1932 年逝世，要求葬於裏海邊，他所開創的油田中。

2007 年 5 月 28 日

　　我們參觀了「里奈伊」軟體動物博物館，為亞賽拜然首座私人博物館。它坐落於巴庫郊外，在一棟屬布里茲涅夫後期的破舊大樓一樓處，灰色鐵柵欄後。門外漢是無法找到此處的。

　　收藏品可追溯至三〇年代初期，當時在美國的蘇聯石油工業代表薩迪赫・卡拉耶夫空閒時開始收集貝殼。他回到國內後即受迫害，他的兒子托菲格，為了免於遭遇「人民敵人」之

子的命運，改了姓、 父名和國籍（從亞賽拜然改成俄國），從父親那裡他繼承了收集品和對海洋無脊椎動物的興趣。

托菲格‧卡拉耶夫在危險遠去後，便恢復原先的姓氏並成為著名的地理學家、科學研究院教授。他從世界各地的旅遊中帶回來更多的標本，於 1989 年成立了博物館。時機不是很適當，大家根本無心於軟體動物和貝殼，他花光了錢，只好將父親的檔案箱賣到古玩店，想典當 800 美元，但無人願出此價，他即認為這是一種信號，決定把物品捐贈給亞賽拜然歷史博物館。他與博物館館長約定時間，但剛好此時館長獲得極高的獎章，因此自命不凡，本因親自來到，她卻派了兩名員工前往，因此得罪了卡拉耶夫，文檔也被留在家中。

卡拉耶夫已七十五歲（但完全看不出來，體態維持良好，只有一頭灰髮洩露了他的年紀）。「里奈伊」博物館一共有 5,000 件收藏品，其中包括卡拉耶夫於 2004 年發現的貝殼，並詳加註明，他就將它命名為黑達爾‧阿里耶夫。

克特曼

「那你明天投票給誰？」我問魯法特。

我這麼問是為了讓對話能進行下去，對面的埃尤伯正好在幫我洗車，我們有 10 分鐘，或者 15 分鐘的時間。

「或者你根本不去選舉？」

我很清楚他一定會去，而且會投票給誰，我們認識不止一天了。

魯法特開間小店，有時很晚了我還去那兒買點東西，我真不知他什麼時候睡覺。早上八點就起來了，而店裡直到半夜還開著，就算國慶假日也能在他那兒買到麵包、乳酪、愛蘭飲料和香菸。當我從附近走過時，我看了看店裡的擺設並用目光找尋他的蹤跡，他友善地從窗口後，貨架和牆壁間成排的架子間向我揮了揮手。

實在佩服他。他從小村落來到巴庫，常年在遠親家流蕩，辛勤工作，最後終於擁有了自己的住處和這家店舖。他現在擔心的是女兒，她有著一頭棕髮和平凡相貌，有時在店裡幫他忙，他希望她能擠入大學之門，找份好工作，將來嫁個好人家。

魯法特支持反對派。他並非去參加集會，或坐在人民陣線本部編輯反對派雜誌的哈加尼街屋茶館裡，這些事有其他人做，再說那誰來管他的生意啊？然而他仔細地閱讀《自由》和《葉尼·穆薩瓦特》等雜誌，是熟識的報亭老闆借他的，且他似乎加入了由他一名遠親辦的小政黨團體。

「那投票情況如何？」

「什麼如何？」魯法特聳了聳肩，「這就是我的候選人。」

我機械性地看著他手部的動作。在門口上方掛著從報上剪下的伊爾罕‧阿里耶夫肖像，他是現任總統的兒子及執政陣營的候選人。一星期前該處掛的是阿塔蒂爾克。那張照片更大，現留下牆上褪色畫框的痕跡（我猜測店老闆想掛的是艾爾奇貝的肖像，但沒有勇氣這麼做，阿塔蒂爾克不至於刺激那些過度熱心分子，又能與當局保持距離。

「怎麼可以？」我中斷談話不再出聲。聽起來愚蠢，這不是我想說的，我對阿里耶夫沒任何成見，這不是我的國家，也不是我的選舉。

「對不起，」我說，「你有權投你想投的人一票，這就是民主，我只是感到震驚，你是反對派……且你自己還鼓動支持伊薩‧甘巴爾。」

「我思考了整件事。」他回答並以一塊箔紙蓋住反對派報刊，未直接看著我。

幾天後我又去了他那裡，魯法特奇怪地來回走著，帶著緊張的笑容，最後鼓起勇氣向我解釋，為何他如此投票。我告訴他不必這麼做，這是他的事情，但魯法特很堅持，他不希望我把他當成叛徒，並對他產生不好的觀感，他把我當成朋友（我修改成東方式的強調），總而言之，我應該聽他的說法。

「看吧，」他開始說，「我知道我的立場。我每月繳稅，現在是 13 斯爾凡。每月 1 號區長就會來，他收 10 斯爾

凡，5 號衛生檢查，要 5 到 6 斯爾凡，看是誰來。10 號左右又得付另外的斯爾凡給市警隊，之後還有貿易部門和房地產部門的人來，我各給 3 斯爾凡，再加上 8 至 10 斯爾凡的電費，一共約 50 斯爾凡，用你們的話說就是 100 美元。等於我每個月到 10 號就是為這些人工作，然後才是給自己，以這些錢維生，我太太薩伊卡所賺的錢就存下來當女兒的大學學費。」

「不容易啊，」他吸了口菸，「但我們還應付得來。」「如果阿拉的旨意如此，伊爾罕當政也不會有所改變，就跟他父親在位時一樣，但如果反對派執政，誰知道會怎樣。首先他們一定想大撈一筆，我指的不是伊薩貝伊，他不拿的，他的同伴也不會，但誰擋得住那些新部長、處長、局長、主任、檢查人員、行政人員等等。或許他們會提高課稅，或者警察將收 20 斯爾凡、市警隊 10，而房地產部門要 5 斯爾凡呢？那時我怎麼辦？所以我選伊爾罕・阿里耶夫，現在你懂了吧，朋友。」

我知道魯法特沒說謊，他不止一次抱怨過那些單位，他們就是藉這些市井小民肥了自己。我相信他害怕改變，對窮人來說任何一種變化都只會更每況愈下，他的票投給穩定。但他也沒對我完全鬆口，他不是因為害怕稅賦加重才拿掉牆上的阿塔蒂爾克的肖像，有人恐嚇他或者他自己得出結論，這樣對他女兒比較好，而且他一定也未突然地就對反對派失去興趣，他那小黨派的表兄弟不會就此罷休。

我只是微笑，沒提任何問題。

當有人想的是一回事，說和做卻又是另一回事時，有可能純粹是撒謊，或者就是碰到隱藏的反對派。隱藏的反對派是

什葉派發明的，因為數世紀以來他們屬伊斯蘭中受迫害的少數，且有被滅的危機，所以他們首肯以偽裝的形式活動，他們可隱藏屬什葉派的事實，甚至假裝放棄伊斯蘭。如果他們的生命受到威脅，經歷暴力，但卻在心中保有自己的信仰，就不算背叛，這種做法就叫做「taqiyya」，而隱藏的反對派則被免去對外展現自己信仰的責任。當然，這是在有適當而且重要的情況下。

什葉派能瞭解伯多祿，他在那晚三度否認主，而後在明白發生了什麼事後，他痛哭著；他也知道在卡爾巴拉紀念日時拋棄阿里且不為胡賽因感到悲痛是什麼滋味。總之，對遜尼派而言，隱藏的反對派才是令人遺憾的怯懦行為。

隱藏的反對派起源於伊朗的西北部，波斯及土耳其邊境處，什葉派和遜尼派勢力衝突由來已久。塔德烏什·希文托霍夫斯基在其《亞賽拜然和俄羅斯》一書中寫道：「當地統治者經常改變信仰，而他們的追隨者也必須具備適應的能力，透過模擬的手段，有時達到爐火純青的地步。這有助於瞭解亞賽拜然人的心態，其表面上的易變和突然的轉圜，同時對基本價值的依賴。隱藏的反對派也形成許多難以解釋的政治現象，表面上與現實和事實無關。」

十九世紀的波斯觀察家阿瑟·德·戈平瑙認為隱藏的反對派有幾個層級，視所受的威脅種類而定：沉默、否認自己的看法、最後則是皈依其他信仰。最非凡的隱藏的反對派則成為藝術，玩弄世界的精湛技藝。

切斯瓦夫·米沃什（Czesław Miłosz）在《被禁錮的思想》中引用戈平瑙的論點。隱藏反對派的概念有助於他分析部份知

識分子的態度，他們以各種方式去適應史達林時代的波蘭生活。

　　亞賽拜然的共產時期是隱藏的反對派的黃金時期。希文托霍斯基教授描述了亞賽拜然激進的無神論者聯盟的現象，1930 年約有 3 千名會員，一年後則增至 7 萬人。該亞賽拜然聯盟成員以科學的世界觀為基礎並宣揚健康的生活形態，刻意拒絕食用酒類和豬肉製香腸。

　　黑達爾‧阿里耶夫基金會有座小型博物館，導遊特別要我們注意一本古老的《古蘭經》。黑達爾‧阿里耶夫在就任總統時就以此《古蘭經》和憲法進行宣誓，這是家族的遺物，阿里耶夫家族代代保存，它從納希切萬送至巴庫。

　　我們這裡，導遊接著說，家家都有本《古蘭經》，甚至連黨書記都不例外。我聽出她語中帶著驕傲。

　　如何評價，用什麼樣的標準？

　　或許有人會說，阿里耶夫是個虛偽的共產主義者，他所屬的政黨雖讓他立下豐功偉業，但卻宣揚無神主義。

　　或許也有其他人認為他是個差勁的穆斯林，常年不入清真寺的人，怎麼算得上是穆斯林？

　　但如果他是名隱藏的反對派大師，那就沒話說了。

巴庫日記（10）

2005 年 2 月 15 日

小波蘭教育學會的女士們在亞賽拜然執行一項教育項目，她們有意在占賈舉辦研討會，但卻出現問題，沒人願意租給她們會議室甚至入住旅館。她們沒有辦法，只好連同當地的項目參與人一起轉移至巴庫。

毫無疑問地，一切皆是地方當局所為，市長可能對這些波蘭女士未向他報備而感到不滿，但更有可能的是該項目執行期間正好是國會選舉前，反對派勢力升高時。當局通常認為，社會中的不滿情緒常是遭到外部煽動的結果（因為人們不可能自己產生不滿），因此對外人加以限制，監控對外的接觸並提高對非政府組織和媒體的控制，而外省總是更為熱切和警覺。

2007 年 5 月 27 日

我們想在塔雷什山區的伊斯提蘇某中心住宿，門房提出高額的費用（價目表當然是沒有了），在短暫的討價還價後，價格降到一半，還是太貴，但我們已不管了。睡前我們去喝啤酒，鄰近村落的本地人坐了過來，我告訴他門房的事，他搖了搖頭說：「騙人也得有良心啊！跟外國人多拿個 1、2 塊斯爾凡不為過，但不是 10 塊啊！這是我們心態上的錯誤。」

「心態」在亞賽拜然是個關鍵性字眼。什麼都可以用心態來解釋，像貪腐、裙帶關係和尋常的欺騙等。這是最普遍的託辭──「我們就是這樣了，沒辦法啊！」

2005 年 6 月 1 日

伊斯坎德・哈密多夫（艾爾奇貝掌權期間的內政部長
1992-1993，於 1995-2003 年期間因侵占罪服刑，歐洲理事會認
為他是良心之囚，此人為亞賽拜然民族民主黨的領袖，一般稱
該黨為灰狼）說：

亞賽拜然一腳跨入民主，另一腳卻停留在獨裁，同樣地
也跨足於歐洲和亞洲、伊斯蘭和蘇維埃的過去、現實世界與民
族神話間。

第二部　喬治亞和亞美尼亞

邊境

「你說，你們哪裡比我們好？」阿里追根究底，「你們這些歐洲人、西方人嗎？我們這裡至少沒有孤兒院也沒有養老院，兒童和老人一定有親戚照應，如果沒有親人，就由鄰居負責。我們幾乎沒有離婚，因為婚姻是由父母安排的，他們知道誰會是合適的對象，還有他們的家庭有什麼樣的風評等。自由選擇？這樣會有什麼下場，像你們有半數的婚姻失敗，孩子在不完整的家庭中成長？再說，什麼叫自由選擇？年輕人根本不懂深思熟慮。沒錯！你們比較富裕，但是就比較幸福嗎？」

阿里是普什圖人，來自白沙瓦附近，見過世面也會外語，在英國和德國住了幾年，朋友力勸他來第比利斯，他先開了家賣東方菜餚的酒吧，後來開了餐館。他供應飲食給鋪設巴庫—第比利斯—傑伊漢路線的油管工人，賴以為生。老婆是喬治亞人，有了孩子，學會說喬治亞語，自他妻子信奉伊斯蘭起（「我可沒要求，是她自己產生興趣的」），岳父母們就對他虎視眈眈。

「我不抽菸不喝酒、不打牌也沒情婦，」他列舉自己的好處，「空閒時間就跟家人一起度過，我們前往巴統渡假。有時我邀請朋友來，一起喝茶、唱歌，有人需要幫忙時，我盡量做到。」（這倒是真的。我們在喬治亞和亞美尼亞的邊境入口上認識，他在橋的那一端望著我，我正好在找往埃里溫的交通工具，他請我上車：「如果你不怕穆斯林，就坐進來吧！」路上他還幫我們買了水煮玉米。）

阿里覺得在喬治亞比在西方自在：「那裡大家都把你當

作恐怖分子，機場通關耗費的時間是白人的 5 倍，他們不斷問話、檢查、弄皺護照，而旅館的人則側目而視，就只因為我的膚色較深（阿里對喬治亞人的酗酒和不守信感到不滿，但至少他們沒讓他感覺是外人，我們談話的時刻是在紐約世貿中心受攻擊的 7 年後、美國出兵伊拉克約 5 年後）。

近來他開始做廢鐵生意，金屬自亞美尼亞購入，再以卡車經伊朗送往巴基斯坦。（我們剛好經過在岔線上一串載鏽鐵的車廂，阿里舔了舔嘴唇：「我必須查一下，誰是管事的。」）他已經會一點亞美尼亞語了，餐館的事業已交給需要錢的表兄弟去管，他在巴基斯坦的家族龐大。

我就在埃里溫的聖格列高利啟蒙者主教座堂附近下車，該主教座堂是為紀念亞美尼亞人接受天主教 1700 年的紀念所建。亞美尼亞和喬治亞是世界上最古老的基督教國家，高加索的阿爾巴尼亞也信仰同一宗教，其所在地就在現今的亞賽拜然。如果說歐洲精神的標準是基督教的話，南高加索無疑地當被認同為歐洲的一部份。

雖然說基督教產生於亞洲。

堡壘

在華沙機場，亞歷山大・魯謝茨基發現了大型的歐洲地圖，沒看仔細就買了下來，他趕著在辦登機手續前把剩餘的茲羅提用掉。直到在第比利斯他才看到歐洲大陸的盡頭是黑海，喬治亞根本沒被囊括在內，連海岸都不存在了，更不用說是首都和國內其他各地，烏克蘭則延伸至哈爾科夫，俄羅斯在莫斯科以外就被切斷。此地圖自此就落入裝怪東西的文件夾中，與俄羅斯的種族主義雜誌、宣傳瘋狂邪教團體的傳單等物為鄰。

魯謝茨基在閱讀某個國際組織的報告時想起了這份地圖。該報告中附有地圖，當中的歐洲在羅馬尼亞和保加利亞結束，此次，在大陸以外的地區竟然包括基輔。後來他又找到了幾份類似的地圖，他覺得該有所行動。

「在阿爾克西拉烏斯作品中我們見到兩兄弟的存在，也就是阿特拉斯和普羅米修斯，」亞歷山大在第比利斯舉行的會議開場時如此說道，「第一位手頂蒼天，第二位則被捆綁，一隻巨鳥啄他的肝臟。第一位起而反抗宙斯，第二位則被懲罰，因為他盜眾神之火給人類。」阿特拉斯代表的是西方，他服勞役的地點就在今日的摩洛哥境內。其次，普羅米修斯象徵的是東方、高加索。據我們瞭解，歐洲在摩洛哥和高加索間延伸。

會議的名稱為「歐洲南部的安全」。

（「喬治亞人總是先人一步」，亞賽拜然歷史學家阿里夫・尤努索夫提到，「還在蘇聯時期他們就堅持，我們的地區

不應該被稱為外高加索，而是南高加索。對我們和亞美尼亞人而言，外高加索的稱呼無妨礙，但其中有某種邏輯，北高加索連同卡巴爾達、印古什、車臣和達吉斯坦在俄羅斯境內，而我們就在他們的南部。外高加索的名稱顯示出此以莫斯科為基準，自莫斯科的角度來看，我們的確是在高加索之外，但從別的角度來看，我們可能是在前方或旁邊。」

新名稱被接受了，但幾年後喬治亞人就不再因此而滿足，這不符合他們的想望，也未被強調與歐洲的關聯。大約在世紀之交時，他們開始將自己定位在「黑海地區」。黑海為古希臘的殖民地，是傑森和阿爾戈英雄[1]航程所經之地，為克里米亞和多瑙河的河口。

「我們和亞美尼亞人也被推動成黑海人，」尤努索夫說道，「我們尤有甚者，因為我們開始朝此方向設立油管。」又過了好幾年後，喬治亞人認為這樣還是不夠。）

在第比利斯舉行的會議中，亞歷山大舉證表示他的國家屬於南歐（更精確地說是屬於東南部，但與南部有較多的共同點，而非東部）。喬治亞人認為他們是等同西班牙、義大利或希臘的南歐人，同樣有著飲葡萄酒的傳統、熱愛美食、疼小孩、瘋足球、家庭觀強烈和個人主義（其中喬治亞人，他嘆了一口氣，很不幸地屬無政府主義者），最後一項特性則是無時間觀念，我們的會議，他看了看錶，也是差點遲了時間才開始。

1　在希臘神話中，阿爾戈英雄是一夥在特洛伊戰爭之前出現的英雄，他們伴隨傑森乘阿爾戈號到科爾基斯去尋找金羊毛。

　　儘管擁有波蘭姓氏——魯謝茨基，他卻自覺是百分之百的
喬治亞人，這就好像俄羅斯的愛國者取名叫約翰・史密斯一
樣。他的先祖來自波蘭的邊疆地區，但他長久以來不識波
語。他是政治學者，衝突方面的專家，他成立了研究中心並發
布每週快訊，以電郵方式傳送至全球各地。他覺得他就是歐洲
人，沒什麼需要說明的。

　　討論會開始了。歷史教授尼諾・奇科瓦尼提醒大家注意
高加索和巴爾幹半島的關聯，根據她的看法，可以將巴爾幹和
高加索同列入地中海文化的範圍內。主持弗里德里希・艾伯特
基金會的伊雅・提卡那澤女士認為對歐洲人而言，高加索是歐
洲的邊緣，而對亞洲人而言，則是亞洲的邊緣。國際關係法教
授亞歷山大・龍德利則認為自己是邊界居民，應該屬歐洲
人，卻帶有亞洲的特性。在喬治亞餐館裡播放的是中東的音
樂。

　　接下來發言的是歐洲一體化論壇的主持人索索・奇斯卡
利斯維利。他表明，喬治亞沒有其他的選擇，必須走向歐
洲，亞美尼亞可以選擇與俄羅斯聯盟，而亞賽拜然則可加入伊
斯蘭國家陣營中。埃里溫的政治學者斯捷潘・格里戈利安同意
他的看法，他說：「我國人通常不管他們究竟屬東方或西
方，只在乎到底有多古老，他們必須如此，以證明他們擁有居
住地的所有權，我自己倒是寧願住在歐洲。為什麼？我舉例來
說。上星期我人在埃里溫機場，來自沃羅涅日的飛機降落，該
航班的乘客紛紛入城。其中大部份為在俄羅斯生活和工作的亞
美尼亞人，他們穿著深色的尼龍衣物，有些人穿運動衣，有些
人戴著蘇聯毛帽，拖拉著不成形的包紮物，像是箱子、包袱和

行李等。稍後維也納的飛機降落了，乘客中也大半是亞美尼亞人，但完全不同類型，他們身上帶著香氣、鬍鬚刮得乾乾淨淨、衣著得體還帶著美觀的行李箱。不用說就知道我比較欣賞哪邊的人了。」

亞賽拜然駐第比利斯大使館的外交官埃爾罕·波魯赫瓦對移民社群極感興趣，像在土耳其的喬治亞人、在喬治亞和伊朗的亞賽拜然人及在北高加索的亞美尼亞人等。「結果顯示，」他說道，「住在喬治亞的亞賽拜然人是歐洲人，住在亞賽拜然的亞賽拜然人屬混合種，而來自伊朗的百萬亞賽拜然人則是亞洲人，且具有原教旨主義的傾向，土耳其的喬治亞人也有同樣的情況。」

「我們民族現在的情況就好像某人在衣櫃裡有幾套西裝，」魯謝茨基下結論，「這種人有得選擇。其中一套西服，就我而言是比較舒服的，就是南歐特性，但也還有其他選擇，對某些人而言，可能亞洲的價值體系更貼近些，都很好。我們就活在文化、宗教、文明和大陸的交接處，這種特性讓我們更豐富。」

喬治亞人是什麼樣的人？

古時他們屬於中東的一部份。學者們在古老的喬治亞詩歌中發現了烏拉爾圖神祇的名字和希泰族的單一語詞。

據說存在著兩個古老的喬治亞國，分別為科爾基斯和伊比利亞，前者包含今日的喬治亞西部。紀元前六世紀時，在科爾基斯的黑海沿岸就已出現希臘貿易站，千年之交帶來羅馬的統治，幾世紀後則為拜占庭統治。在喬治亞東部的伊比利亞則受波斯的影響，當它削弱後，伊比利亞的統治者就進行獨

立。隨後伊比利亞被稱為卡特利亞，而整個國家則被稱為卡特維爾，卡特維爾語族的居住地。

　　依照傳統說法，跟隨著拉比伊利歐斯至耶路撒冷朝聖的喬治亞猶太人，是耶穌受難和死亡的見證人。伊利歐什自某士兵手中買下救世主在遭折磨時身上所穿的襯衣，將之帶回國內首都姆茨赫塔並交給妹妹西多尼亞。她將布料按在胸前，並在強烈的感動下失去了氣息，人們將她與襯衣一同埋葬，因為無論如何都無法將它自死者的懷抱中扯開。在此地點長出一棵巨大的雪松，幾世紀後於此建立了斯維提赫維利聖堂，而西多尼亞就成了喬治亞東正教的聖人。

　　不久後首批傳教士就來到此地，其中包括使徒西滿、安德肋、瑪竇和巴爾多祿。

　　卡爾特里於 337 年自聖尼諾手中接受了基督宗教，該女士來自卡帕多細亞，年輕歲月於聖城度過。在此她得知喬治亞的存在。「我當時讚美天主並向聖母感謝能知曉這事，我又再度問她：『那個北方之國在何處，哪兒能找到我主的衣衫？』她回答我：『該國與亞美尼亞山區為鄰，為異教國家，距離希臘和烏日克遙遠。』」根據傳說，她前往此處且行了諸多奇蹟。

　　喬治亞十字架、聖尼諾十字架兩端下垂，像人的手臂一樣，因關懷的重壓而下垂，纏繞著它像聖人的辮繩一般。

　　五世紀時，人稱戈爾噶薩里的國王瓦赫唐，也就是「狼獅」將伊貝利亞─卡爾特里的首都自姆茨赫塔遷至第比利斯。不久後國家又再度遭到波斯入侵，可薩人和拜占庭的希臘人在此後來到，將城市和市民殲滅，阿拉伯人繼希臘人後統

治，由他們建立了第比利斯酋長國，存在了三百年之久。

過去的科爾基斯受拜占庭統治，直到西元十世紀才爭取到獨立。

喬治亞各族以東正教和語言結合，其語言於第五世紀以自己的字母書寫。

巴格拉提奧尼王朝的偉大統治者統治期間為喬治亞的黃金世紀，其中包括：大衛五世阿格瑪什內貝里（建設者，1089-1125 年）、其子德米特里一世、孫子喬治三世、還有美麗又聰穎的曾孫女塔瑪爾女王（1184-1213）。統一後的王國抵達遙遠的南方和東方，其西方產生了附屬於喬治亞的特拉比松帝國，被十字軍由君士坦丁堡驅逐的希臘權貴就在此地獲得庇護。喬治亞北部與高加索接壤。

其發展涵蓋生活的各個領域，工藝和農業蓬勃發展，荒地闢成果園和花園，建設了灌溉用水渠，建立了殿宇和城堡，修築了公路和河面上的橋樑，商隊旅店中有來自世界各地的商人。編年史者記錄道：「農民與貴族、貴族與親王、親王與國王間皆平等。」格拉提、什歐—姆格維美和伊卡爾托等地的修道院中設立了有名的學院，以教育神學家、哲學家、數學家和音樂家等。

最偉大的喬治亞詩人紹塔・魯斯塔偉利於 1166 年出世，其創作的史詩《虎皮武士》，在向塔瑪爾女王致敬，為一部不受約束的作品，完全不同的世界。我們為追蹤錯綜複雜的陰謀而走遍天涯海角，歷經熙攘的城市、貧瘠的隱居處、東方的貴族莊園和商人的帳房、戰爭和狩獵、人類行為、慾望和激情等的記載。我們從愛國主義、忠誠、勇氣和發自對生命的喜悅中

得到教訓。你對他人有所保留時，將會失去，你為他人付出，則會永遠獲得——這是魯斯塔偉利的訓示。他指出必須追求卓越，致力爭取自己的幸福並且活得精采，部份研究人員認為該作品預示了歐洲的文藝復興。

「無論東正教教會是否批准，」古喬治亞專家大衛·馬歇爾·朗寫道，「魯斯塔偉利的倫理法典與喬治亞人的民族性格對應。」

二十世紀的喬治亞聖人格列高利·培拉澤記載：「我如今憶起喬治亞某個村中的農民所提出的問題，當時我是當地的一名教師。他問：『〈福音書〉和《虎皮武士》，哪部作品較完美？』『〈福音〉』，我答道。該農民不太信任地望著我，他所期待的是不同的答案。」

黃金世紀維持了百年多，之後是衰落期，自此喬治亞就再也振興不起來了。這是一個有關昔日國家之輝煌歷史、逝去的光榮，一個追溯八百年前事蹟的故事。

1221 年時蒙古人入侵喬治亞，1225 年時被花剌子模入侵，1231 年時蒙古人又再度入侵。每度的劫掠使得城市被燒毀、村莊被移為平地，農作物和灌溉系統被破壞，居民被殺害或被俘虜，在短暫的休養生息後，於十四世紀中葉又受帖木兒的重擊，國家一蹶不振，人口由 500 萬人減至 80 萬。飢荒處處，直到二十世紀產量才恢復塔瑪爾女王時的水平。

其後的統治者無法駕馭國家，外省紛紛獨立且開始尋求自己的政策，喬治亞開始進入區域分化的時代。

被劃分成三個王國：連同首都第比利斯在內的卡爾特里、卡赫季（在卡爾特里東部）和伊梅列季亞（在西部，過去

的科爾基斯土地上），這三張寶座均為巴格拉提翁尼王朝的親王所佔。同時也出現了一些獨立的公國，像：古利亞、梅格列利亞、奎姆雀－薩塔巴果（後來的阿哈爾齊赫行政區）及斯瓦内提亞，阿布哈茲自成一局。被稱為薩塔瓦多（satawado）的權貴大莊園自最高權力獨立。該時期的分裂來自艾利斯塔人、莫塔瓦爾人、塔瓦德人無法被滿足的野心和農場中對貴族與州長地位同等的看法，貴族大量出現，他們經常不比農民富裕多少。「該村與科達村大同小異，像姐妹一樣，」米豪·安哲伊科維茨－布托夫特如此形容這個他於十九世紀中葉走遍高加索地區時，所停留過夜的聚落。「這裡有一座小教堂、一間客棧、人居住的洞穴。再稍遠些有兩棟刷白、帶庭院的美麗屋宇，其一屬神職人員所有，另一則屬村裡鄉紳、也是王公所有，在喬治亞如果有人有幸分配得幾間屋宇，就連王冠也一起附贈。」

直到今日還有「每兩位喬治亞人中就有一名王子」的說法。

接下來的數百年間喬治亞眾小國要不就突然出現，而後消失，要不就臣服於波斯和土耳其之下，要不就在命運的眷顧下稍獲喘息。然而喬治亞是存在的，繼任的卡爾特里當權者在接受姆茨赫塔大主教敷油後，成為所有喬治亞人的國王，儘管他們的實際權勢未能遠超過第比利斯徵稅以外的地區，有時則被局限於梅特赫斯基城堡附近。喬治亞語存在著，文化也獲得發展。

俄羅斯於十八世紀時對高加索產生興趣，喬治亞人滿懷希望地期待這一切，將聖彼得堡看作盟友。為了免於南方穆斯

林敵人的侵襲，他們都願意成為被保護國，將對外政策和軍務交給俄羅斯人處理，然而俄羅斯不需要盟友，只需要殖民地。

在俄羅斯人侵吞喬治亞以前，喬治亞一度落入波斯掌中，他們於 1795 年佔領第比利斯。波斯國王阿迦‧穆哈瑪德‧罕給了士兵三天的時間進行劫掠和強姦，之後下令堆起一座山丘，自此觀察城市在大火中燃燒。

最後一任喬治亞國王為喬治十二世巴格拉季奧尼，在位時間兩年。十九世紀元年時，俄羅斯將卡爾特里與卡赫季合併，幾年後又將伊梅列季亞併入，國家從此不再獨立。

十九世紀時在喬治亞成立了俄羅斯的兩個省，分別為：第比利斯省和庫塔伊西省。俄羅斯的佔領比土耳其或波斯更具破壞性。佔領者屬同一宗教信仰，所以俄羅斯的東正教盡其所能地箝制喬治亞東正教教會，喬治亞的青年可開放地進入俄羅斯大學，他們也樂於加入軍隊（根據歷史學家瑪目卡‧戈吉提澤的計算，截至 1921 年共有三百名獲得將軍頭銜）。

以此方式使精英們去喬治亞化而俄羅斯化。

喬治亞人手中仍有相當的財富，當權者處心積慮要加以搶奪。1844-1854 年間擔任高加索總督的米哈伊爾‧沃龍佐夫有惡毒的想法，他定期地舉辦宴會享樂，他必定十分瞭解喬治亞人的心態和他們的弱點，也就是說大話、虛有其表、不勇於承認、喜歡承諾和反抗等。

結果他的目標達成。人潮像飛蛾撲火般地湧向沃龍佐夫，真正的王公貴族、百萬富豪或自認是百萬富豪的人都受到欺騙，因為總督親自邀請，無法拒絕，也不能悄悄地闖入，必

亞賽拜然首都巴庫。

巴庫的舊海港。

巴庫的舊油田。

巴庫附近戈布斯坦山區的泥火山。

巴庫的殉教者公墓。

葬於巴庫裏海邊的波蘭工程師帕維烏‧波多茨基的墓園，背後為他所開創的油田。

巴庫的一座皮爾聖地清真寺。

巴庫的文學博物館。

巴庫的傳統市場。

自巴庫附近裏海鹹水湖的湖底取鹽。

巴庫附近裏海油田的落日景觀。

巴庫近郊的一處墓園，卡車司機教練的墓碑。

亞賽拜然的前任與現任總統,出身納希切萬的阿里耶夫父子。

亞賽拜然,納希切萬自治共和國,阿沙巴-伊-卡夫的傳統屠宰場。

納希切萬，阿沙巴-伊-卡夫洞穴的
皮爾聖地。

亞賽拜然北部，希那魯格山城上的景觀。

喬治亞首都第比利斯，老城區的街
上。

第比利斯市場，賣石榴的小販。

喬治亞，卡赫季省的一處街景和肉舖廣告。

第比利斯餐廳旁的廣告。

一群喬治亞人在唱歌。

向先人敬酒。

喬治亞的觀光小鎮，一處荒廢的療養院入口。

喬治亞的斯瓦內提亞省境內多山，一群小豬跟在母豬身旁。

斯瓦內提亞省的山區居民。

斯瓦內提亞省的首府梅斯蒂亞，境內村落設有用來觀敵防禦的石塔，與石屋毗鄰，
作為戰時的庇護所，最古老的已有上千年歷史。

亞美尼亞首都埃里溫，一個伏特加酒的廣告看板上寫著：「喝酒總比殺戮好。」

亞美尼亞主教威肯・艾伊卡自揚
（Vicken Aikazyan）。

塞凡湖（Lake Sevan）畔附近，亞美尼亞典型的哈茨卡爾十字石碑。

亞美尼亞西北部一座城市的街景。

亞美尼亞南部休尼克省，塔特夫（Tatev）修道院庭院中，立著8公尺高的石柱，以鏤空哈茨卡爾石碑裝飾。

亞美尼亞中部的諾拉凡克（Noravank）修道院。

須有格調地來到，讓全城都能看到，也聽到他們充滿欽佩和嫉妒的讚歎：「呵呵，奧爾貝利安尼、沃米澤和歐尼亞什維利這些傢伙真是一帆風順。」之後在宴會廳必須能使人目眩、震驚，至少得有好的開場，能讓所有人的目光在身上短暫停留，對頭飾、珠寶或非凡的衣飾加以讚美，還必須帶著禮物、眾多禮物前往，喬治亞人絕不空手而入，還得禮尚往來，回頭邀請總督參與同樣美好、甚至更豪華的舞會。

等奧爾貝利安尼回到家、沃米澤和歐尼亞什維利回到家就接獲通報，為夫人縫製禮服的裁縫來過，詢問什麼時候可以拿到欠款，還有葡萄酒商的售貨員及馬車出租店的主人也來過等等，總督特使又拿來邀請函，宴會時間訂在下星期六。

就是以此方式，十九世紀中葉時馬太烏什·葛拉勒夫斯基寫道：「藉著宴會、華麗的穿著和東方式的豪華，沃龍佐夫摧毀了喬治亞士紳階層的資源。」

許多豪紳的財物被拍賣，而那些還保有土地者則無所事事地度日。國內無公路，也缺乏灌溉水渠，世界不斷地前進，但進步與喬治亞無緣。卡赫季的葡萄種植者向沙皇要求允許他們以自備資金建設鐵路支線，以運輸葡萄樹，十幾年來都未獲得回音，農人經常住在防空洞中，吃樹根維生。

在這段期間有許多波蘭人前往喬治亞，寫回憶錄的人經常提及共同的命運，這兩個曾經顯赫一時的大國，在具侵略企圖的鄰人撕扯下逐漸沒落。卡齊米日·沃普欽斯基（Kazimierz Łapczyński）指出：「喬治亞在紀元初期接受基督宗教後的歷史，就是一部民族多次被燒殺劫掠、驅逐的生活史，被屠殺的人數非為百、千，而是以百萬計，但他們卻未因此而蒙古

化、野蠻化和波斯化,而能在基督內延續,保有自己的語言和民族性。」或許這兩國的衰落,部份是緣於自身的因素?對馬太烏什‧葛拉勒夫斯基而言,喬治亞貴族坦率、粗野、浪費、剛愎自用、虔誠、好客、勇敢、遊手好閒。

在追溯喬治亞的歷史時,我們可觀察到其與歐洲其他國家在歷史上的諸多相似處。喬治亞並非東方的專制國,權貴的勢力限制了國王的權限,貴族有著相當的自由。自主的東正教教會為國家的支柱,女性扮演著重要的角色。其中兩位:尼諾和塔瑪爾女王成為國家精神和文化上的重要象徵。對高加索有深入瞭解的專家馬太烏什‧葛拉勒夫斯基指出:「在小亞細亞獲得更多支持的亞美尼亞人不算在內,高加索部族中只有喬治亞人能自成一國。」

十九世紀末時,在喬治亞的實證主義作家們展開積極的活動。拉斐爾‧埃里斯塔維、伊里亞‧查夫查瓦澤、阿卡基‧策勒特里、瓦扎‧普沙維拉等人宣傳以工作為基礎的愛國主義、爭取教育的普及並鼓吹合作社的理念。馬克思主義分子也積極地活動著,還有溫和派如諾伊‧若爾達尼亞,和激進派等。其中來自哥里的麻臉年輕小伙子、未當成神父的索索‧朱加什維利[2]扮演著日益重要的角色。

東正教教會樂見沙皇政權的衰落,1917 年時的喬治亞神職人員會議中即宣布恢復獨立和以國語進行禮儀。1918 年 2 月外高加索議會成立,喬治亞、亞美尼亞和亞賽拜然的代表齊聚一堂。議會於 4 月份時成立外高加索民主聯邦共和國,聯邦

2　史達林的本名。

國家僅存在 35 天，在最後一次決議時，議會宣布：「鑑於建立外高加索獨立共和國的國家間對戰爭與和平等問題存在著基本上不同的意見，使得代表全外高加索且被承認的統一政權之存在不可能實現，議會確認外高加索及其授權組合解體的事實。」5 月份時喬治亞全國委員會一致通過「獨立法案」，兩天後亞美尼亞和亞賽拜然的全國委員會也採取類似的聲明。

局勢不穩定。土耳其、德國和英國軍隊穿越國內。12 月時，與亞美尼亞間爆發了短暫卻毫無意義的戰爭，鄧尼金將軍的自願軍準備進攻，布爾雪維克的俄羅斯提出援助的建議，喬治亞拒絕了，總理諾伊‧若爾達尼亞聲明：「我們的道路通往歐洲，而俄羅斯的道路則通向亞洲。我知道敵人將說我們是帝國主義的支持者，因此得肯定地說——我寧可選擇西方帝國主義，而非東方狂熱分子。」

1921 年 2 月及 3 月時，布爾雪維克軍隊佔領了喬治亞（亞賽拜然和亞美尼亞於 1920 年時即失去獨立），成千的高加索難民逃往西方，失業人口包括總理、部長和將軍們在內。在移民期間他們嘗試著維持過去的生活，他們重啓辦公室、頒布法令並處理外交通訊，總理若爾達尼亞於巴黎辦公。

在歐洲產生了與被蘇聯奴役的國家共同合作，自內部擊破蘇聯的想法。其中的連線就是移民。不久後，該運動就有了名稱，為：普羅米修斯精神（普羅米修斯雕像，喬治亞人稱為阿米拉尼〔Amirani〕，於 2007 年 11 月於第比利斯建立）。

預期中的起義於 1924 年 8 月爆發，很快地即以失敗告終，布爾雪維克黨派殺害了 4 千人。於第比利斯的蘇聯佔領博

物館可參觀起義指揮官卡庫查・車洛卡什維利留下的紀念品，他後來逃亡海外，在波蘭也住了一段時間。

克薩維利・普魯辛斯基（Ksawery Pruszyński）在其書《喬治亞的陰影》中描述虛構逃亡總理的辦公室。該政治人物的原型應該是諾伊・若爾達尼亞，故事中他於辦公室內接待來自波蘭的記者。「他取出以摩洛哥皮革裝訂的卷冊，提供閱覽，逐年分冊。這些都是國定假日、繼承王位、上任或其他類似場合間交換的電文。1918 年和 1919 年屬於燦爛的年代。1920 年簡直令人印象深刻，各國國家元首和首相們向喬治亞祝賀並保證維持深厚的友誼，言語間充滿感動和深刻的情緒。全世界在這一年中皆因喬治亞能加入各民族組成的大家庭中而感到歡欣鼓舞。1921 年還算是平順之年，1922 年也說得過去。接下來的幾年就逐漸衰弱，電文數量日益減少，內容也愈發簡潔，更經常以某人的名義、命令或替代某人的情況下發出。」

與此同時，喬治亞正學習如何在共產主義下存活。旅行者米耶茨斯瓦夫・勒佩茨基（Mieczysław Lepecki）曾造訪過提弗利司，三〇年代時還一直以俄羅斯的發音稱為第比利斯。「當我比較提弗利司、莫斯科和基輔的街道時，驚訝於它們的巨大差異之處，」他如此寫道，「在高加索，儘管經濟上的壓迫、貧窮和政治上的限制，人們卻更樂天知命、勤快也更有自信。在莫斯科的街道上只見得到愁眉不展的顏面，笑容也不自在，甚至是有點怪異。提弗利斯的情景完全不同。人們都更快樂、親切且較少鬱悶的情緒，婦女們衣冠更為鮮麗，男性則面容修得更齊整，沒人盯著乾淨的襯衫看。俄羅斯人認為喬治亞是史達林眼中的驕傲，獲得許多聯邦的貸款，從來不知飢餓為

何物且總是容易進行生產。或許這是造成此種情況的原因，或許是其他性格激烈的原因。」

勒佩茨基提出問題，是否喬治亞人對共產主義感到滿意。「部份人士肯定是感到滿意的」，他認為，「就是那些在行政單位、政府機關和企業中有良好職位之人，但他們屬於少數。反之，那些農民、集體農場的工人、每天得到 3 盧比的修路工人又是如何想呢？沒有人知道。」一會兒他又說：「然而與戰前比較，喬治亞有更大的民族自由，他們的語言是真的具備普遍性和官方性，文學和文化僅為政權的框架式約束，教育則為喬治亞式。因此有時與『高加索攝政統治』互相結合下，他們應該會覺得好些。」

然而，蘇聯的現實仍然讓他驚訝：

我們去餐廳。

「請給我冰淇淋，」我擦著汗對服務生說。

服務生同志怪異地看著我。

「要什麼？」他問。

「冰淇淋。」我再次重複。

「噢，冰淇淋！沒有，同志！我們沒有。」

「那你們有什麼？」

「有博爾若米水和酸。」

吃的呢？

「吃的什麼都沒有。」

在針對外國人開設的店外頭，那些提議黑市貨幣交易的

小販間他有熟悉的感覺。

這些投機者看來毫不顯眼，衣衫不得體不說，面容看來像是連數到三都不會的人。他們在「托爾格辛」硬通貨[3]交易店前徘徊，一小撮人聚在一起爭辯著。他們讓人想起華沙貨幣貶值時期的黑市商人。

參觀過的教堂讓他有鬱悶的感覺，他參觀了姆茨赫塔的斯維提赫維利神殿。

一開始就看得出大教堂未受到應有的對待。廢墟、廢棄物、剝落的牆壁和到處存在的空虛感都印證這一切。在巨大的大門前、門廊深處乳牛和小牛尋找庇蔭處，門階被孩童弄髒，風刮起垃圾和塵灰。

記者揚・斯坦尼斯瓦夫・貝爾松於此期間來到喬治亞，他帶著謹慎的希望看向未來：從過去知識分子或貴族中倖存下來的，毋庸置疑地以科學或藝術的方式，為自己的真正信仰作業，替青年和「新人類」保存了珍貴的往日文化瑰寶。（貝爾松以歐特瑪爾的筆名寫作，成長於第比利斯，於 1918 年秋前往復興中的波蘭）。

蘇聯政府的總結：8 萬喬治亞人遭殺害，40 萬被驅逐出境，數十萬人受監禁。二〇年代初大主教安博被逮捕並被審判，他的最後話語：「我的靈魂屬至上天主所有，我的心則歸祖國。而肉體就給你們。任憑你們處置。」

喬治亞人堅信他們從共產黨人中所受的苦難與其他的蘇聯國家相同。除了二〇年代、三〇年代和五〇年代初期的鎮壓

3　指某種在全球範圍交易的貨幣，作為可靠且穩定的貯藏手段。

浪潮外，他們的生活比較容易忍受了。六〇年代時他們開始變得富裕，他們一向熱愛表態，如今慢慢開始負擔得起汽車、房子和豪華派對，喬治亞人喜愛錦衣玉食、黃金和貂皮、出入餐廳一擲千金的形象於蘇聯的影片中深植人心。他們讓人震驚，印象深刻，也讓人羨慕。

寫過兩冊家庭回憶錄的海倫娜・阿米拉吉比-斯塔文斯卡曾描述拜訪友人的經過，友人之父有自己的捕魚場、魚粉工廠和完全屬於私人所有的小型燻肉廠，其子繼承了一切。

「當那些位居國營工廠高位的廠長們想將這些工廠現代化並擴充，不等國家補助時，半私有化就開始進行了，」阿米拉吉比-斯塔文斯卡解釋道，「他們以『私有的』，也就是向國家盜竊的資金購買國外設備。表面上，工廠生產的劣貨或半劣貨數量跟過去一樣，但有同量或更多的『私人』貨物則開具同樣的國營發票賣至國營商店中。這樣對大家都有好處，集體農場的領導成了絕對的主人，只要他們不嘗試跨越自己的領域。」

對喬治亞文化而言這是個好時機。電影興盛，大師輩出，如艾爾達爾・申格拉亞、勒瓦斯・齊赫澤、歐塔爾・尤瑟里亞尼和譚吉斯・阿布拉澤等。藝術上的成功也與金錢有關，只要不超越獨立性和不忠誠間的那條細線。

索菲柯・喬勒利和寇特・瑪哈拉澤的家中有電梯、舞台不大的劇院廳、電影製片廠和小型博物館及氣氛良好的酒吧。牆上掛著尼科・皮羅斯馬尼的畫。房子的主人為有名的演員（此外，男主人還是受歡迎的足球評論員）。房子是索菲柯的父親米哈伊爾・喬勒利蓋的，他是喬治亞電影的開創者之

一，房子地點就在他首度親吻他未來妻子的所在，她就是偉大的戲劇演員薇莉柯·安哲帕里澤。我曾於 1998 年造訪此屋，瑪哈拉澤正好在準備獻給史達林的單人劇，他打算扮演該獨裁者並敘述他的生平故事。他分享了他自檔案中發掘到的趣聞軼事（史達林閱讀諾斯特拉達姆斯[4]直到凌晨，你能相信嗎？他從克里姆林宮的圖書館借的書，之後再沒有其他人借）。索菲柯·喬勒利展示了家中的紀念品，其中包括：與約翰·史坦貝克、鮑里斯·帕斯捷爾納克和納辛·辛克美的合照——他們曾是雙親的座上客，和謝爾蓋伊·帕拉詹諾瓦的來信。

喬勒利和瑪哈拉澤已不在人世，他們屬於受過良好教育、博學且懂外語的完全歐化喬治亞知識分子，他們自布爾雪維克和整個二十世紀中倖存，其原因不明。同樣地他們的房子也倖存下來，無論是貝利亞政府、1956 年的暴亂或不安的七〇年代及九〇年代都未能將其壓垮。

那些擁抱藝術家的喬治亞當局自己也跟莫斯科玩起類似的遊戲，對自己的忠誠期待能得到獎賞，也就是留下共和國內聚集的稅收並且默許貪腐的情況，箇中屈從高手可說是謝瓦納茲。

1978 年 4 月 14 日於第比利斯自發性地聚集了數千民眾，他們對自蘇聯喬治亞憲法中將喬治亞語的國家地位刪除一事感到憤怒。情勢非常戲劇化，武力的使用可能會造成大規模流血衝突，之前未考慮反對改變的謝瓦納茲，設法說服莫斯科讓

4　法國籍猶太裔預言家，精通希伯來文和希臘文，留下以四行體詩寫成的預言集《百詩集》。

步。他獲得雙重好處，對莫斯科而言他將是知道如何控制危機者，對人民而言他將成獨立的捍衛者。這有助於他在共產主義垮台後重新掌權（沒有人會記得當情緒退去後參與抗議者接連受到鎮壓）。兩年前在喬治亞成立了最早的地下組織，非法地下出版品也開始出現，其編輯之一為茲維亞德・加姆薩胡爾季阿。

共產黨統治的最後作為在平定自 1988 年秋起，即聚集在共和國當局所在地前並要求喬治亞退出蘇聯的示威者。蘇聯特種部隊於 1989 年 4 月 9 日清晨展開攻擊，在催淚瓦斯掩護下，士兵們以工兵為先鋒衝入人群，造成 20 人死亡。歷史上經過多次被侵略、焚毀、地面被夷平的第比利斯，最後一次被攻占。

蘇聯始終存在，但喬治亞與之井水不犯河水。1990 年秋反對派圓桌陣營——茲維亞德・加姆薩胡爾季阿的自由喬治亞黨贏得議會自由選舉，他個人擔任議會主席。1991 年 4 月 9 日宣布獨立，一個半月後加姆薩胡爾季阿被選為總統。

他是名悲劇性人物，就像被他翻譯成喬治亞語的莎士比亞戲劇。他從小就準備從政，其父康士坦丁・加姆薩胡爾季阿為當時最重要的作家，有意將他培養成領導。在布爾雪維克獲勝後，他習慣著深色衣物在國家安全機關前遊行，作為對失去祖國的哀悼，連貝利亞也不敢將他拘捕，他透過翻譯與俄羅斯的黨書記談話。

茲維亞德與父親一樣都受過良好的教育，但缺乏他那樣的性格。據說他於七○年代因地下活動而被關，在失控後出賣了同夥，因此得到較輕的處罰。據說這是他揮之不去的刺

痛，他覺得自己沒用，無法達到別人的期望。他經不起批評，也痛恨妥協，不太信任別人，不顧慮現實。他的任務在於恢復喬治亞的自由和權力，他將此奉為信條。

他統治喬治亞的方式就像它已是超級強國一樣，他要求蘇聯軍隊撤離，立刻。他所談到的軍隊實力，根本就不存在，他宣布總罷工以激怒莫斯科，結果使得喬治亞的經濟遭受巨大損失。他向美國人民發出聲明，要求布希總統下台，他認為布希不瞭解全球的民主變化，也不重視最早推翻共產主義的喬治亞，他還觸怒了少數民族，稱他們為過客，隨時可以要他們走路。

他的演說能力還不錯。有趣的是，他的對象主要是婦女，她們在他的催眠下為之瘋狂，在他的誘導下，她們進入隨時可為他犧牲性命的狀態，他的集會為女性的集會。在男性中他激發起極端的情感，他有狂熱的追隨者，也有無法和解的死對頭。

他邀請了能量治療師、電視治病術士也是解體蘇聯的偶像阿納托利‧卡什比洛夫斯基，參加了喬治亞的現場電視節目：「1、2、3、4」，他在螢幕上開始催眠。他告訴喬治亞人他們是強大且無所畏懼的，隔天他又再度重複。就在觀眾進入出神狀態時，拿著聖水的神父進入攝影棚，他以該治病術士身上有撒旦作用的理由說服了守衛，卡什比洛夫斯基跳了起來後跑走了，未等表演結束。

許多人後來都抱怨有持續性的頭痛、睡眠不良和情緒波動等症狀。

1991 年 8 月份時蘇聯的政權由國家緊急狀態委員會接

管，為時兩天，企圖使歷史暫停並回到過去的莫斯科政變，成了加姆薩胡爾季阿時代結束的開始。這名反共產主義者和俄羅斯的敵人，選擇支持政變。他是誤判形勢嗎？或是害怕？被恐嚇？只要以不變應萬變，只要再等待一會兒。他當時就不會失去許多追隨者。

先是聯合政府瓦解，後來則是社會分裂，反對派進行軍隊整編，俄國人自喬治亞的蘇聯軍事基地提供武器。

奧塞提亞和阿布哈茲等少數民族也起而叛變，他們於蘇聯的喬治亞時期擁有自治區，全國遂開始瓦解。

1991 年底效忠加姆薩胡爾季阿的國民警衛隊和反對勢力間爆發內戰，戰區包含第比利斯市中心，稍遠處的區域則生活如常。我的記者友人從維爾紐斯飛來報導此新聞，他對機場如常運行、也有汽車行駛等狀況感到吃驚。他攔了輛計程車：

「此地發生戰爭嗎？」他問。

「是有戰爭，」司機證實了消息。

「為什麼這麼平靜？」

「走吧！我帶你看看。」

司機停在城中區某處說：

「要看戰爭你就往前走，在圓環處右轉。」

戰爭是真實的，人們因此死亡。

反對派利用借自俄羅斯的幾輛坦克，猛攻民宅，包圍並逼近總統藏身所在的國會。1992 年 1 月 4 日加姆薩胡爾季阿逃至亞美尼亞，並由此前往車臣。蘇聯於九天前停止存在，蘇聯之瓦解和與之抗爭的人士被推翻，就在同一瞬間。

喬治亞由和其他共和國比起來算興盛的國家，卻在短短

數年間陷入一片廢墟，實讓人震驚。工業快速崩潰，而農業幾乎毫無掙扎地被棄置，城市裡的鍋爐房停止作業，人們為了取暖，在家中擺置燃燒木材的火爐，天然氣供應被切斷，電力也產生問題。沿著具代表性的魯斯塔維利大道走去，兩旁頗負盛名的商店、銀行和俱樂部間可聽見柴油發電機單調的噠噠聲，小商店則點蠟燭營業，許多人隨身帶槍，在較高級地點則插起告示牌，要大家將槍支留在置物櫃。

鄉村則退縮回以物易物的自然經濟。

1992 年時於蘇聯末期負責蘇聯外交的謝瓦納茲來到第比利斯，臨時政府將他找來，以證明政變有效。

他被認為是戈巴契夫改革派的重要代表人物，且享有極大的權力。在他邀請自己不久前的合作夥伴，如：德國外交部長漢斯─迪特里希‧根舍和美國國務卿詹姆斯‧貝克等至喬治亞後，他的地位更穩固了。他們在遭受破壞的第比利斯看起來像外太空來客，重要的訪客當時極少現身於莫斯科以外的地方。後來由教長親自施洗，數月後他正式掌權，在不尋常的普選中獲選，成為國會議長，1995 年出任總統。

謝瓦納茲與加姆薩胡爾季阿完全不同，他來自普通家庭，並非知識分子，且其政治事業始於共產黨。他以靈活和狡猾聞名，頭髮早白，人們都稱之為「tetri melia」，白狐之意。

這時國家正向懸崖逼近。在南奧塞提亞和阿布哈茲爆發內戰，結果分離主義派獲勝，各省實際上脫離了喬治亞，有數以千計的喬治亞難民逃離。茲維亞德‧加姆薩胡爾季阿返回，他迅速地掌握了薩梅格列羅並開始向第比利斯進軍。此時盜賊猖獗，而物價膨脹則吞噬了搖擺不定的經濟，買條麵包都

得排老長的隊伍。

謝瓦納茲採取了可能讓他失去地位的一步，他向俄羅斯求助。作為回報，他同意俄羅斯軍隊在喬治亞駐軍，且讓喬治亞加入由克里姆林宮主導的獨立國協。許多喬治亞人對他無法諒解，但他因而爭取到迫切需要的時間，得以開始行動。

首先，在俄國協助下鎮壓了加姆薩胡爾季阿的叛亂，這位喬治亞獨立後的首任總統於 1993 年 12 月 31 日，在祖格迪第附近的茲維拉─希布拉結束生命（最有可能是自殺，但詳情未解），後來則剷除了助他得位的組織。他解散了附屬於組織的軍隊，並關閉所屬的企業和銀行。組織的成員被他逐一移除，以陰謀、賄賂、恐嚇的手段除去，單一對付並不難，最後所有人都入監了。他選用二、三十歲年齡層者擔任最高公職部門，他們對他感激不盡，其一為米哈伊爾・薩卡什維利，他是美國大學畢業、通曉多種語言的律師，謝瓦納茲讓他擔任司法部長。

他一直是世界各大場合的座上賓，被視為經濟改革傳奇和裏海石油及天然氣中轉國之元首。原材料出口的控制遊戲因之展開，俄羅斯希望油管能通過它在黑海的港口，而西方則堅持借道土耳其。謝瓦納茲十分精明，看出其中利益所在，英國石油商、德國商人和美國軍事教官紛紛出現於喬治亞，金錢也伴隨而來。

他並非想要與俄羅斯中斷關係，而是給自己更多斡旋的空間。很難說他是否具備戰略視野，但與莫斯科間的關係隨著時間推演逐漸疏離。他大體上讓國內平定下來，但卻不知下一步該怎麼走，他不能或無法控制貪腐，不能或不想讓經濟自

由。經歷過數次暗殺企圖後，他肯定害怕自己的安危。

事實證明他只是名過度時期的總統。

當時，我至少每年去一趟喬治亞，每次我都前往議會，與政治學者和記者友人會面，我問他們近況如何。得到的答案都是：「沒什麼新鮮事。」國家維持原狀，我甚至覺得人們也維持著數年前的姿勢不變，我無法擺脫多重的似曾相識感。

「我們又回到了出發點，」世紀之交時共和黨從政者大衛·貝爾曾尼什維利這麼對我說，「雖說不止是我們，連烏克蘭也一樣，但喬治亞的起跑點較好，我們沒有認同的問題，無論過去或未來我們都是一個國家，在獨立議題上，全國有一致的共識，我們浪費了 10 年的時間。」

在政府於國會選舉中造假後即爆發了玫瑰革命。成千上萬的人民湧向第比利斯和其他城市的街頭。他們呼喊著：「克馬拉」、「夠了」！當時協調抵抗活動的青年組織就以此命名。當情緒似乎降溫時，謝瓦納茲召開首度國會會議，而抗議者手持紅玫瑰衝進會議廳並封鎖了主席台，另一團體則闖進元首辦公室內。隔天，在經過簡短的談判後總統揮手作勢：

「我放棄了，我要回家去。」

「歷史不會忘記您的。」抗議者的領導人米哈伊爾·薩卡什維利這麼說，他像所有喬治亞人一樣，熱愛誇張的手勢、姿勢和戲劇性。

（與加姆薩胡爾季阿相反，謝瓦納茲未派警察和軍隊對付抗議者，在被推翻時也不需逃向國外。當時俄羅斯人扮演了重要的角色，而今則是美國人，「克馬拉」活動人士在美國經過訓練。）

薩卡什維利贏得後來幾次總統選舉，而其政黨則贏得國會選舉。新任總統作出的初步決定包括改變國旗，現有的國旗與 1981-1921 年的共和民主有關，新國旗則使人憶起塔瑪爾女王和喬治亞最強大的時期。

　　第比利斯的目標在加入西方國家的行列、加入北約而最終加入歐盟，華盛頓成了其基準，第比利斯機場至市中心的道路就以小喬治‧布希為名，他曾於 2005 年至喬治亞訪問。與莫斯科間的關係變得尖銳，克里姆林宮刻意地加強與未被承認的阿布哈茲和南奧塞提亞共和國間的關係。

　　薩卡什維利於 2008 年 8 月採取企圖收回奧塞提亞的舉動，俄國人則以駐軍喬治亞作為回應，同時轟炸哥里、波季和塞納基。

　　「俄羅斯人愛喬治亞，但只當作是俄羅斯的一部份，」喬治亞外交部長瓦列里‧車徹拉斯維利向我解釋，「他們一向至巴統渡假，喝的是博爾若米礦泉水和金茲馬拉烏里葡萄酒，唱的是蘇麗柯，如今這些都算舶來品了，讓他們難以接受。」

　　喬治亞人與薩卡什維利有相同的願景，我曾經在書報亭買《自由喬治亞》之報。「沒錯，沒了你們我們就有自由。」書報亭小販喃喃說著，他把我當成俄國人了。2008 年 1 月 5 日時，參與全民公投的喬治亞人中，60% 以上投票支持喬治亞加入北約。

　　在亞歷山大‧魯謝茨基所舉行的會議期間，反對總統的反對派於魯斯塔維利大道上示威遊行。他們指控他有獨裁傾向、傲慢且缺乏對社會貧窮階層的關心（支持者則強調他成功

地減少了貪腐現象、振興經濟並加強軍隊）。

　　會議結束後，魯謝茨基問我感覺如何。我回他，最重要的是舉行過了。回溯 15 年前，沒有人思索喬治亞到底屬於歐洲還是近東，人們忙著為生活而掙扎，必須經過四場戰爭（包含 2008 年 8 月俄羅斯和喬治亞之短暫戰爭在內則為五場）和二次政變後，喬治亞人才開始問自己他們是誰，要走向哪一邊，現在是提出答案的時候了。

　　克薩維利・普魯辛斯基小說《喬治亞之陰影》中的主人翁再度於巴黎遇見喬治亞總理，當時是 1938 年，總理已辭去流亡政府總理之尊位，生活於喬治亞工人家庭間並飼養蜜蜂。

　　「我是在湯姆叔叔家長大的，」他對記者們述說，「成長期間受左拉影響至深，認定西方是美麗、尊貴且生活富裕的世界。我厭惡那些提弗利司低矮攤子上的腐敗小販、亞美尼亞人、希臘人、土耳其人、猶太人等所有人，那是充滿謊言的東方世界，不斷撒謊，從來就不守信用。這跟美麗的西方世界截然不同，西方說話算話、為正義而抗爭並且支持他們，對不幸的亞美尼亞人和被屠殺的庫德族人及在屠殺中被殺害者懷抱無限的同情。所以……先生你應該瞭解，當那一刻來臨時，我們這些只知道西方美好、熟知書中描述那一面的人，就投入它的懷抱中……。」

偶像

「史達林這個人物在人類歷史上扮演著獨特的角色，」格葛什澤教授對我們說道，「歷史上有許多偉大人物，如：基督、穆罕默德、孔子、馬其頓的亞歷山大、拿破崙等。在這些人物當中，史達林的爭議性首當其衝。」

當時是 1998 年。我們去了喬治亞拍有關史達林崇拜的影片。總統謝瓦納茲正好成立了專門研究該獨裁者的機構，哲學家大衛‧格葛什澤擔任該機構科學委員會的主席。[5]

格葛什澤說：

我們蒐集並傳播有關史達林的事蹟，並且對能針對他個人的瞭解帶來新詮釋的來源加以研究。我們盡量控制自己的情緒，我們的目的不在於形成政治資本，而在於以科學方式總結史達林現象。

歷史學家伊凡內‧申格利亞說道：

我們想瞭解他到底是怎樣的人。由心理學家和筆跡學家參與我們的工作非常重要，因為就連史達林的單一簽名，對研究他的生活方式和對周遭環境的態度都有重要的意義。

5　約瑟夫的神性——有關史達林的最新研究，應波蘭第一電視台的委託，華沙紀錄片和劇情片電影製片廠製作，導演為克什斯托夫‧諾瓦克-提索維茨基，編劇沃伊切赫‧古瑞茨基和克什斯托夫‧諾瓦克-提索維茨基，攝影克什斯托夫‧黑伊克，1998年。

　　歷史學家莫季亞・那歐查什維利博士說：

　　喬治亞民族有許多英雄，但對史達林的研究超越國家的層面，他不只是民族英雄，史達林這個人物是所有人類的成就。

　　我們向機構詢問有關史達林罪行、烏克蘭飢荒和卡廷事件等。

　　我們聽到這樣的解釋：「古拉格有其經濟需要的基礎，沒有這些勞改營管理，史達林就無法在短期內從零開始創造出偉大的工業。」

　　有人認為烏克蘭在革命前就已鬧饑荒。「饑荒是糧食歉收所產生的現象，不一定是伴隨著共產體制而來，是有受害者沒錯，但烏克蘭人所提供的數字被誇大了。」

　　又有人對史達林必須對卡廷事件負責的說法提出懷疑：「他從來沒有下這樣的命令：『射殺人們！』他領導國家，腦中充滿遠比殺人還要重要的事務。有其他相關機構處理這些事。」

　　（我們同時還聽到有人說在卡廷發生的一切完全合法：「該事件的決定是否正確是另一回事了。」另一名發言者聲稱。）

　　該機構的贊助商歐塔爾・齊卦澤說：

　　喬治亞的許多商業界人士都是史達林信徒，他們的企業井然有序，所有的問題都能順利獲得解決，被鎮壓人士的子孫

輩都不願意讓世界知道有關史達林的真相。或許他們被鎮壓是有道理的？畢竟稚齡的孩童並不知道為何父親被殺。

伊凡內‧申格利亞說道：

史達林還在世時說的是一回事，現在又是另一回事。或許還有第三種說法出現？

總統謝瓦納茲認為該機構之成立（單位全名為：約瑟夫‧維薩里奧諾維奇‧史達林現象研究的科學研究中心）為他的最高成就之一。他在接受採訪時解釋道：「史達林被形容成鄙俗不堪，這現象必須加以改變。」他以喬治亞語接受採訪，針對的是喬治亞的媒體，他極少對喬治亞以外的記者談論史達林之事，在其以俄語出版的自傳《未來屬於自由》中，他寫道：「去史達林化對喬治亞的自尊實是一大打擊：赫魯雪夫所呈現的史達林不止是暴君和殺人魔，更是一無所知、不學無術、近乎白痴者，但這人卻擄獲百萬人的心、贏得戰爭並建立了超級強國，『難道一名白痴能戰勝希特勒？』」謝瓦納茲問。

（喬治亞於 2003 年出版的九年級生歷史課本中將下列內容以粗體印刷：「赫魯雪夫解凍期間對史達林的批評形成對喬治亞民族的侮辱。」特別強調史達林是喬治亞人，但在此並不具任何意義。）

八〇年代末期，當其他蘇聯國家開始抬頭時，喬治亞就為史達林伸張正義。他們成立了史達林思想繼承人協會及

「史達林」國際協會,而其他組織則要求將史達林的骨灰從莫斯科遷移。住在中央高加索的奧塞提亞人也認同史達林(據説該獨裁者具有奧塞提亞血緣)。九〇年代的《奧塞提亞青年報》讀者們,認定史達林和耶穌基督為世界歷史上最具影響力者。「從一方面來説,」編輯部的時事評論員對此結果認為,「史達林的勝利可解釋成他對人民無限的愛,另一方面來説他如此受歡迎讓部份人士不安,近來有歷史學者卑劣地將其抹黑。別忘了,人民的聲音是客觀的,同時也是真實的。」

史達林共產黨於 1995 年加入參選。(名單編號為 27)。以小巴士車頂上的史達林肖像和各種海報在第比利斯大街小巷駛過,進行宣傳。該肖像以聖誕燈飾作為照明,在夜間全車閃著光芒,小巴士後頭還跟著幾輛車,全都閃著警示燈,應該是從救護車、消防車拆下的,看起來像某些基督宗教或異教聖人信徒的狂暴遊行(在當時的第比利斯,夜間幾乎是漆黑一片,路燈不亮,也沒有霓虹燈,僅從窗戶反射出蠟燭和油燈的微弱光線,而夜間路過行人的煙蒂微光就像飛機劃天飛過一樣)。

我跟尼克在市內遊蕩。他在車站向我搭訕,當時可能十幾歲,國中生年紀的街友,在第比利斯人稱:金托(kinto)。他動著歪腦筋,要我給他一些零錢或帶他去吃頓午餐,要不就提議一起去冒險,去參加反對派的集會然後讓警察追,不然就落入莫切迪里歐尼組織手中。然而什麼也沒發生,所以尼克窮極無聊下開始以俄語向我解釋選舉海報的作用,並添加自己對候選人的評價。這傢伙不是東西,這個也不是,這個一樣,只有這個是我們的史達林。

結果史達林黨獲得 3.5% 的選票。大部份的史達林主義者支持總統謝瓦納茲的喬治亞公民聯盟。

難以跟喬治亞人辯論有關史達林的事，大部份的人都認為他是偉人，這群人當中有人根本不相信史達林的罪行。（「這都是赫魯雪夫編造的」，他們信誓旦旦。）也有人認為是有惡行存在，但他們能原諒史達林的所有錯誤。（「他戰勝了法西斯並創造了歷史，」哥里的一名公務員尤希夫·愛格納塔什維利對我說，「共產黨和蘇聯在今日具有什麼樣的意義？」） 還有些人懷念強者時代的秩序，當時行賄者被送入監，而投機分子則等著去西伯利亞。（我在第比利斯公園遇見的年長退休會計阿爾齊爾告訴子孫輩，史達林尊敬勞動者，他自己出身卑微，對工人階層的生活有親身體驗。阿爾齊爾的孫子稱呼史達林為「索索叔叔」。）

越來越多的喬治亞人認定史達林為一暴君和專制者，但他們不喜歡談論此事。他們對他的崇拜感到可恥。他們忽視史達林派並且指望問題會在生物學的層面上獲得解決，在他們眼中史達林的崇拜者都是些老者和退休人士，他們不認識，也不願認識阿爾齊爾的孫子們。

在史達林的故鄉中，有關史達林的事蹟幾乎無學術著作，未出版批評作品，報章上也從未就此展開討論。拜占庭學者諾達爾·洛莫里教授（史達林和拜占庭傳統之關聯，將會是個大題目！） 他一度曾於所發表的文章中譴責對史達林的頌揚。「憤怒讀者的信件如雪片投向編輯部，」他回憶道，「有些人譴責我污穢自己的歷史、詆毀神聖，其他人則認為史達林無論如何都是自己人。」

共和黨從政者伊夫利安・哈因德拉瓦將手一揮說：「首先，史達林是兇手，再者，他也不是喬治亞人。他的舉止行為中沒有任何喬治亞的關聯，他認為自己是俄國人。別在他身上浪費時間了。」

《贖罪》這部影片的場景就設在喬治亞。全能的市長死亡，為此舉行了隆重的葬禮。隔天居民在公園裡發現了死者的屍體，有人在夜裡挖墳，於是他們再度將他下葬，但同樣的情況又再度發生。觀眾們毫無懷疑地認為其原型為史達林，屍體無法安葬象徵著過去的帳還未清算。導演坦吉斯・阿布拉澤於八〇年代拍攝此片，從那時起喬治亞就沒有什麼重要的作品出現。喬治亞人對史達林莫可奈何，獨裁者仍然懸於生者和死者的世界間，等待祖國的最後審判。

演員科特・馬赫拉澤，就是家中有電梯的那位，以獨角劇向史達林致敬，「我對那位青年感興趣，他在第比利斯也就是名外省人，更別說是在聖彼得堡或倫敦的處境了，」他在首演前對我這樣說。「他沒有有錢的雙親、具影響力的親人和富裕的保護者，但他向全世界宣戰，為此來到第比利斯，來到聖彼得堡並且打敗所有人，成了半個地球的主人。我不知道他是怎麼做到的。我可以說出哪一年發生了些什麼事，但這位哥里人如何顛覆世界，至今對我來說仍是個謎。」

哥里的主廣場中立著史達林紀念碑，在喬治亞有許多史達林的紀念碑，其中部份是從前就存在的，其他的則是新近設立的，這座則最雄偉，傲視全城。其下方底座延伸至看台，哥里官員在此閱兵。紀念碑後方雄偉的圓頂建築是地方官員辦公所在地。哥里市長從他在三樓的辦公室中可見獨裁者的背

部。

「1956 年時他們想將紀念碑拆除，但我們不同意。」退休的幼稚園老師拉瑪拉‧巴贊達拉什維利回憶。整個哥里的人聚集於廣場，人們數天數夜站在廣場保衛史達林，由第比利斯所派的團隊空手而歸。

拉瑪拉的母親是集體農場的領導，她於 1935 年前往莫斯科參加第二屆集體農場成員和領導代表大會。她帶回與史達林的合照和紀念相冊，像聖饜一般保存於巴贊達拉什維利家中，置於聖像下方。（相冊中有幾張照片可發現遭曝露的托洛茨基黨派，所以婦人即以原子筆塗抹他們的臉部，家中無人記得托洛茨基黨人的姓氏。）

「88 年戈巴契夫時期他們二度想拆除紀念碑，」拉瑪拉繼續說，「人們再度聚集起來，就像當年一樣，不放任何人靠近，在這裡沒人能傷害史達林。」

拉瑪拉的孫女說得一口流利的英語，她住在第比利斯，但深愛著哥里：「這是史達林的出生地，這名喬治亞人統治了全俄羅斯。」

在玫瑰革命過後，當局決定與西方的城市間展開聯繫，他們向西方的使館請求協助，市長在文件夾和碟片所附的信件中強調該城市是天才約瑟夫‧史達林的故鄉。

「為何我愛他？」蕾伊拉‧阿布亞什維利重複此問題，她對有人關心她的感受覺得驚訝。（我們跟影片拍攝團隊已在哥里待第二個星期了，我們拍攝了數十場的訪談過程，該訪談是最後幾場之一。我們試圖找出對該獨裁者的愛源自何處，他死後至今已過了半世紀，並無恐懼伴隨而來。）

「我始終是深愛他的，」她如此開場，「我跟他一樣是喬治亞人，我出身的城市也是他誕生的城市，我畢業於以他名字命名的大學。邱吉爾曾這麼談論他，他所接觸的俄羅斯還在用犁耕田，而他所留給俄羅斯的卻是原子軍火庫。」這說法我們已聽過多次，我們的受訪者很喜歡引用這段話。

「我相信，」她繼續說道，「史達林夢想著人類的美好未來，希望所有人都能幸福，不管其信仰、國籍、種族或膚色為何。我就是如此想像的，我眼中的約瑟夫·史達林是一名公民、城市的市民和其博物館的館長。」

阿布亞什維利是名瘦小、充滿活力的老太太，接見我們時她身穿米色皮衣，就披在厚實的昔得蘭毛衣上。博物館內極為寒冷，暖氣早就停了，電力供應說停就停。白色的地板和柱子使寒冷的感覺更擴大，大理石階梯看來像冰塊鑿成的，而史達林的石膏像就像覆蓋了一層霜一樣。

我們在舊樓房中租下公寓，距離史達林博物館僅數百公尺之遙。房裡溫暖，走廊上放置了鑄鐵爐子，燃料來源是市公園內的木材，屋主在夜間劈柴。我們有電，因為屋主接上無軌電車的電線。最無法忍受每日前往博物館的就是攝影師，他很快就凍僵了，絨毛外套也幫不上忙，工作時他戴著覆住雙耳的毛帽，戴著手套操作攝影機。我們的受訪者被安排站在史達林肖像、史達林鑲嵌畫和以史達林為主題的陶瓷作品前，他們抱怨缺暖氣和缺電，並將過錯推給赫魯雪夫及莫斯科的民主主義分子。

國立史達林博物館分佈於三棟建築中。第一棟房子以大理石和玻璃的鏤空結構密閉，這是獨裁者的出生地（博物館的

工作人員私下坦誠此為重建的房舍）。主要展品陳列於十來公尺外的帶塔樓二層樓建築，外觀類似意大利文藝復興時期的宮殿，此建築分成六廳，分別展現喬治亞偉人的生平各階段。最後一棟建築為裝甲廳，史達林藉之行遍全國，並且參與德黑蘭、雅爾達和波茨坦會議（可坐在扶椅上並且拍照留念）。

參觀路線自童年和青年時期開始。導遊指出成績名列前茅的學校成績單，並背誦著：

打開花瓣的玫瑰花苞，

在湛藍的紫羅蘭上鋪上陰影；

風拂醒了鈴蘭，

向草地彎下身；

雲雀在藍天中歌唱，

自雲中讚頌生命的喜悅；

濃密灌木中多愁善感的夜鶯，

為孩童唱出美麗的樂音；

喬治亞，我的祖國，願你繁榮興盛，

享有和平！

你們，持之以恆地學習吧！

光耀自己的國家，朋友們！

（翻譯自吉恩娜迪亞・謝列布里亞可娃的俄文翻譯——亨利・烏爾班諾夫斯基）

導遊說明，該詩是由年方 16 歲的索塞爾（約瑟夫）所作，自 1912 年起所有喬治亞語課本中皆可見。

在其他展覽室中我們觀看了許多的照片和文字檔，包括地下活動時期、偉大的十月社會主義革命時期和蘇維埃國家建設時期（包括與反對派的爭鬥：托洛茨基、布哈林、季諾維也夫和加米涅夫等反對派的抗爭）、第一個五年計劃和偉大的衛國戰爭。

導遊向我們解釋，史達林並未推崇自我崇拜。1926 年時他曾致信給向他祝賀的第比利斯鐵路工廠工人，其中提到：

同志們，老實說我甚至承擔不起這些讚美的言語之半。我被描述成十月英雄、共產國際和共產黨的領導，實實在在的非凡英雄！這樣的演說應該在過世的革命家墓前發表。但我還不想就此逝去。

15 年後喬治亞新徵募兵在往前線前，於史達林的舊居前進行宣誓（當時已成立了博物館）。而蘇聯士兵在進攻前如此喊話：「為祖國、為史達林！」導遊強調，沒有人強迫他們如此做。

第五室內收藏了史達林的個人物品，包括：菸斗、刮鬍用具、制服等。導遊口中的史達林是名標準丈夫和父親，她指給我們看他寫給女兒的離別信件（他喜歡自稱為斯維特拉娜的秘書並且聽從她的命令，將女兒稱為斯維特拉娜主人）。在個別的櫥窗中可觀看史達林七十大壽時所收到的賀禮，以黎巴嫩雪松雕成的獨裁者肖像，其上所刻字樣：「願天主保佑偉大的大元帥約瑟夫・史達林」貝魯特東正教大主教致意。

在最小的那間陳列室中只有一件陳列品，就是史達林過

世後的面具。雕像立於基座上，周圍有數十根大理石柱環抱並鋪上紅毯，參觀者可自四面八方望見獨裁者的棕色頭部。

陳列內容自 1979 年在哥里慶祝史達林百歲誕辰後就未改變過，但 2008 年新上任的館長羅伯特‧馬格拉克力澤在階梯下方放置雜物處，安排了紀念鎮壓和大清洗時期的簡陋展覽。此處擺置了調查人員的辦公桌和一盞朝向被訊問人的燈及監牢入口處的柵欄。繩索上掛著象徵受害者的衣物（他們的身體在地下長眠，靈魂則升天，導遊解釋道）。有幾張照片是關於史達林時期最大行刑者，包括：雅果達、葉若夫和貝利亞。

「史達林跟所有人一樣也會犯錯，」馬格拉克力澤向我解釋。在他辦公室中掛著獨裁者年輕時的照片，而辦公桌立架上插著喬治亞和歐盟的國旗。「我曾經犯錯，你也曾經犯錯，」館長先用指頭指向自己然後指向我，真誠地笑了笑。「想想自己小時候是否也都是規規矩矩，毫無差池？青年時期呢？你難道沒有覺得難為情或後悔的時刻嗎？史達林是超級強國的領導，他的錯誤會引來更嚴重的後果，但也不該就此掩去他的功勞和成就。我們想要呈現真理並且保持適當的平衡。」

博物館中還設有史達林現象學術研究中心，儘管在格葛什澤教授過世後該機構的活動力就減低了。

博物館的書報亭中可購買青年史達林的詩作（以喬治亞語—俄語—英語出版）、附全套獨裁者像陶杯的「史達林」葡萄酒、鑰匙鏈、原子筆和印有史達林圖像的 T 恤。

轉角處的商店中販售「絕不退縮一步」伏特加酒。（Ni

szagu nazad!）。標籤下方註明：史達林第 227 號命令。

博物館網站中（有喬治亞語版、英語版和俄語版可選擇），有一隻不斷冒煙的菸斗引人注目。

2008 年 9 月初時我又去了哥里，數星期前此處已陷入戰事，俄國人二度轟炸哥里，之後將之佔領了一個多星期，居民們四處逃散，不知道還能不能再回來，全球的電視台呈現一幅末世景象。

交通未中斷，我搭蘇式小巴至市中心。第一眼望去，根本沒有任何破壞，汽車行走無礙，商店和酒吧也照常營業，音樂學校前聚集了成群的孩童，一會兒後我才意識到該建築完全無玻璃窗。

我找到記憶中電視台報導過的西洋棋社，那兒也無玻璃窗，空蕩的窗戶中飄著殘留的窗簾布，其後則是毀損的房間，但如果我事先不知此處的戰事，是不會猜測到狀況。

損失微乎其微。儘管喬治亞的南奧塞提亞村莊被燒為平地，而將奧塞提亞和「正統」喬治亞分離的緩衝區間，房子皆破壞殆盡。儘管哥里郊區遭創，但城市本身並不像電視報導那樣。在每個轉角處我都預期會碰見廢墟、破壞和戰地，我必須環繞全城後才能再度確定我們從電視上所認知的世界是多麼不真實和片斷。攝影機不撒謊，鏡頭中燃燒著的房子是真的起火燃燒，而那名因痛苦而蜷縮的女孩，真的受了傷，需要幫助。但在工作人員之後，有時只有數公尺之遙，生活卻正常地延續著。

（後來我在華沙看見一張照片，三名攝影師正拍攝一名點菸中的俄國士兵。拍攝此照片的攝影師說，只要拿出照相

機，身邊就環繞著一群競爭者：「可能是有意思的事情發生了吧！？」每棟著火的房子、每輛未移動中的坦克和傷患都被拍攝了數十次，從數十個不同角落和數十種不同角度：由上往下、由下往上、側面、迎光和背光等。所有當時在哥里的記者們絕不能輸給別人，每個人都必須證明編輯讓他去喬治亞是正確的決定。）

哥里大學的正面看來就像有人以巨大圓規在上面戳孔一樣，我問別人這是不是射擊痕跡，他指給我看在柏油路面上不大的坑洞，說：「炸彈墜落此處，其碎片飛向建築。感謝天主，沒人受傷。」

史達林也真夠幸運，就在他紀念碑旁的廣場中央掉下兩枚炸彈，但毫無損毀。博物館遭受的損失為兩塊碎裂的玻璃，是西洋棋社爆炸所造成的。

「沒有人知道結果是這樣，」博物館館長莫季亞‧那歐查什維利回憶道（10 年前曾參與我們的影片拍攝），「我們有了最壞的打算。無法進行正常撤離，我們只能將一些陳列品搬至私家車上，我們帶走史達林的私人物品，這些是最珍貴的。」

館長羅伯特‧馬格拉克力澤已準備了另一個展覽，主題為 2008 年 8 月的俄羅斯侵略，將與蘇聯佔領時期存在於第比利斯的博物館有關，有名高官建議將史達林的紀念碑遷移至此處。「史達林是百萬人的劊子手，」該高官如此認定，「在一個象徵自由的國家中，讓史達林紀念碑矗立於市中心是件可恥的事。」

「要搬動它是件難事，」跟我一起回第比利斯的年輕女

孩如此說，「人們將走向廣場，就像 56 年和 88 年時一樣，必須這麼做，他是我們的詛咒。」

1931 年時名為《史達林》的書籍出版了，狂熱分子的作為。這是首部重要的史達林傳記，獨裁者在此被描繪成高加索的成吉思汗、東方暴君，以家族統治巨大的國家。作者寫道：「史達林就算當上布爾雪維克黨主席，也還是高加索人，孟什維克與其說是政敵，不如說是鄰近山谷的死對頭。」

高加索山地居民的道德法則不複雜：「殺死敵人不錯，但最好是十名敵人，知道如何報復且殺百人者，應當被列為民族英雄……然而與敵人的抗爭中獲得勝利者不需親自殺戮、甚至完全不需觸摸，他只需編織複雜的網讓敵人彼此對抗，且因他們互相毀滅、陷入仇恨中而感到喜悅，並為自己的智慧而欣喜……。」

史達林直到今日還嚴格地遵守高加索氏族長老的權力和責任，他的氏族——馬克思主義者－布爾雪維克黨人——人數眾多，足以覆滿整個山地省份。氏族四處遭到危險的威脅，但氏族本身也並非總是遵守非明文規定的高加索律法，不願屈從於領導無限制的家長式權威，無論左右都有反對派出現，削弱了祖傳紀律……。

領導不知誰是敵人，誰是朋友。他在高加索尋求援助，高加索同鄉包圍著他，只有他們在血液中流動著過去家族關係間的本能，只有他們記得誰住在哪裡，他們看到其領導在列寧還在世時的謙卑作為。高加索能夠接受獨裁者、暴君、專制君主，但其責任是必須為所有其他人設想並下決定。

這在蘇聯肅反運動前夕就已定。史達林對付托洛茨基，但基洛夫仍活著，季諾維也夫和加米涅夫的審判程序還未啟動，烏克蘭饑荒也未開始。書籍出版之時，古拉格才正形成。

作者已預見將發生的事蹟：

「史達林已準備好實行計劃中將持續多年的暴行，循序漸進並且無情地消滅敵人。」

他也預見了崇拜的產生：

「他以亞洲方式統治亞洲，亞洲也有所感並且開始讓這個傳奇領導活化，來自他的血、骨和接近愛的感覺。」

穆罕默德・伊薩德・貝伊（1905-1942 年）來自亞賽拜然，長時間住在德國，對西方和東方瞭解甚深。他發現史達林早在金托[6]、街頭混混時期，及後來神學院研修生和布爾雪維克分子初期，就已在爭奪領導權。「從金托時期他就維持了他那嘲諷的笑容和貪婪多變的看人目光，跟他有所接觸的都可以感覺得到。」

他也是陰謀的能手，伊薩德・貝伊寫道：「他出自本能地隱藏在陰影中，痛恨光明。他最感到自在的環境是那潮濕、煙霧瀰漫的地下室，他在此計劃布爾雪維克黨人所稱的徵用計劃，有時也印刷出版黨報（他並非知識分子，但在這方面下了不少功夫且成癮般地浸潤在書籍中）。不久後他就以強盜、高加索羅賓漢和澤林汗第二等稱號聞名，掠奪的錢財全給了黨。」

6　十九及二十世紀初期在第比利斯的普遍說法，意指以盜竊為生的無業者。

　　布爾雪維克贏得勝利後，只消幾年的時間，他便攀上高峰。「他以不引人注意的方式取得權勢，默默地、一小步一小步地。很難確定到底是什麼時候，哪一天或哪一月開始他的獨裁統治。」

　　消除托洛茨基是轉折點的開始。伊薩德・貝伊從史達林和托洛茨基之爭中看見東西方、亞洲和歐洲的衝突。陰鬱的喬治亞人史達林是屬典型的亞洲人，無虛榮和個人需求，是帶著冷漠、黑暗心靈的東方陰謀家。托洛茨基是世故的歐洲人、傲慢的時事評論家，他熱愛演說、公開露面並炫耀自己。除了同樣缺乏道德上的顧忌外，二人無相似之處。他們的視野，也就是史達林的亞洲式布爾雪維克和托洛茨基屬知識分子的共產主義，根本無法相容。

　　貝伊站在第比利斯的旱橋上，嘴上叼根菸。當我從他身旁走過時，他解開襯衫釦子，看得出他覺得熱。我看見他身上的紋身，計有：史達林、列寧和虎等，不勝枚舉。

　　史達林和列寧，其一在右胸上（與卡茨馬爾斯基的正好相反），另一在左胸上，互望著對方，或許在彼此對話吧！只有頭部，但刺得非常逼真，史達林的圖案還看得見衣領，而列寧身上則有領結，該藝術家一定很強硬，絕對是勞改營之類出來的，在勞改營中他們幹這種事（這人六十上下的年紀，不是屬於勞改營那一代的人，可能在赫魯雪夫、布里茲涅夫或某某人在位時坐過牢）。老虎則潛藏在腹部之處，縮著後腿，準備一躍而起。

　　濕地、沼澤和積雪地的女士，

點燃浴池之石，

就讓苦痛於炙熱的軀體上融化，

以刺青為目標，

因為在心之左側，史達林顫抖著，

汗水濕了他的眼和鬚。

我們刻意在此刻上輪廓，

讓他聽見撕裂之心！

（亞策克‧卡茨馬爾斯基，〈致沃基米日‧維索茨基〔Wodzimierz Wysocki〕墓誌銘〉）

這不是成功的聖像畫，而是贖罪式的塗鴉。只不過有三個圖像：第一個圖像正對前方，一眼就能看出，而第二和第三個圖像位在左右兩側，從 40 度角比較容易看出。其他二幅畫在分開的條狀金屬板上，垂直地固定在主圖像上，完全從側邊望去時，像是一整塊。

聖像就立在屋前，尺寸為 2 公尺×1.5 公尺。

對此畫不欣賞，我卻無法對如茹娜女士說出口，再說畫上是史達林，就穿著元帥制服，兩側是他年輕時的畫像（左側之像上還未蓄鬚）。從遠處看來像聖人。

阿田尼村就在離哥里數公里外，如塔澤‧那塔澤擔任當地音樂學校的校長。喬治亞獨立後，他就在自己家中設立了私人的史達林博物館，我在哥里得知這個消息。

「我們開車經過格拉坎尼，剛好看到這幅畫像，」她手指著聖像說道，「我欣喜異常。那時還是上世紀七○年代。史達林不斷被批評，但也在此時，儘管出現許多障礙，喬治亞人

開始對他展露較多的愛和溫暖，我也屬其中的一分子。」

我問當地人是誰畫的像，他們告訴我是名來自第比利斯的藝術家，我找到了他。他當時有來自許多其他村的訂單，但還是接受了我們的。

他開口 3,000 盧布。我自己只有 1,000，所以我走遍全村，大家為了史達林，都或多或少捐了些，總算湊足整筆數目。我用集體農場主人哲伊馬爾·歐尼亞什維利的車載這幅畫，他捐得也最多。

我於星期天將畫置放校內，隔天就被哥里委員會傳去談話，他們問我為何作此示範，為什麼不訂製布里茲涅夫的肖像。我回答他們：「布里茲涅夫的肖像每個委員會都訂購了，而史達林只有我。」他們給我在黨冊裡記警告，而且我必須將畫帶回家。

如茹娜邀請我們入內。屋內有許多肖像、海報、照片，此外還有掛毯、一些雕像、半身雕像、徽章、護喉甲、飾品櫃和書櫃等。中央是張桌子和幾張椅子，桌上放置裝著自釀白葡萄酒的玻璃酒瓶。

「史達林年輕時有兩名友人，分別為：米沙·提特溫尼澤和彼得·卡潘那澤，」如茹娜說道，「有關史達林的書中對此二人皆有著墨。我丈夫就姓提特溫尼澤，米沙是他叔父，而彼得·卡潘那澤是他奶奶的兄弟！」

卡潘那澤曾向史達林求助，因為他那時山窮水盡。史達林從克里姆林宮寄給他 2,000 盧布和一封信，當中寫道：「彼得，希望你諒解我，這是我所有的了，這些是書稿，我拿來幫助你。原則上我是不拿書稿的，但你的貧窮就等於是我

的。」「試想：一個一無所有的人，史達林什麼都沒有，卻送給他的友人 2,000 盧布。喔！就是這封信。」

這裡可見史達林接待勝利遊行隊伍的照片，有他和中國領導人毛澤東會面的情景，此人備受他尊敬。這裡是米沙‧提特溫尼澤和彼得‧卡潘那澤，而這裡是提娜‧尤瑟比澤女士的照片，有齣劇場的戲劇就是關於她的故事，在哥里演出。提娜上前線去尋找弟兄，他們見面了，但卻被德軍包圍。德軍射殺了她弟兄，而她卻自橋上投入河中，不願落入他們手中。沉入水中時她呼喊著：「寧為祖國、為史達林而亡，也不屈服。」

隔鄰幫傭的婦人梅吉亞女士過來為我們倒葡萄酒。

如茹娜說道：

「為史達林後代敬一杯。願他們長存並且繁衍，讓朱加什維利的基因能延續下去，他的孫子耶夫格尼‧亞柯夫勒維茲住在第比利斯，他將兒子取名為維薩里奧，且說維薩里奧將來的兒子將取名為約瑟夫。這一切都實現了，我們有約瑟夫、維薩里奧諾維奇！上帝保佑讓史達林的後代都如此繁榮，我對他們的祝福與對自己子女的一樣，這些人的存在就是我們偉大的勝利。」

梅吉亞說：

「願天主讓這些人繁衍下去，就像妳一樣。喬治亞將因此而興盛。」

如茹娜說：

「相較於我心中的感受，我實在沒做什麼，願上主讓喬治亞各地都有史達林博物館。」

　　我告訴你們一個故事。我的父親因為 70 盧布的付款遲了 10 天，就被判槍斃，後來刑罰被改成常年監禁。史達林過世後他被釋放出獄並回到家，當時他手中拿著一個包裹，我們當時都還是孩子，以為他給我們帶了些東西回來，他又能從監獄為我們帶來什麼呢？原來是從俄羅斯報上剪下的史達林照片！這就是我們民族之愛的例子。」

　　梅吉亞（對著如茹娜的母親索妮亞）説：

　　「現在請您敬一杯。」

　　索妮亞説：

　　「樂意之極。我想為這一天和在場所有人敬一杯。能夠在我們村中以史達林之名設立博物館，且外國友人能來此參觀讓我感到驕傲。」

　　梅吉亞説：

　　「阿門。」

　　索妮亞説：

　　「這酒很冰涼。」

　　梅吉亞説：

　　「也很烈。天啊！我覺得我醉了！」

　　如茹娜（對梅吉亞）説：

　　「這是正常的，以純葡萄汁製成。」

　　梅吉亞説：

　　「阿夫譚迪爾先生來了。」

　　阿夫譚迪爾（如茹娜的先生）説：

　　「你好。歡迎光臨寒舍。」

　　如茹娜（對阿夫譚迪爾）説：

「我們等著你呢，你得敬一杯才行，應該由一家之主來敬酒。」

阿夫譚迪爾說：

「好的，我們為史達林喝一杯，不過我還是先為那些記得史達林且向他致敬者喝一杯。現今在國內有許多人忘了他對我們的貢獻，而且對他不夠敬意。

這個人扭轉了世界的秩序，也為我們喬治亞人帶來應有的水準，我祈願他的靈魂在光明之中，也願世人不將他遺忘。史達林萬歲，出了史達林的民族萬歲！」

索妮亞說：

「阿門。」

桌子

「哈姆雷特回來了，」格拉説，「他唸完大學了。」

我們坐在格拉在泰拉維郊區房子的露台上，再過去就是阿拉贊谷地，其後為高加索。

格拉是名記者，在第比利斯工作，但來自此地，他的祖父母住在這裡。他無法想像在別處渡假和度夏日週末的情景，正如許多喬治亞人一樣，他也是自己地方的狂熱愛國者。如果有人聲稱卡赫季並非世界上最美的地方，可是會得罪他的，而全卡赫季最美之處不外乎是阿拉扎尼河及泰拉維城。

我完全附和格拉的看法。從第比利斯至巴庫我多繞了些路，以便欣賞此處自平原上像桌子一樣升起的高加索，天氣晴朗時可望見積雪的山峰，而山下則盛開著杜鵑花和木蘭花。當我在阿扎爾、伊梅列季亞和斯瓦內提亞時，最美之地自然是阿扎爾、伊梅列季亞和斯瓦內提亞，而在第比利斯時就是第比利斯了。

我曾聽過這樣的祝酒詞：「兩名勇敢的高加索騎士為了某事起爭執，在無法和解的情況下，又不願意發生流血事件，二人便去找擁有智慧和良好建議的領導。他先聽其中一人的話，並説：「你是對的。」又聽了第二人的話後也説：「你是對的。」二名騎士便握手言和後走了，從此沒再爭吵。所以我們為我們的共同處敬一杯，我們間的差異不重要。

我問他誰是哈姆雷特。原來是鄰近的男孩，比格拉小十歲，格拉曾鼓勵他就學，現在覺得是他成功的啓發者，少有人

能在鄉下學校畢業後以優異成績自法律系畢業。

聽說哈姆雷特的父親扎斯已宰了羊隻並備好宴席，無人宣布也無人出面邀請，但這種場合絕不能不宴客，我們也勢必出席，格拉以該家鄰居的身分，而我則以格拉客人的身分現身。

在喬治亞「桌子」的意義超越尋常的家具，可說是配有花瓶、托盤、銀盤、沙拉盤、醬汁壺、罐、罈子、玻璃酒瓶、氣球和酒瓶等的家具，也超越圍繞這件家具的客人，可以露天擺桌，或者在火車車廂內。喬治亞之桌就是宴席，其流程依照一定的秩序進行；也是場戲，每個人在其中扮演著自己的角色；它也是場儀式。

桌上的靈魂人物、指揮和領導者是塔馬達（tamada），由他來宣布敬酒的順序，給予與會者發言的權利並決定宴會的節奏。由他統合所有參與者，並讓賓客盡興而歸。宴席上可以少個一兩道菜，但少了塔馬達就變成了尋常的晚宴、宴會或社交宴。

此次，我們的塔馬達由退休的歷史學者祖拉伯先生擔任，他曾是哈姆雷特的教師。

宴桌不大，二十來個位子，頂多可容納三十人。大半是家人、朋友和幾名鄰居。塔馬拉坐上榮譽之座，兩旁分別坐著扎斯、扎斯之父老諾達爾·伊拉克列維奇，哈姆雷特坐在角落之處，他年紀最小，也還未娶妻生子，雖然受過教育，但在此等級制度中算才剛成年而已。

「這是一個傳統家庭，」格拉先提出，「在卡赫季已不多見，在第比利斯可能會被當成怪胎。」

第二部⋯⋯喬治亞和亞美尼亞

231

他們為我們安排了高位，就在塔馬達對面。我是客人，尤其是國外來的客人，值得特別的關注。我不過是剛好來到格拉處這點並不重要，大家都覺得有責任照顧我，格拉也因我而提升了地位。

我們才剛入座，祖拉伯就開始第一回合敬酒，他先感謝主人對所有人的招待和給予他擔任塔馬達的榮譽。他賣弄地請求大家對有失當之處多加包涵，之後恭喜哈姆雷特取得文憑，又說了幾分鐘話後，格拉已經不知道要怎麼將這一切都給翻譯成俄語。「現在說的是一樣，只是用詞不同，」他氣餒了，「這是慣例。」

最後塔馬達進入核心：「我們為今日的聚會、今晚和這場宴席喝一杯。乾杯！（Gaumardzios!）」我們全部大喊：「Gaumardzios!」喝了。

必須知道的是，席間必須聽令喝酒，不能獨飲或在旁品嚐。塔馬達發言時，必須將酒杯輕舉直到敬酒完畢，不能進食或交談。

可以稍喝一點，沾沾唇（除非是波隆德 bolomde，也就是飲到底的敬酒或是用角杯喝，就沒辦法擱在一旁），主人隨時斟滿酒，讓每一輪都能以新酒敬酒，最起碼也得舉起酒杯（必須是滿的），不敬酒等於是對塔馬達和同桌之人不信任的表現，需擲手套挑釁。

當我們想補充說話時，就必須停下不喝，並等所有人都放下酒杯後再發言，發言長度不能超過塔馬達，而且必須符合同一主題和精神，不能批評剛剛才被誇獎的人（根本就不准批評別人），有時塔馬達自己請別人接續他的話題，轉讓敬酒稱

為阿拉維爾迪（alawerdi）。

宴席習俗在喬治亞各地只有些微的差別，每處都會告訴你他們的宴席是典型的，別處的禮節已滲入異端。

這真的是個傳統家庭，扎斯的太太、女兒和其他婦女在打過招呼後就消失了，後來再出現就是為了端菜或取走空盤，或者是向她們敬酒時。

我們先從開胃菜和小吃開始。在此階段喬治亞菜和亞美尼亞、亞賽拜然並無不同，最主要的包括新鮮的醃菜、填料甜椒、未切碎的綠香草（茴香、韭菜、芫荽、羅勒和香菜）、乳酪等。之後上的是豆和核桃、茄子和核桃及沙奇威雞（核桃醬汁冷切雞），我們現在無疑地是在喬治亞了。之後上哈查普里（烤鹹奶酪餅）、金卡利（肉餡湯餃）、查赫比利（番茄雞排）。終於到了烤肉串的時候，喬治亞語稱為莫茨瓦第（mcwadi）。烤肉串也是高加索各菜系的共同特色，對哪裡先出現這道菜的爭論，就跟這道菜餚本身的歷史一樣古老。

烹飪是婦女的領域，但烤肉串由男人準備，葡萄酒也是一樣，這項工作太重要了，不能由女性來擔當。葡萄酒是生活的精華、是地球、太陽和愛。他們以葡萄酒和麵包迎接初來乍到者。有了麵包、葡萄酒和來客，就是喬治亞人的幸福時刻，有半數的喬治亞諺語都與此有關。

葡萄品種和葡萄酒的種類名稱聽來像詩，如：saperawi, mukuzani, achaszeni, cinandali, twiszi, manawi, napareuli, aleksandrouli, kindzmarauli, chwanczkara （為史達林所愛）, rkaciteli 等。最常待客的是自家釀製的葡萄酒。主人用心傾倒，而客人也帶著敬意品嚐，不急不徐。

喝伏特加不需太客氣，只消一句「來吧！」或者什麼都不用說，只要動作快速即可。可以是工廠加工的或自家的，一般是葡萄釀製，就稱為查查（czacza），只有在斯瓦內提亞以穀物釀製，經常是由婦女負責。以伏特加，尤其是以啤酒敬酒，不僅失禮，更是刻意的侮辱，連幼稚園的孩童都知道不該如此，這道理比一加一等於二更來得理所當然。年輕人自命風趣地以啤酒「敬警察一杯」，就常被長者譴責，連警察也不能如此冒犯的。

場面開始熱絡起來，我們已經進行到敬喬治亞（馬上就轉向波蘭）和敬友誼，之後塔馬達放緩節奏，讓大家可喘一口氣，跟鄰座的人面對面聊天，好好吃點東西。我們的清醒程度操之於塔馬達手中，他應該顧及讓每個人都還能挺立，如果連他也喝醉，那就真的很沒面子。

早有許多有關喬治亞的喝酒傳說。波蘭籍的耶穌會修士揚・塔德烏什・克魯辛斯基（Jan Tadeusz Krusiński），於十七世紀初以傳教士的身分來到波斯和外高加索，旅程中寫下《*Tragica vertentis belli persici historia*》：「當塔馬達將掌中的葡萄酒杯舉起時，他的手勢如此鮮活，臉上帶著某種表情，彷彿在向酒展示某種形式的崇拜。」克魯辛斯基又寫道：「喬治亞人在襁褓時就開始飲酒，這裡人將手指浸入葡萄酒中再讓嬰兒吸吮，好讓他們熟悉這滋味。」

十九世紀中葉時，馬太烏什・葛拉勒夫斯基寫道：「光提弗利司每年就得消耗 800 萬瓶葡萄酒，平均每名居民 800 瓶（日記主人有可能未將婦女和兒童計算在內，他們也是酒類消費者）。就我們所知，每名喬治亞修士平均每日消耗 1.5 公升

葡萄酒。

　　這段期間在喬治亞逍遙的大仲馬（Alexandre Dumas）[7]更是運用了他的想像力：「喬治亞午餐是這樣的，連一般的業餘飲酒者都能乾掉 5、6 瓶葡萄酒，有時甚至一人就消耗 12、15 瓶。更有些人連酒瓶都不夠，直接自葡萄酒囊飲用，他們的酒量甚至達 20 或 25 瓶。」

　　葡萄酒在喬治亞的建築、詩、畫中脈動。千年大教堂的牆上攀爬著石葡萄串，卡赫季薄酒萊葡萄酒在六部格詩和雙曲線中燃燒，皮洛斯曼尼的畫中傾倒著 saperawi 和 kindzmarauli 葡萄酒。

　　皮洛斯曼尼所呈現的喬治亞宴席，無人出其右，這名第比利斯那哈沃夫卡的流浪漢、赤足的天才、喬治亞的尼基弗爾和收稅人盧梭，他以一杯葡萄酒、一碗湯的代價作畫，在舊招牌、腐爛的木板或油布上作畫。他畫食物，許多的食物，魚乾、一公尺長的烤肉串、烤乳豬、洋蔥串等等靜物，他也畫圓墩的葡萄酒雙耳陶罐和饗宴中的喬治亞人、敬酒、演說、舉杯等情景。這些場景中帶著嚴肅性，宴席中人活動著身體，彷彿拍照時擺姿勢一般，無多餘的動作，有時只是微笑，但眼神中有時流露出開玩笑的特質。此並非真實的盛宴，而是對喬治亞傳統和對此崇拜風氣的嘲諷，當中的喬治亞是富裕而顯赫的，圓滿無缺，藍色的霧氣遮蔽了地平線。

　　皮洛斯曼尼的複製畫幾乎點綴了所有的喬治亞葡萄酒廣

7　大仲馬，1802-1870 年，法國小說家和劇作家，最著名的作品有《基督山恩仇記》和《三劍客》。

告，甚至也有取名為「皮洛斯曼尼」的葡萄酒。這位來自那哈沃夫卡的流浪漢在今日可能會是富裕之人，該區是充斥著不正當勾當的貧民區。

宴席就像生活一樣，日常與節慶；褻瀆與神聖；嚴肅與玩笑；外在的食物與心靈的饗宴在此匯集。

最重要的是彼此歡度的時光，享受歡愉和美味當然很好，但交融、彼此聚合本身就具有其意義，敬酒數回合下來，原本不識之人開始彼此瞭解，完全融合在一起。喝到最後，他們可能開始擁抱和親吻，像知交般分手說再見，卻也許從此不再見。在同一聚會中，命運可能將喬治亞人、亞美尼亞人、俄羅斯人和猶太人連結在一起，每個人都將覺得適得其所，教授有可能跟工人一起飲瓦赫譚古里葡萄酒（wachtanguri），而警察與惡名昭彰的流氓；神父與罪人同飲。重要的是成為怎樣的同伴。生命短暫，必須把握住每一刻。

混合團體通常在公共場合饗宴，有時二名友人相約喝啤酒，突然出現第三者，他跟其中一名曾是小學同學或者是兒時玩伴，當然會因此受邀，一起入座。後來第三者的鄰人來了，也加入同夥中，啤酒旁也開始多了乳酪、蔬菜和哈查普里。有人開始倒伏特加，可以向酒保要一壺自製葡萄酒，後頭都有留著以備不時之需。鄰桌的友善情侶也湊了過來，選塔馬達的時候就到了，這就是「宴席」憑空變出的例子。

（喬治亞為布爾雪維克佔領後，姆茨赫塔的客棧主人對波蘭的旅行家吐露心聲：「先生，只要還有幾名喬治亞人活著，客棧老闆就不會山窮水盡。」）

最初先以家庭、父母、兄弟姐妹和孩子的名義敬酒，

「母親健在嗎？願她身體健康、充滿愛！父親過世了嗎？願他安息！你兒子的大名？願他長成勇敢之人！女兒剛出世？願天主保佑她！」

由家庭可看個人，所以人們如果想彼此深入瞭解，都會互相詢問家庭狀況，敬酒成為喬治亞價值中最神聖的一環。

優秀的塔馬達能將最尋常不過的敬酒，如敬祖國或親人等也變得具創意。最優秀者嘗試寓言、哲學性的短文等祝酒詞，再配上大膽妙語，當中的佼佼者將成為歷史的一環，與偉大的詩人等同。

有名的祝酒詞自成一環，被複製成無止盡的各種版本，充斥於網路中，其中帶有高加索式的插科打諢、東方智慧、有關安息日蠟燭的幽默等，但卻維持匿名狀態，就某段時間和地點中被說出（塔馬達說是成熟）的祝酒詞不過是軼聞趣事。

「我們為自己的墳墓乾一杯，它們將由我們子嗣種植的百年橡木所製！」

「有人問智者，為何我們的友人有時會變成敵人，而我們的敵人卻始終是敵人。」他回答：「建房比拆房難；將壺黏合比敲碎難；賺錢也比花錢難。」我們為祈願我們總能克服困難乾一杯！

「有一天，老鷹抓走一隻羊，當它騰空躍起時被獵人發現了蹤跡，因而迅速射出一槍，大鳥落地而亡，羊隻卻因而逃過一劫。我們為此敬一杯，祈願老鷹不再被殺掉，而羊隻也都能保全！」

敬酒有一定的順序，但不像北高加索一般無彈性可言，喬治亞人總留下隨性的餘地，可供即興發揮。

最後到了該敬祖先的時候了。敬那些創造了這偉大一切
的巨人們，我們永遠也無法與之並駕齊驅。

祖先永遠高我們一等，比我們更具智慧和強盛，他們是
我們仰望的對象，並因之得到鼓舞。我們必須保留對先祖的記
憶，才知何去何從。

他們就像我們屋宇的基礎，房子可以被拆除，鄰居可以
搶占我們的閣樓並霸占客廳，但基礎仍然存在。

他們驅使著我們。

對祖先的敬酒可以針對普遍的或特定對象，如：聖尼
諾、偉大的建設之王大衛、塔瑪爾女皇、索塔・魯斯塔維
勒、喬治・薩阿卡澤、三百名的阿拉格維伊人等。

當時也經常敬史達林。

我對此有所困擾。有時阿拉偉爾迪對我說：「我們已敬
過逝者，現在我們為逝世的史達林敬一杯，因為我們的良知要
我們對死者表達敬意。」有時我拒喝，有時我一咬牙，喝
了，並請求天主的原諒。

感覺上喬治亞的宴席彷彿開天闢地以來就延續著，但現
有的形式其實直到十八世紀才成形（塔馬達制度則要早得
多）。

「這與俄羅斯的產生有關，」喬治亞科學研究院文化心
理學博士加加・尼扎拉澤解釋，「早先土耳其人和波斯人，也
就是穆斯林向我們侵略，宗教在文化的層面上作為我們的防護
罩。俄羅斯人屬東正教，我們也屬東正教，難以保持區別。因
而出現對祖先、父母和傳統等之敬酒，宴席不僅結合了團
體，更使之免於外面世界的破壞。」

尼扎拉澤認為喬治亞人不感覺到來自外部的威脅，也就是說無獨立的喪失或全民族的滅絕感和儀禮的被侵蝕感。

祖拉伯先生是稱職的塔馬達，以輪番敬酒的方式主持宴會，不急不徐。中間穿插自己的生活事蹟，半真半假，但虛構得恰到好處，帶點民族的智慧，他熟知各種諺語、格言、謎語和寓言。

我們正好敬完祖先，氣氛熱烈。我期待 C 字頭的高潮來臨，也就是敬喬治亞東正教教會或是敬天主。

舉杯是項神秘的儀式，參與宴會者都是通情達理之士，此刻他們誠摯地相信言語具有因果的力量，美好的期望將會實現，所以我們齊聲說：「Gaumardzios!」（乾杯！）命運將從此改觀。

有人將宴會比喻為宗教禮儀：宴席是祭壇，塔馬達是祭司，祝酒為祈禱，而葡萄酒則為聖體。

「從前有名俄羅斯婦女，」祖拉伯開啟話題，「她與成長中的孩子住在礦水城。某天，這男孩得搭機至莫斯科，但其母夜裡做了噩夢，就沒將他叫醒。清晨她打開收音機，聽見飛機起飛後墜落且有人死亡的消息，她跑去看兒子，但其子已死亡，他就在失事的片刻因心臟病發作而亡。我們不能欺騙天主，不能逃脫命運的安排，我們必須認真過活，因為時候的到來不是我們所能掌握的。」

「喝一杯吧！」

我們沉默了許久。

祖拉伯先生竟然是名藝術家。

我們還未敬宴席出席者，這一段時間持續最久，不能忽

略了任何人,每個人都值得被關注。幾乎所有人都於此時發言,照理就該為表親、鄰居或朋友說上幾句。

出乎預料地,這一類敬酒提供了發揮的空間。有時,這一類讓領受人垂下目光並臉紅的頌詞卻是經過包裝的嘲諷、謹慎的嘲弄。喬治亞語本身具有的半音調和複雜隱喻的特性,讓發言者得以發揮,宴席成了社交氣壓表和公共輿論的民意調查,可用於判斷個人的行情。

這還是上世紀七○年代的事,小城中的地方黨委書記戈吉辦慶生。主持宴會的塔馬達開口說:

「為我們的友人喝一杯。他是我們大家所認識、愛護和尊重之人。我們敬重他不只因為他是黨書記,我們自己也都擔負重要職能;也不只因為他擁有別墅、鄉間別墅和在巴統的渡假別墅,我們自己也並非露宿橋下;也不只因為他有侄子為他引進的賓士車,我們自己也並非徒步而行;最後也不只因為她有位非凡的夫人,在此向馬娜娜女士問候,願您長命百歲;也不只因為他有情婦,我們大家也非獨自度過漫漫長夜。我們尊敬戈吉先生,因為他是真正的共產黨!」

聽來像童話,卻是真實的。

經驗豐富的宴會與會者有過千百場的宴席、敬酒和千百升的葡萄酒。祝酒詞總有重覆的時候,菜餚的數量雖然讓人驚艷,卻也不是沒完沒了,葡萄酒的品質有好壞之分。這一切難道不無聊嗎?

難道生活本身和友人可以讓人產生厭倦?喬治亞人大概會以問題作為回答。

聖格列高利・培拉澤曾描述鄉下教師向牧羊人銷售香菸

的情景：

「你會玩得開心。抽菸可以消磨時間。」

「屋裡一點也不無聊，」牧羊人回道，「我們彈琴歌唱，長者經常為我們說各種故事。」

「這些故事千篇一律，」該教師不耐煩的插嘴說，「你們難道不覺得夠了？」

「怎麼會。我們樂於一再聽這些故事。」

我不自覺地想起禮儀進行中的話語，雖然它們也在每星期日，甚至每日都重複，卻總是讓人讚歎，新鮮又充滿全新、未加以探索的內容，對虔敬的心靈而言是神聖的詩篇。

「有人說喬治亞宴席，也就是 supra，完全是一門學問，」格拉如此對我說。我的朋友堅守崗位，沒什麼好翻譯時，他就為我說些地方上的習俗或卡赫季王子的事蹟。

「宴席讓你學會如何待人處事和如何變得受歡迎，」他接著說，「在這裡你將知道生活中有什麼是重要的。你可以認識喬治亞的鮮活歷史，有誰名垂青史，又有誰是民族典範。你將瞭解權力的機制。」

「看看哈姆雷特，他吸收一切。」今天慶典中的主角始終原地而坐，彷彿不存在似的。「大學時一定沒縱情歡宴，之前卻又年紀太輕，現在得迎頭趕上。年長者也受教，這門學問有許多層次，就連我們的塔馬達，雖然已是鬢髮灰白的退休之人，還是樂於學習。因為高手活到老學到老。」

最後終於輪到我們敬塔馬達。這輪敬酒總是壓軸，我們一致決定起立敬酒並一乾而盡。

正如瓦赫唐・基卡畢澤所唱，當我們的宴席和生活由無

能的塔馬達主導時，那才真的是貧窮。

盛宴持續了六小時，不太長也不太短。

金羊毛

1.

　　夜幕降臨，我們不敢再前進了，再說也無計可施，偶遇的司機讓我們在祖格迪迪的郊區下車，等他開走後才發現連路都看不到。我們存著一線希望能在這個城市中被收留，如果可在這片黑暗中遇到可搭話的活人的話。首要之務是先到達該城，還得留意別在這戰車碾過的坑洞柏油路上摔斷腿，別掉入路旁灌木叢裡，也別走失於馬鈴薯田中。

　　當時是 1995 年的深秋。喬治亞經歷一連串的戰爭後休養生息，其中包括第比利斯的內戰、南奧塞提亞和阿布哈茲分裂戰爭和後來在薩梅格列羅發生的內戰，這全是由被罷免、流亡車臣一年半後返國的前總統加姆薩胡爾季阿和其繼任的謝瓦納茲所挑起。

　　薩梅格列羅成了一片廢墟，它毀於由此過境往阿布哈茲的田吉茲・基多瓦尼部屬、繼之的謝瓦納茲的衛兵、加姆薩胡爾季阿的狩獵人和後來約瑟里安尼的騎手、莫黑迪里翁尼組織等愛好戰利品和單純軍人享受的業餘者手中。

　　戰況最激烈的塞納基，主要街道兩旁的樓房都成廢墟，在逃過劫難的一樓間，有人擺起小攤子，賣的是香菸、口香糖和啤酒。廣場成了屠宰場，羊肉在舊的鞍韉架上處理，其瘦弱的肢體就取代座椅，掛在鞍韉上晃蕩著。薩姆特雷迪亞公車站的大廳中玻璃窗全無，屋頂也只剩半邊，窗戶釘上膠合板，售票員裹著毯子，在燭光照耀下賣票，那裡就連白天也是一片昏

暗。祖格迪迪為難民所據,他們充斥於學校、醫院、宿舍、辦公室和旅館。黑衣婦女穿著別有亡子照片的標記(阿布哈茲的婦女的穿戴一樣)。

經濟停頓,全國的情況一樣糟,但在薩梅格列羅幾乎一切停擺,甚至沒有加油站,必須在路旁小販處以油罐加油。到處是工廠的框架,究竟是未完成的建設還是爆炸後的廢墟?或者是遭人劫掠作為廢鐵和磚石使用後的殘餘?部份後來被移除,還有一部份在日久後與背景融成一體,水泥柱和鋼條上長滿苔蘚和雜草。

這種衰落景象與薩梅格列羅村形成對比,它始終富裕或至少讓人有富裕和豐盛的印象。這裡的房子都十分巨大,應該是喬治亞中最大者,有著寬闊的露台,常帶天井,其規模足以容下數輛車。其宅院佔地甚至可達 5 公頃並由十來棟建築組成,包括:夏季廚房、儲藏室、獨立的雞舍、豬圈、馬廄、羊欄等。墓園也同樣地開闊延展,有時同一座村中就有好幾座。家族的墓室看起來像陵墓,清一色黑色大理石,連長椅也是同樣材質,可在此坐下休息並敬逝者一杯,也常見為死者所立雕像,以一比一的比例雕刻全身。

水果是這片土地的財富。當地人回憶起,蘇聯時期以一期無花果或柳橙採收的收入可以購買伏爾加車。

我們害怕會落入莫黑德里翁尼非法軍事組織的手中,其殘存分子聽說就在附近潛行。一般的強盜也不少,他們可以為了一架照相機、一件外套、一雙鞋子甚或為幾塊美金而殺人。村民也可射殺我們,畢竟我們是陌生人,沒有人知道我們有什麼意圖,此地每人都有槍。

我們必須當機立斷。

我們二人同時發現燈光，便一起朝此方向走去，那是座公路警察站，蘇聯解體後國家稱之為蓋伊（GAI），就位於鐵皮倉庫內。公路警察處被認為是賄賂和詐騙的聚集地，但我們已無計可施了。

透過油膩的窗戶可看見辦公桌和打盹中的警察，其後坐著另外兩名，桌上點著蠟燭，就是它吸引我們過來的。我們敲了敲門，警察們抓著槍跳起來。

「晚安！我們是來自波蘭的記者，我們在找地方過夜。」

這話聽來有點蠢，但我們也想不出要講什麼。

「怎……怎麼了？」那名瞌睡中被吵醒的警察在稍長時間後如此回應。

「這是我們的護照，我們是為選舉而來，要往第比利斯去，我們想找地方過夜，天已晚了。我們是訪客，請協助我們。」我解釋道。

「過來吧！」提到訪客似乎產生了預期的效果，「我們談談。」

室內有幾把椅子和傾斜的櫃子，我們才望一眼，該名警察已從中拿出番茄、麵包和乳酪，說道：「你們一定都餓了，我叫魯斯萬，這位是日伊利，另外這位是局長貝占。」

我們像老友般地彼此擁抱。

「波蘭人嗎？」魯斯萬再確認一次。「我們是薩梅格列羅人，也就是喬治亞人。實際上，我和日伊利是薩梅格列羅人，而貝占是喬治亞人，但住在這，所以也等於是自己

人。」

　　大多數研究者認為薩梅格列羅人是喬治亞民族的一部份，然而他們擁有強烈的獨立感並且說自己的語言（對近似的喬治亞語，他們都能說得流利）。薩梅格列羅的知識分子曾於三〇年代去信史達林，要求自治。他們肯定是指望其同胞拉夫連季・貝利亞的支持，但信件的作者受到鎮壓，而不久後薩梅格列羅的學校也遭關閉。

　　薩梅格列羅人康士坦丁・加姆薩胡爾季阿成了喬治亞古典文學家，其子茲維亞德成了總統，後來則被流放。當他試圖奪回政權時，全薩梅格列羅都強力支持他，但任誰也沒想過要脫離喬治亞。

　　我的頭內嗡嗡作響，天氣熱到骨子裡去了。警察們請我們喝恰恰酒，我們以馬口鐵杯盛酒喝。

　　「你們就留下吧！」局長下了決定並以手指向另一間有兩張鐵床的室內。

　　「那你們呢？」

　　「我們有公務在身。」

　　恰恰酒平滑入口，仔細蒸餾過，是本地薩梅格列羅的酒，主人們陶醉般地讚美著。薩梅格列羅的一切都是純淨天然的，這是一塊福地，在田裡放根木棍，一星期後就生根，一個月後開花，年後就結果了。

　　他們高興能有份養家活口的工作，他們定期得到剛流通的 50 拉里幣，也就是 40 美金，在當時的喬治亞是很高的金額，此外一定也無所顧忌地收取紅包（教師的薪水為 5 拉里，可購買十幾條麵包），但他們並不快樂。

「真不知道會這麼樣，還會有下一場戰爭嗎？」魯斯萬思慮著，他是警員中最健談者，「真不知道要相信誰，又有誰在欺騙我們。或許你知道？或許你們的長輩知道？對了，波蘭的長者如何看待喬治亞？」

好幾個月前我在格羅茲尼也聽過類似的問題：「波蘭的長者如何看待車臣。」長者是最後的救命浮木了，他們記得沙皇時期的情景，也記得那些記得高加索戰爭爆發的人，而那些人又記得⋯⋯高加索的長者必須能做出所有回答，但時代變化快速，比以往更加快速，很難掌握一切。問問波蘭長者意見應該無傷大雅？

早晨我和亞策克驅車前往第比利斯。

在那場選舉中有 54 個黨派和陣營參選，其中有的政黨，由名稱就可知其政見，如：共產黨、社會民主黨、自由黨和基督教自由民主黨等（也有混合政黨，像自由─保守黨此類），同時也出現了代表單一團體或人士利益的組織，如：婦女、阿富汗戰爭的退役軍人、知識分子或工會組織等。

最多的是追溯過去和傳統的陣營，名稱也暗示其候選人自認為是民族神聖性的捍衛者，如：「喬治亞之心」運動、家庭復興、全喬治亞遺產黨、「祖國、語言、信仰」政治運動、喬治亞傳統派聯盟、伊里亞・查夫查瓦澤協會、天主子女聯盟、祖國的盔甲等。這些名稱讓人覺得好笑又感動，它們比社會研究結果要透出更多有關喬治亞人的訊息。

有二個保守黨和一個君主主義黨參選。

總算有來自一個地區和地域的陣營，雖然它們總是被形容為「喬治亞」或「全喬治亞」。「阿布哈茲，我的家鄉」組

織由來自阿布哈茲的喬治亞人代表，他們是戰後不得不離開的難民，通常他們在阿布哈茲住了二、三代，頂多四代，但他們已認同那塊土地，在當地生根，他們一般講俄語或薩梅格列羅語，緩慢地適應了新環境。喬治亞人在自己的山谷間悠遊自在，無法忍受移民，恰好與能夠四海為家的亞美尼亞人相反。

喬治亞政治組織「雷米」捍衛高山區的斯瓦內提亞之利益（其名在斯萬語中意為獅子），喬治亞高山居民協會與之競爭。

全喬治亞復興聯盟取得極大的影響力，後來被稱為民主復興聯盟，此為阿扎爾自治共和國領袖阿斯萬・阿巴什澤的政黨。其所在地位於巴統，黨內大會就在此召開（阿巴什澤害怕去第比利斯），在接下來的幾屆議會中，復興聯盟造就了強大的派系。

薩梅格列羅也有自己的政黨，但薩梅格列羅民族黨未參選，稍候成立了「維爾克」黨（為古亞美尼亞語的喬治亞之意），凝聚喬治亞的亞美尼亞人、基督宗教聯盟、穆斯林民主聯盟，其主旨在關照喬治亞的亞賽拜然人。

我將通訊傳至國內，然後就繼續向東前行。

卡赫季發出和平的氣息，村莊不如薩梅格列羅一般巨大，但極有自己的特色，人口更多、更開朗、丘陵景觀更緊湊。道路沿著河流兩岸建築蜿蜒而去，公雞啼而鵝群和斑點豬隻則沿著宅院奔跑，路邊的井讓人想起小聖堂。

自此，每當我憶起喬治亞時，眼前總有卡赫季浮現。

新酒季節開始了，每家農場皆可便宜買到以可口可樂塑

膠瓶裝的葡萄酒，四處皆可買到可埋入土中的陶製罐、碗、尖細的雙耳罐等器皿（我所見過的最大器皿在阿拉偉爾迪大教堂的庭院中，絕對有數百年的歷史，可容納數百公升的葡萄酒）。

卡赫季的葡萄酒自有品牌，卡爾特里、伊梅列季亞、薩梅格列羅，甚至是山區的拉查都出產優良的品種，但最珍貴的要屬阿拉桑尼河及尤里河流域、貢伯爾斯基山脊、泰拉維和古爾扎尼一帶。

早在十九世紀就有不肖商人打著卡赫季旗幟，販賣酒味稀薄的各種酒類。在奧達・伊奧塞里尼安的電影《落葉》中（在波蘭以《酸葡萄》之名放映），描述年輕的工程師在管理階層施壓下，同意加速葡萄酒的生產過程。新一批酒與之前的無明顯差異，但在行家眼中卻是對酒的褻瀆，該工程師辦了宴席並請求與會者告誡自己的孩子、孫子、曾孫等後輩及鄰人、同事、友人等，千萬別喝某某時期生產的葡萄酒。

我們來到拉戈代希，除了造訪二、三處地點外，沒有其他計劃。我們在廣場中閒晃，直到有人搭訕：「你們從哪裡來？」一般都是這麼開始的，先是純粹的好奇和幾個無傷大雅的問題。這名偶遇的陌生人帶我們去見他在市政廳上班的朋友，那位朋友則通知了其他同事，這夥人認為有必要招待來自波蘭的記者。

我們因此去了戶外，林間空地中有桌、椅和獨立的可放置烤肉用鐵架的地點，有人拿了肉、麵包、乳酪和蔬菜來，有人帶了三公升裝的葡萄酒。

雖是 11 月份，氣候仍然溫和，適於坐在戶外，而在薩梅

格列羅則連在室內都感覺得到寒氣的滲入。此地，拉戈代希和薩梅格列羅都讓人感覺如此遙遠，像是在其他的星球。就卡赫季而言，阿布哈茲的戰爭與南斯拉夫的戰爭沒有什麼不同，同是遙不可及之事，也同樣讓人摸不著頭緒，問題不在於缺乏愛國心，卡赫季人是良善的喬治亞人，他們因喬治亞對阿布哈茲和南奧塞提亞失去控制而痛心，但加里寧格勒（此處譯名參考維基百科）的俄羅斯人是否也對車臣之戰感同身受？俄羅斯比起喬治亞大了不知多少倍，但喬治亞的多樣性毫不遜色。卡赫季和阿布哈茲間還有許多地域，但從未見過卡赫季人在薩梅格列羅或斯瓦內提亞有家人者。當然，當兒子或兄弟死於戰場時，情況將會有所變化，但卡赫季的慈父將盡一切力量讓孩子在離家不遠處服役。

主人們盡地主之誼，我們完全沒有自己行動的時候，此次未能找著路德維克·莫可謝維奇的墓地和他居家之處。（此人為博物學者、高加索植物研究學者，半世紀在卡赫季度過，於 1909 年過世，當地人以林務員稱他，因他發給他們樹苗、提供諮詢並致力於植物病蟲害防治），我們甚至沒參觀東正教教堂，四處都有人開車接送我們。

喬治亞人視客人如孩子，對此必須習慣並歡喜。

我們從拉戈代希前往亞賽拜然，此地也舉行選舉，我必須報導。

2.

我詢問有關古老木造東正教教堂的資訊，在巴統車站卻無人幫得上忙。它就位在阿扎爾山間深處，但我不知確切地

點，也不知如何抵達。

　　先前我曾詢問過旅遊訊息處和市政廳，附近的人有些根本沒聽過，有人說是在高處，連吉普車都到不了的地方；其他人說，那是過去，現在已經沒了；更有別人說早就關閉了。

　　2002 年由第比利斯大學出版的喬治亞古蹟地圖上未標示東正教教堂所在。

　　在網路上搜尋也無多大助益。

　　在巴統有許多有意思的去處，像：黑海岩岸、通往公園的濱海木板道、植物園（擁有大量瀕臨絕種的植物——1900 年博物學家愛德華・斯壯夫（Edward Strumpf）曾如此記載），四周茶園開展，像菲律賓婦女口中傳唱的景象一樣（市長以立頓紅茶招待，他解釋道：當地的茶工廠還未倒閉）。鄰近的戈尼爾保留了一世紀時的羅馬要塞廢墟，而城內則保留了帶有高長光塔的十九世紀之土耳其清真寺，但我的目標是山間的清真寺，我執意一定要找到。（譯註——雖然第一段作者詢問木造東正教堂的資訊，但此處作者找尋的是清真寺。）

　　我知道它們確實存在，我看過照片，只是不記得地名罷了。

　　車站前每隔幾分鐘就有蘇式小巴開過，我感覺其中一輛定能將我載至目的地或者附近之處。

　　福特 transit 車主梅拉伯向我提出交易，讓我跟他去胡羅（Chulo），那裡也有清真寺，雖然是新建的，但可找到博學的穆拉。如果有任何消息，他就取消回程並將我載往要去之處，只不過我得負擔所有費用，如果一無所獲，我就跟他回巴統。這個交易很公平。

　　我們沿著由西往東，穿過阿扎爾的道路開去，地圖上顯示此路通往阿哈爾齊赫，但還沒人敢嘗試開如此遠的距離，幾公里後就無柏油路，路面一片坑洞，胡羅過後就需要四輪驅動的設備了，駕駛們寧可沿庫塔伊西和博爾若米多繞 200 公里的路。

　　我們的路線沿車洛赫河及其支流阿扎里斯卡利河前進，路旁為數可觀的十字架和小聖堂映入眼簾，看起來像武力的炫耀。

　　1921 年於卡爾斯簽訂的蘇聯－土耳其條約中，保證了阿扎爾的自治地位，此為蘇聯從這些土地上撤退的條件之一（第二項條件為巴統港的使用權）。條約中強調自治權在保護當地人的文化和宗教權，所指的是穆斯林。

　　阿扎爾為蘇聯唯一因宗教而非國籍的原因所組成的自治共和國，阿扎爾穆斯林大部份為喬治亞人。

　　這些地區原先屬於喬治亞，後來有三百年的時間屬於鄂圖曼帝國，於 1878 年為俄羅斯所征服。1918-1920 年間被英國人佔領，後來再度被土耳其佔領。被土耳其佔領期間，阿扎爾的喬治亞人保留了語言和民族意識，但卻失去了原先的信仰，他們開始使用土耳其名稱——古爾吉。

　　蘇聯期間古爾吉－阿扎爾人努力證明他們是跟卡赫季人和伊梅列季亞人一樣的喬治亞人。困擾他們的是其自治地位，因為無論是卡赫季、伊梅列季亞，甚至薩梅格列羅都不是獨立的共和國。第比利斯不信任穆斯林，儘管清真寺很快就空無人聲，且大部份的古爾吉都變成無神論，然而黨書記為外派，少有人能成功地在首都闖下一番事業。

經濟改革時期和喬治亞取得獨立後，阿扎爾人經常被稱為「韃靼人」。這是一個歷史名稱，可解釋為「異教徒」之意，真正的喬治亞人必須是東正教徒。

想要繼續成為穆斯林的阿扎爾人，應放棄來自紹塔・魯斯塔偉利、大衛・古拉米什偉利、薩巴・歐爾貝利安尼的文化遺產，此時第比利斯國立大學民族學主任瓦赫唐・沙米拉澤教授向我解釋道，他們應當反對基督宗教教堂，和那些世界級的獨特古蹟，作為穆斯林就無權承繼這一切。

1989 年 4 月 19 日發生的土石流對不信者是種標誌，卡布蘭村徹底被摧毀，唯一倖存的建築是東正教教堂。

部份基於改變的浪潮，部份來自土耳其穆斯林的影響，阿扎爾的伊斯蘭開始復興。認為自己與其他喬治亞人有別者，認同伊斯蘭行為和維持自治權，而那些認為毫無差別者，則有意放棄自治權並使阿扎爾基督化。

屬最開明的科學家、作家和藝術家紛紛前往第比利斯，他們一般代表後者成員，也就是像沙米拉澤教授一般來自阿哈爾舍尼村，他們的位置由來自中央區的企業家所取代。這些企業家於玫瑰革命後大量湧入，當中許多人認為「韃靼」為野蠻人並一再重申要將文明引入（此無可避免地強化了前者成員的立場）。

十字架和小聖堂就是這些企業家的傑作，對當地穆斯林而言，實在刺眼。

在胡羅時，我先探訪東正教教堂。一位富態的婆婆驕傲地帶領我參觀他的農場。

「知道嗎？喬治亞的基督教就是自此發跡的？」

「不是自姆茨赫塔，自聖尼諾開始？」

「那已是三百年後了，使徒聖安德勒於西元 38 年在此傳教，該處現為迪達扎拉村。」

這點我不知道。我聽說該使徒活動的地點在稍遠處，本應在博爾若米附近的阿茨庫里設立主教區，但是否真的如此？事實真相有那麼重要嗎？在高加索，真相是具彈性、可延伸的概念，比真相還真實的是傳說。只有我們歐洲人欺騙自己，認為可以瞭解真相，並像物體一般可以觸摸真相。此地的真實是個別化、私自又隱秘的。

東正教教堂還未完成，因鷹架而膨脹的教堂大概可以容下全胡羅。

「政府協助嗎？」

「怎麼不？薩卡什維利是名好基督徒，私人也有協助，人們開始皈依信仰。」

清真寺距教堂僅一步之遙，該建築建於二十世紀初，但自第二次世界大戰以來就作為倉庫用。近年來，當地人開始加以整修，換了窗戶並鋪上屋頂，牆壁和天花板則以阿扎爾式處理，鋪上木板，沒有其他人協助。附近還有座數百年歷史的老舊清真寺廢墟。

自十七世紀以來，伊斯蘭在胡羅一枝獨秀，目前的穆斯林和基督徒各半。

這座清真寺的穆拉名叫阿斯蘭，在伊斯蘭學校時取名為易普拉欣，他於伊斯坦堡接受教育，後來在亞賽拜然的穆斯林喬治亞人處服務，最後回到了故鄉，他也有屬於自己的真相。

「阿扎爾未被土耳其人征服，」他強調，「而是自願加入。」

根據阿斯蘭－易普拉欣的看法，一切過錯在於喬治亞統治者的貪婪，他們無情地對人民掠奪，致使他們逃向他處。土耳其人的稅賦制度簡單且公平，像你有百隻羊就交出一隻，一千隻羊就交十隻，無人指望從你那兒拿走更多。

「今日喬治亞統治者又再度壓迫我們。」他說道。泰拉維由卡赫季人統治，祖格迪迪由薩梅格列羅人統治，而波季則由古利亞人統治，巴統由第比利斯人統治。我們阿扎爾人屬少數民族，薩卡什維利奪走自治權，徒留空名。

唯一關心我們的，只有阿巴什澤，穆拉繼續說。城裡的公寓曾經只要價 3,500 美金。每個人都買得起，因為有工作。現在失業率高，公寓價格卻躍升至 15,000 美元。阿巴什澤在流放中游離。

推翻阿斯萬・阿巴什澤為玫瑰革命的最後和弦。13 年來他對阿扎爾實施獨裁統治，他無法容忍反對，敵人則被他打入地牢，強迫離開或者加以清算，在統治初期還親手殺害了自己的副手。他以哨兵警戒線將共和國包圍，不容許喬治亞軍隊和警察進入。但他並未宣布脫離，他的經費來自與土耳其交界的海關處和巴統港，收取由共和國至非自治喬治亞的通行費。

阿扎爾的生活條件要比國內其他各地來得好，最重要的是比較安全。數個武裝編隊對人民也對彼此間進行間諜活動。然而街道槍擊、搶劫和暗殺卻是不可能的事。

當時在巴統附近駐軍的俄羅斯軍隊受阿扎爾土生土長的阿巴什澤之支持，失去統治權後，該獨裁者逃至莫斯科。

　　穆拉知道有關木造清真寺之事，我參觀了二座，其中一座位於胡羅附近的帕克薩澤比，外觀看來像增建了內室的一般住宅，光塔以波紋板覆蓋，起初我還以為是筒倉。清真寺的內部看來像沃維奇民宅，欄杆、門、敏拜樓（宣教台）等皆塗以令人愉悅的線條，在這些曲折線條間，我發現了一串葡萄，在這名藝術家身上，喬治亞戰勝了正統的穆斯林……。

　　第二座清真寺位於阿赫，距離主幹道僅數公里之遙。整座建築以鐵板覆蓋，結果顯示具有防雨和防雪的作用，內部為民俗木雕的傑作。是喬治亞對伊斯蘭建築的原創貢獻。

　　該二座清真寺皆於最近為當地居民整修。當局並未插手協助。或者他們根本就不知道其存在。

3.

　　古利亞州就位於阿扎爾和薩梅格列羅間，里奧尼河流經古利亞和薩梅格列羅邊界，古希臘人稱發西斯河。傑森和阿爾戈號船員到此地尋找金羊毛，也就是古科爾基斯，歐洲的遙遠盡頭。

　　愛德華・斯川夫寫道：「除了茂盛的植物和動物，該國還蘊藏豐富的礦物，其中包括金子，其微小顆粒懸浮於湧向大海的渾濁里翁河上。為了截取黃金，當地人以延展開來的羊皮過濾里翁河水，質量較輕的物質隨水穿透，而較重的黃金則被攔截成堆，形成真正的金羊毛。因此不只是可理解的比喻。」

　　1867年時，在萬尼附近（我們始終在科爾斯基低地，但已離開古利亞並來到伊梅列季亞），雨水沖刷走地面上的黃金，艾克夫提姆・塔卡伊什維利開始在此地挖掘，此人為喬治

亞首批考古學家之一，他發現了科爾基斯首都可能的殘存遺址。

隨後的考古學家，如尼柯洛斯・貝爾曾尼什維利及歐塔爾・羅爾德基潘尼則於接下來的 10 年內挖掘出黃金寶藏，如：首飾、器皿和日常用品等。可於第比利斯的科爾基斯「金羊毛的國度」展中參觀展品。

在挖掘現場旁的地方博物館也開放參觀，我見過錐狀的葡萄酒杯，其歷史可回溯至紀元前八或七世紀，現今還生產此形狀的器皿，無法將之平放，會倒。倒滿時，必須一飲而盡。

科爾基斯平原於庫塔伊西城郊結束，該城為伊梅列季亞首都及喬治亞第二大城（平原僅佔全國面積 13%，其他為山區和山麓），城市數公里外有座格拉提修道院，為喬治亞的建築傑作之一，我在那兒認識了以葡萄酒治病的安布羅斯修士。

對胃部不適最好使用乾紅葡萄酒。

以礦泉水稀釋的白乾葡萄酒則對動脈硬化具效用。

嘔吐時當飲用冰凍的氣泡葡萄酒。

熱葡萄酒則對流感有助益（熱紅酒中最好加入蜂蜜）。

澤斯塔波尼再過去，有我所喜愛的小館，其烤肉串美味無比，恰查普里（烤奶酪餅）也別有風味。當我必須前往澤斯塔波尼時，我往往因為食物和能見到主人而感到欣喜。他是個強壯的小伙子，平常就坐在櫃檯後，負責點菜和上菜（其背後是通向廚房的小窗口）。他就像對老朋友一樣招呼客人，與他們交談並從所在處對著全屋大喊：

「嘿！朋友，再來點葡萄酒吧！你的烤肉串正抱怨著太乾了！」

「看，兄弟！你桌上的空盤看起來真不像樣，我們馬上將它填滿，可以吧？」

「什麼？就這樣要走了？你們不是還得吃掉烤乳豬……。」

我不知道他叫什麼，從來也沒問過。

我一見到他，就想起卡齊米日・瓦普欽斯基於十九世紀六〇年代筆下所描繪的客棧主人模樣：「然而客棧最大的裝飾即是店主本身，體型良好的喬治亞人，他必須天性爽朗、有趣，否則就做不了生意。」

往博爾若米和阿哈爾齊赫的道路於哈舒里分道揚鏢，道路沿梅特克瓦里河（庫拉河）而去，其地勢高的右岸沿線點綴著中世紀的城堡，在這段短短的路線中就有數座之多。

全為塔瑪爾女皇所建。

米豪・安哲伊科維奇–布托夫特即指出，喬治亞民族將所有的要塞、堡壘全歸該女王所為。

在博爾若米有以史達林命名之橋樑和街道，可由以喬治亞語和俄語註明的老舊告示牌得知。基於西方遊客開始造訪之故，近來也出現以英語標示的告示牌：「Stalin street, Stalin bridge」。

帶領我參觀烏爾班尼西聖史蒂芬大教堂的索菲亞修女遇上麻煩事，她的女兒嫁了個法國天主教徒（該修女先有了女兒後才入修道院）。她說她的女婿非常和善，肯定是名好人，但就可惜是法國人，還是名天主教徒。

我告訴她，我也是天主教徒。她搖了搖手，笑了。她帶我參觀大教堂並詳細解說，並説她對天主教徒沒有偏見，但女兒也沒必要就嫁給他們吧？

離去時她給了我畫卡和蘋果，並請我為她、她女兒和那名法國人祈禱。

這是卡爾特里，喬治亞的心臟。山丘上立著的，正是東正教教堂。山腳下男人們將兩頭牛架上軛，準備犁田，土質差，黏土性質。

經過哥里、史達林的故鄉，而後差不多就抵第比利斯了，姆茨赫塔也在路途中。先看到六世紀茲瓦利修道院，而後於斯維提赫維利城中可見該國最重要的聖堂，建於喬治亞接受洗禮處。

史達林肯定多次經過斯維提赫維利，我思索著：他曾造訪過嗎？曾駐足過嗎？關於此，無任何訊息可言，或許曾進入，或者掉頭而去。維克多·蘇沃洛夫曾於其書《水族館》中寫道：

蘇聯大使館中存在著一種第三風格，雜草叢生的園中立著粗曠、雄偉的東正教教堂之鐘樓，帶著金十字架的五座圓頂，其上還有座圓頂，同樣有著十字架，為何此聖堂未被破壞，不得而知，就這麼傲然而獨立地立著，其金十字架高於紅旗之上。我經過教堂並往腳下望去。我覺得，如果我抬望眼，就無法忍住不屈膝而跪，臣服於這片神秘而誘人的美景中，並就此天長地久。

　　德馬尼西在卡爾特里盡頭，正確地說，是：科威莫
（下）卡爾特里，這是邊境、過渡地區。往南數公里就進入亞
美尼亞，往東數十公里為亞賽拜然。附近為屬亞美尼亞和亞賽
拜然的村莊。此地優美，幾乎與卡赫季沒兩樣，豐富多彩的農
田、樹木繁茂的山丘。喬治亞重要的市鎮之一就自其中一座山
丘後延展開來。第二次世界大戰前，考古學者就已開始在此展
開作業，迄今尚未結束。這裡曾經是興盛的大城，擁有自己鑄
造的貨幣。

　　大衛・羅爾德基潘尼澤曾於 1991 年在附近掘出 180 萬年
前的人骨（後來又發現另外三具）。此一發現徹底改變了我們
對猿人的理解，此前認為直立人自非洲遷移的時間要晚得
多。

　　2000 年 10 月在學術界被稱為喬治亞人的「德馬尼西人」
於第比利斯以「最早的歐洲人」之名展出。

　　但最早的歐洲人能來自喬治亞嗎？

4.

　　我們去那兒參加「Giorgoba」──聖喬治的慶日，這是重
要的一天，騎在馬上、帶著刺龍的長矛為聖喬治最常見的形
象，他是喬治亞的守護神。該國的歐洲名稱就出自此聖人，
如：Georgia、Geórgia、Géorgie、Georgien（波蘭語中借用俄語
的 Gruzija）。

　　東方語為古爾吉斯坦。

　　喬治亞語中的喬治亞意為薩卡爾維羅–卡爾維羅、卡爾特
里人之國。

「Giorgoba」每年慶祝兩次，較重要的是 5 月 6 日的慶典（依儒略曆為 4 月 23 日）。而 11 月 23 日（也就是 11 月 10 日）為「小聖喬治節」。

這一天從禮儀進行開始，之後為教堂節慶，縱情吃喝。

「在這一天，他們以狂飲的方式向天主禮敬。」揚・塔德烏什・克魯辛斯基神父不悅地寫道。

我們被安排坐在神父住處院落所擺設的長桌中間（其實是由幾張桌子併在一起，以桌布連接）。我們左手邊坐著當地的合唱團，而右手邊為鄰縣的合唱團，他們無伴奏合唱，相互輪流且誠摯地演唱著，以讓坐在主位的主教留下好印象。

他們唱著，讓人百聽不厭。

在演唱曲目間，合唱團員們邊吃邊致祝酒詞、喝著葡萄酒，像大家一樣。

為我們的守護天使喝一杯，但願他們保護我們，為聖喬治喝一杯，但願他永遠為我們除龍害。

波德貝的東正教教堂內埋葬著將喬治亞基督化的聖尼諾，全國各地的喬治亞人皆至她的墓前朝聖，眾人點燃燭火、祈禱，然後下去隱士所居住之深谷中。必須完全將頭沒入水中，這樣的體驗據說可以治病，為了更確定些，朝聖者將布塊纏在隱士屋前的樹上，其數量之多，從遠處望去彷彿為白雪覆蓋。

在同一座教堂中有約安之墓（俗世名為：喬治・馬卡什維利），波德貝之主教，於 1837 年 9 月 24 日於主內安息，享壽 94 歲。碑文寫著（俄語）：「可敬的波德貝都主教及卡赫季馬卡耶夫修斯親王後裔的遺體在此長眠，此人為著名的神師

和細心的主人，不僅修建了聖堂，下令翻新壁畫並建立新聖幛。」

當我讀到拉丁語名「親王之騎士」時，我感覺到似乎身在歐洲，或許是遙遠、地點特殊的外省，但仍然是歐洲。

5.

如果將喬治亞比喻為義大利，卡赫季可說是托斯卡尼，而斯瓦內提亞則為西西里。

帖木耳‧巴伯魯阿尼生於斯瓦內提亞山區，而成長於第比利斯。他可不是什麼乖孩子，曾因被狠揍一頓，使得外科醫師必須將他的下額以鐵絲固定。自此，他講話時便發出摩擦的咔嗒聲。

年屆三十歲時，他認為自己該當導演，就去報名戲劇學校。曾經演過電影，他認為自己具有天分。

在騰吉斯‧阿布拉澤的指導下取得學位。他的影片於火車中拍攝，他在意寫實主義。當時是七○年代，取得許可往往得數月的功夫，但當時他已結識一些重要人物。拍攝期間，第比利斯往莫斯科的快速火車駛往約定的鐵路支線，拍攝人員上車，工作完畢後下車。火車在延誤二、三個鐘頭後繼續行程。當時在喬治亞，靠著錢和關係，什麼都辦得到。

在連續幾部未引起轟動的影片後，他拍攝了《不眠的太陽》，該部影片獲得柏林影展之銀熊獎。現在成了大導演，任誰都想與他交好。斯瓦內提亞人尤其興奮，他們紛紛來到第比利斯，而他也幫助人們找工作，讓年輕人入大學、做生意等。

有回來了個住在高壓電線下方的山地居民，說是因電力影響他得了癌症，而乳牛也停止生產牛乳。政府機關漠視他的訴求，因此他對著電線開槍，但一點作用也沒，損毀迅速被修復，而他則被恐嚇要提起告訴。巴伯魯阿尼幫他取得撫卹金，現在這名山地人只有在給付延遲時才鳴槍示威。

　　導演的先祖們為最後幾任的喬治亞國王服務，成為他們的護衛，他們穿著特殊的布卡長袍，帶著軟性墊肩，在舉行冗長的宗教慶典時，可供疲憊的君王將頭部靠著休息。

　　在巴伯魯阿尼的工作室中掛著一幅其曾祖父年輕時和其他族人所拍攝的照片，每位皆高大、魁梧得像野牛般。巴伯魯阿尼遺傳了他們健壯結實的身材和圓胖的臉頰，如此壯碩的體內竟然隱藏了一顆敏感的心，讓我驚訝不已，他親自為影片寫劇本並作曲。

　　本世紀初巴伯魯阿尼較第比利斯更常待在巴黎，其子就定居於此，也是名導演。

　　我早就想去斯瓦內提亞，但都不湊巧，再說我也有點害怕，沿途盜匪橫行，毫無政府可言，由卡拉什尼科夫統治，喬治亞人自己也活在恐懼中。從那兒回來的人說道，招待的主人隨時盯著他，甚至不允許他獨自一人到對街的店舖去。

　　薩卡什維利總統總算派遣特種部隊前往，逮捕了 25 名讓斯瓦內提亞不得安寧的阿普拉什澤家族成員，總算平靜下來。

　　我認為沒有人會為這些暴徒覺得抱憾，但後來我認識某人，他讓我從別的角度去看待這件事。那人說：「阿普拉什澤只是搶劫，並未謀殺他人。」他也從來未將人洗劫一空，洗劫所獲的金錢經常發放給窮人，或是為全村購買麵粉或麵條。他

們僱用年輕人追蹤外人，並且付他們薪水，驅走盜賊和馬賊。換句話說，他們取代了當時並未盡到責任的政府，後來政府回來了，就再也無阿普拉什澤容身之地。

圖塔爾看著沿著岩石蜿蜒而去的窄徑，在此無法交錯而過。在此交會的兩名仇敵，只有一名可以通過，踏上此路，就意味著戰鬥，無回頭的餘地。

歐提亞‧約瑟里安尼書中主角，斯瓦內提亞青少年圖塔爾是被奴役者中失去自由者，該片的背景為第二次世界大戰時期，他堅毅地走上此路，他是如此接受傳統訓示的。該記住的是，傳統非生於偶然，不該倉促地將之摒棄，甚至是當其未迎合文明喜好時。如果他退縮，將使全族人蒙羞，山地的法律永不失效。

此為喬治亞的最後堡壘。

此地的村落皆設防，每個氏族都有自己的石塔，可於被侵略時提供保護。石屋與之毗鄰，斯瓦內提亞的首都梅斯蒂亞有十來座這樣的石塔，最古老的已有千年歷史。

斯瓦內提亞人可於石塔和族人間獲得支持，家就是堡壘。

當喬治亞遭外來軍隊蹂躪時，此處成了古籍、聖像和黃金的藏匿處，侵略者對斯瓦內提亞莫可奈何，阿拉伯人和蒙古人都無法攻下。直到二十世紀後半葉俄羅斯人才如願以償，之前的統治只是形式上的。

斯瓦內提亞博物館的地址就在馬爾吉安尼赫氏族的宅院內，住房部份為正方形的格局，正中央為壁爐，一側為族長的木雕寶座，塔高 20 公尺，頂上環繞著堞口，入口約在二樓的高度，家人爬梯進入，隨後即收起梯子，現今許多家庭都建了

新屋，老屋即作為倉庫用。

俄國籍的瓦莉莎‧馬爾吉安尼帶我們參觀博物館。梅斯蒂亞的俄國女人當另闢篇幅報導，在當地有這麼幾名，全來自遙遠的地方（瓦莉莎女士來自西伯利亞），皆因對此地的熱愛而來。她們植根於斯瓦內提亞，這是她們的家。很難想像有更大的文化差距了，連喬治亞人都認為斯瓦內提亞人是野蠻人。

「根本不是真的！」道地的聖彼得堡人薩莎‧尼古里安尼女士發出不滿。「這些人都很和善且重視家庭，或許外表嚴肅，但内心卻很和善。」

米哈伊‧赫爾吉安尼博物館的紀念碑被保留了下來。外號石虎、1969 年死於意大利多洛米蒂山的登山家，死時才三十七歲，其友人以自製伏特加和簡單的茶點紀念其忌日。無桌的「桌宴」，在站立中進行，無祝酒──不需言喻了。這是山地的方式、斯瓦内提亞的方式。

據說，當時還叫茨胡恩利安的米沙，名字讓俄國教練們給改了，因為他們實在唸不來，他的成就就是從爬氏族石塔開啓的，他想向父親證明他適合此項運動。

當他登上烏什巴峰，在東北坡上劃出新道路時，斯瓦内提亞人認定他為世界之冠。被稱為女巫的烏什巴峰為附近的最高峰，登山者稱之為高加索的馬特峰。

斯瓦内提亞的石塔像其山峰一樣，細長而陡峭。喬治亞的另一山地省份赫夫蘇雷提亞也有石塔，但較低矮，且赫夫蘇雷提亞山脈規模較小、較圓墩而和緩。赫夫蘇雷提亞人擁有十字記號的裝飾，十九世紀時曾被認真地推測為十字軍的後

代，可能在由聖地前往歐洲的途中定居此地。二十世紀時，他們還穿著鎖子甲行動。我見過赫夫蘇雷提亞代表團至第比利斯的照片，在一群穿著鎖子甲，看來像中古世紀騎士的山地人間，立著一名西裝革履、戴眼鏡的瘦小男子，也就是黨書記。

除了斯瓦內提亞和赫夫蘇雷提亞以外，喬治亞還有許多其他山地區域，如：拉查、勒茨胡米、赫維、姆提烏勒提亞、普沙維提亞、圖舍提亞……等。每個區域都值得單獨出書描述。

陽光明媚的日子裡，從梅斯蒂亞往烏什古里的路上可聽見山的樂音，此為某層岩石在日曬後引起震動，並摩擦鄰層不同結構的岩石，因而發出細微的聲響。烏什古里的高度超過 2,100 公尺，因此可列為歐洲地勢最高的村落之一。問題是，它在歐洲嗎？

6.

喬治亞有數百，甚或數千個山口，蘇拉米山口坐落於哈舒里附近，幾乎就在庫塔伊西至第比利斯的半途中。它並非最高，地理位置也非最優美，但卻具有其特殊意義，它將喬治亞一分為二，也就是西部和東部。

西部為海洋性氣候，局部地區屬亞熱帶，人們身材比較修長、膚色較淺，有些人有藍色的眼珠。

東部為大陸性氣候，人們通常較粗短而黝黑。

許多喬治亞人認為歐洲和亞洲的界線就自蘇拉米經過。

（此中說法也適用於其他幾個山口。英國作家、記者、商人、通曉多語言者和旅行家約翰・巴德利於十九、二十世紀

之交在俄國生活了 40 年，他寫了本《崎嶇的高加索山坡》，其中述及他購買了在歐洲才有效的保險，一旦在亞洲亡故，他的繼承人就連一毛錢也拿不到。如果他在山口失足，向哪一邊掉落可決定他的命運。）

在這個國家裡，每座山谷都住著一些其他人（除了喬治亞部族外，還有其他少數民族），每個山口劃定某種界限，如何使這些山谷凝聚成國家？如何在不失去其豐富卻麻煩的多樣性下，保持統一的局面？這些是每一位喬治亞從政者所必須面對的問題。喬治亞的內部政治由歷史、地理和民族誌定論。

「能在斯瓦內提亞開薩梅格列羅人的玩笑，在薩梅格列羅開卡赫季人玩笑，而在卡赫季開斯瓦內提亞人玩笑，你就了不得了。」我的友人格拉向我解釋道：「薩梅格列羅人絕不將女兒嫁給卡赫季人，這可會是悲劇，但卡赫季人就無此問題。在伊梅列季亞可讓非伊梅列季亞人執政，但碰到山地人就行不通了。諸如此類的情況很多。」

蘇拉米山口由一座城堡守護，現今已成廢墟，但仍讓人印象深刻。傳說，多年來始終未能興建完成，前一天的建設在當夜就被神秘的力量給摧毀，一切辦法皆用盡，卻無所助益，最後只好求助算命師。她說，堡壘要求犧牲，其地基必須以活人砌牆封住！

有名年輕人自告奮勇。

當天夜裡建築未受到破壞，男孩自我犧牲成全了石牆，蘇拉米堡壘得以完成。

尼科·羅爾德基潘尼澤寫道：「產生如此勇於犧牲、活生生被砌入牆中的年輕人之國家，無人能擊敗。」

第比利索巴

第比利斯老城中，猶太會堂、清真寺（什葉派和遜尼派共管）、天主教教堂、格列高利教堂（亞美尼亞）和幾座東正教教堂、喬治亞教堂比鄰而建，其旁為朝拜火的寺廟廢墟。

第比利斯為喬治亞的縮小版。全喬治亞相當多樣化，卡赫季和斯瓦內提亞；基督教和伊斯蘭；西方和東方；歐洲與亞洲就在這數平方公里的範圍內集中，受限於聖山（Mta Cminda）邊坡及南部那利卡拉堡壘和北部庫吉亞和艾利亞區（城市還向外延伸數公里，但新社區如：瓦克或薩布爾塔洛對其特性無影響力，更不用說是瓦爾克提里和迪迪第戈米了）。第比利斯舊城可於二、三小時內繞完，自南部山丘往北部山丘（曼德爾斯塔姆曾描述過「躬背的提弗利司」）或沿由西向東流的梅特克瓦里（庫拉河）走去。

在首都以外的地區，隨意問個路人他是誰，聽到的回答不外是：卡赫季人、斯瓦內提亞人、赫夫蘇雷提亞人、普薩人、古力人或薩梅格列羅人等。一樣的問題在第比利斯所得到的回答則為：「我是喬治亞人。」或直截了當的：「我是第比利斯人。」少數民族代表也同樣以第比利斯人自稱，或說是：亞美尼亞人、亞賽拜然人、庫德族人、猶太人、俄國人、波蘭人等。

第比利斯名稱可譯為「溫泉」或「特皮里」，在喬治亞語中為「溫暖」之意。關於城市的建立有兩則傳說。一說為國王瓦赫唐·戈爾加薩里在此附近打獵時，傷了雉雞，該鳥掉入滾熱的溫泉中被燙熟了。另一說為瓦赫唐拿弓箭射中鹿，該鹿

以具療效的泉水洗傷口後逃走了，國王就將此地立為首都，並將宮廷自姆茨赫塔遷至此處，此事發生於五世紀。

泉水至今源源不絕，中世紀時期就已設立浴池管理，成了該市吸引人的特點之一，旅遊者在提到第比利斯時，勢必提及這些浴池。

十九世紀中葉時，馬太烏什‧葛拉勒夫斯基曾記載：

只要誰想要，往前踏出腳步就能達成願望，帶著東方的儀式，最簡單和平淡的事，但在喬治亞沐浴服務人中卻充滿東方魅力、色彩、錯覺，如詩一般。沐浴者和使用者必須遮蓋住臀部，絕無例外。走廊上傳來樂音，而內部的沐浴服務人員在各自的工作地點哼著曲調並擊掌，迴聲自拱頂回傳。

在第比利斯浴池沐浴，感覺就像於千年大教堂中祈禱或於古老客棧中過夜一般。

當晚，在硫磺浴池的圓形屋頂上，有女聲合唱團進行表演。舞者穿著白色長衫，正面為素面，而背面以雙層波浪狀的藍、白、紅線條裝飾，排列成 X 狀，而線條剪裁處飾有四角星。我認出這是亞述人的國旗。

第比利索巴持續中，這是一年一度的第比利斯盛會。一般，喬治亞人自全國各地湧入，可以欣賞他們的音樂，品嚐各地區菜餚，但那年的節目中只安排了少數民族表演。

後來發現，女孩們是來自尼那維雅的團隊。隊長告訴我，他們不僅跳舞，同時也加入教堂的合唱團。隔天是星期日，因

此我前往教堂，參加加色丁禮彌撒。歌曲具有中東特色，部份為新近創作，但主題卻是古老的，可回溯托馬斯使徒時代。根據傳統說法，他前往美索不達米亞傳教，同行的包括其弟子聖塔德烏什，亞述人稱之為馬爾·阿達伊（Mar Addai）。

彌撒由南高加索色加丁禮教會首長本傑明·貝斯－亞德加爾主持，他來自伊朗的烏爾米耶。他對我說，他到第比利斯感覺就像回國一樣。

亞述人在高加索經常被稱為艾索人，他們住在第比利斯的勒巴爾多區，亞美尼亞人則聚居阿夫拉巴爾區，亞賽拜然人在浴池附近的麥單區，俄羅斯人在從前的沙皇軍營區（所謂的第八軍團），猶太人則在那哈沃夫卡和火車站附近的斯瓦內提亞區。

過去曾有所謂的「特定國籍」專屬行業，例如說看門人或夜間守衛等工作一般由庫德族人擔任。不久前，老城中立了這樣的看門人紀念碑：蓄鬍、穿著寬鬆褲、戴低頂圓帽的好心人，過度操勞的手中握著手杖。

對該城的最古老描述中帶著羊脂、蒜頭和東方市集的味道及駱駝牧人和運水人所發出的吵鬧聲。十九世紀時法國或意大利年輕作者的作品描述中加入了總督處的宴會及歌劇和劇場演出，響起《一千零一夜》童話故事的背景。來自波蘭的旅行者則曾提到「半歐洲、半亞洲的提弗利司」。

此二世界的界限明確。

布爾雪維克的勝利使喬治亞與中東斷絶，數世紀來商隊逶迤的路上現在冒出鐵絲網、地雷區和瞭望塔。那些經營大麻菸館和茶館的波斯人已離去，第比利斯的東方特色縮小、減少

且地下化。

約瑟伯・格里沙什維利於 1925 年寫下〈與老第比利斯的告別〉：

> 他們不再在墳上倒酒，
> 巴格達的多彩圍巾消失了，
> 肥胖的客棧主人不見踪影，
> 也沒了客棧前的肥羊……
> （阿納托爾・斯特恩翻譯）

米奇斯瓦夫・勒佩茨基曾於三〇年代初至第比利斯。他記載：「今日的提弗利司具有歐洲外觀，蘇聯政權將不久前還存在的所有異國痕跡完全去除。但他也說：「但剷平的只是表面上的。」

喬治亞人種學者尼諾・布萊拉什維利在蘇聯解體前已提過：「本世紀三〇年代時，在第比利斯老城的巷弄中，小攤位和作坊比鄰而居，其篷篷幾乎連成一氣。其中一條巷弄甚至被稱為黑暗市集。其旁為棉製品攤……還有一條住著在此工作的『金匠』、珠寶大師的銀街。從著名的硫磺浴池中返回時，我們通常得從這一片混亂和推擠中開出路來。對老第比利斯人來說，去浴池跟沐浴後飽餐一頓魯拉烤肉串一樣，同是重要的儀式。」

月刊《環遊世界》引用作家及第比利斯研究專家亞歷山大・艾巴諾伊澤之文：

以溪邊鵝卵石砌成的城牆和不大的堡壘難以防敵，所以城中人乾脆以隨性和歡樂的生活態度作為對抗，能從死裡復活多次的人，就能相信其不朽。

第比利斯最主要的街道為魯斯塔維勒大道，由米哈伊‧沃龍佐夫於十九世紀中葉擔任高加索的沙皇總督時規劃而成。至本世紀末時，各辦公大樓、劇場、博物館和旅館等蓬勃興起，很快地就讓總督府黯然失色，它依然屹立在沃龍佐夫接見哈吉‧穆拉特時所在地點（蘇聯時期為兒童文化館所在地）。

俄羅斯就在第比利斯魯斯塔維勒大道上統治高加索（1918年前稱為戈沃文斯基大道）。喬治亞也在此開啟自由之示威遊行，人們首度走向街頭，為史達林抗爭。1956 年 3 月 9 日，數日前於莫斯科舉行的第二十屆蘇聯共產黨大會剛結束，會中赫魯雪夫發表了一份關於個人崇拜及其後果的報告。第比利斯一片嘩然：偉大的史達林，他們的索索是罪犯嗎？抗議者認為該報告冒犯了喬治亞民族。有人提出發電文至莫斯科，群眾走向電報站，從機關槍中發出一連串掃射，電報站的建築至今仍保存了彈孔痕跡。

1978 年 4 月 14 日，數以千計的大學生走向大道，抗議喬治亞的蘇聯新憲法，當中缺乏喬治亞語的國家地位。

1989 年 4 月 9 日蘇聯特種部隊使用催淚瓦斯和鐵鍬平定了持續多月的抗議活動，悲劇就發生於議會大廈，現今則在原地豎立起紀念碑。

1991 和 1992 年之際，總統茲維亞德‧加姆薩胡爾季阿的

支持者和反對者在此大道上展開激烈的爭鬥。許多建築被夷為平地，第比利斯大飯店（1901 年弗瓦迪斯瓦夫・埃梅立克在此射殺達格娜・普什畢舍夫斯卡）在十多年後才被重建。

大道也是玫瑰革命發生的舞台，米哈伊爾・薩卡什維利因此取得政權（2003 年 11 月），卻也在此被示威群眾要求下台（2007 年 11 月），群眾也在此集會反對俄國對喬治亞的侵略（2008 年 8 月）。

除了某些歷史轉變的時刻，該街道平時為大城中的繁忙要道，同時也是步行街，漫步其間總是能遇見認識的人。

街道總長 1.5 公里，步行得 15 分鐘，而搭地鐵則需時 2 分鐘。遊客則得花去個把鐘頭的時間，沿路看看古蹟或進入店裡逛等。直到不久前還可至飲泉處「拉吉澤」飲用蘇打水，店員穿著白色圍裙和漿洗過的帽子，販賣碳酸化器供應的飲料。[8]

如果他在某個後院中迷失了，除了數座整修過、做為英文書店或青年俱樂部之院落外，他將能看見混亂參雜的畫廊、增建建築、儲藏室、外部樓梯、某些通道等，也將看見平靜的生活：踢著足球的孩童、在木桶邊對窗站著向鄰居喊話的婦女和專注於跳棋的老人等。有時還可見到網路咖啡廳（絕對是 24 小時營業），通常有幾家位於這些地方。

旅客可停留一會兒，向婦女問個好、為孩童們加油打氣或跟老人家們聊一會兒。如果幸運點，可能會發現他就在謝爾

---

8 魯斯塔維大道24號的熱門去處，很可惜地於2008年關閉了。「肥胖的客棧主人不見踪影，也沒了客棧前肥羊。」

蓋·帕拉贊諾夫居所、葉夫根尼·普里馬科夫成長居所或瓦赫唐·基卡畢澤開始歌唱的住宅後院中。他也可以往回走，幾秒鐘後就面對著房屋正面了。

該大道前數百公尺為舊城的一部份，包含浴池、數種宗教的聖殿和庫德族看門人紀念碑等，但為反向，與西行朝黑海直往歐洲的梅特克瓦里河相反。

方舟

一切都自此開始的。

第七個月的第十七天,方舟停在阿拉特山上,水位一直下降,直到第十個月。第十個月的第一天,山頂露出。⋯⋯第二個月的第二十七天時土地乾旱,天主對諾亞說:「從方舟中跟太太、兒子們和媳婦們一起出來。帶著所有的生物一起離開,鳥類、牛和爬蟲類等讓牠們回到地面,讓牠們多產並繁殖。⋯⋯」

「從方舟中走出的諾亞兒子們分別為:閃、含姆、雅弗。含姆為迦南之父。這三人為諾亞的兒子,其後裔滿佈全地球。」

高加索及黑海的文化為「始祖所學習的經書」,奧斯普·曼德爾斯塔姆寫道,「當他回到亞美尼亞,」其遺孀納迪耶什達回憶道,「曼德爾斯塔姆彷彿返回母體子宮內⋯⋯在多年的沉寂後,詩興於亞美尼亞再度回到他身上。自此再未離去。」

阿拉特山突然浮現眼前。無論你從東西南北哪個方向駛近,總有個時刻它就這麼出現在視線範圍內。

你也知道就是它了,

立刻成為風景的焦點,

即使它為雲彩所遮蔽,你還是能感應它的存在。

「我運用了我的阿拉特向上提升的第六感,」又是曼德爾斯塔姆說的:「這已轉變為沉思的一種,無論身在何處,皆永遠留在我內。」

　　方圓百里內無更高的山了，阿拉拉特山（其實有二座，大阿拉拉特和小阿拉拉特）屬於另一種維度，不同的現實。

　　作家安德烈‧畢托夫認為該山的出現和升起，彷彿違背了自己的意願，只為托住方舟。

　　阿拉拉特於 1829 年被征服，但在亞美尼亞有許久一段時間，無人相信這是件可能的事，大家都還記得發生在努賽賓主教聖雅各身上的事件。

　　我們自拜占庭的浮士德得知此事。虔誠、信仰堅定的老者雅各多年來祈求上主，讓他能親眼看見方舟。最後，他動身前往阿拉拉特山，道路沿著懸崖、峭壁和碎石、塌礫前進。岩石劃傷了肌膚而太陽無情地曝曬著，然而雅各凝聚精力、奮力向前。飢渴難耐時，雅各就屈膝跪下祈禱，岩石就在此時開啓，並自其中噴出泉水（至今該泉仍源源不絕）。

　　旅程將盡時，雅各已筋疲力盡。他全身無力並無知覺地滑落在地，陷入深沉的睡眠中。天使來到他的夢中：

　　「雅各！雅各！」天使喊道，「天主傾聽了你的請求，你腳下即是部份的方舟，拿去吧！別再往上爬了，這是天主的旨意。」醒來時，雅各看見腳底下有塊木頭。拿起後，就立刻啟程下山。

　　諾亞方舟的遺跡就安放於埃奇米亞津主教座堂中，與刺穿耶穌體側的矛一起擺放（該矛之前存放於格加爾德修道院）。

　　阿拉拉特為《聖經》中所提之山的信念於中世紀時確

定，之前阿拉特的位置被認為在南部的塔烏魯什。有關諾亞登陸的故事，為旅人、商人和傳教士，如馬可波羅和魯布盧克的威廉於歐洲傳開，之後故事又傳回阿拉斯河，與當地的傳說相印證，對亞美尼亞人來說，成了另一宗教教條。

土耳其人稱阿拉特為 Aðrý Daðý，也就是痛苦之山，亞美尼亞人一般稱阿拉特，但他們也使用舊名馬西斯。

在基督宗教來臨前，馬西斯被視為鬼魂及惡靈卡朱的聚集處。

西元五世紀時古亞美尼亞最重要的編年史作者摩西‧赫冷斯基說了個故事，關於被卡朱以鍊子拴在馬西斯岩石上的阿爾塔舍斯之子，也就是惡人阿爾塔瓦斯德的故事。阿爾塔瓦斯德的鏈條為兩隻狗持續地咬嚙，他自己也努力地要掙開鏈條。如果他成功了，地球將陷於黑暗，並為邪惡和不公所控制。卡朱每年都打鐵，鏈條在此聲響下恢復其原始厚度。

摩西‧赫冷斯基時期，鐵匠以鐵鎚敲砧展開每日的工作，讓阿爾塔瓦斯德無法獲得自由，世界因人類的勞動而不至於滅亡。

該編年史者還不知道馬西斯就是阿拉特，阿爾塔瓦斯德的故事對他而言只是虛構、老婦間的喋喋不休和異教徒過往事蹟的迴聲。

或許土耳其語的山名意味著惡劣沙皇長子的痛苦回音。

每位去過亞美尼亞者，在護照上就擁有當地邊防單位所蓋的阿拉特之印。

兩座峰頂立於亞美尼亞國徽中間之上，右方的山峰較高，自亞美尼亞境內即可看見，其上棲息著諾亞的方舟，

（該山已出現於蘇聯時期的亞美尼亞國徽中，但無方舟），土耳其人認為此為對其領土的攻擊。

亞美尼亞的象徵阿拉拉特位於土耳其境內，對亞美尼亞人而言，這是絕對的不公。從埃里溫即可望見聖山，距離邊界至多 30 公里。

亞美尼亞人幾乎什麼都可以阿拉拉特命名，如：餐廳、旅館、協會、體育俱樂部、公司、報紙、雜誌等。最著名的白蘭地也叫阿拉拉特。

當洪水退去後，還未出現亞美尼亞或土耳其等國家，但亞美尼亞人已存在。其先祖海克當為諾亞之子雅弗之玄孫，如果真是如此，那雅弗和諾亞本人也應當是亞美尼亞人（《聖經》所傳遞的訊息就到雅弗之孫輩為止）。

亞美尼亞人所見之歷史為線性，無曲折和旋轉，無間斷及白斑，也無疑問。亞美尼亞人認為其歷史始於方舟，絕對可追溯至烏拉爾圖王國建立之前，所有亞美尼亞的兒童皆熟知此事。

（烏拉爾圖王國成立於紀元前第十和第六世紀之間，紀元前第九和第八世紀之際為其強盛時期，涵蓋亞美尼亞高原和現今的亞美尼亞區域，首都為圖什帕，今日之凡城，位於同名之湖邊。

烏拉爾圖國王長期與亞述抗爭，最後卻不得不屈服，印歐瑪德人給予最後一擊。

亞美尼亞人的祖先與烏拉爾圖間必定存在某種關聯，但是何種？初自小亞細亞和中東之民族熔爐中出現，他們應尚未形成統一的族群，但其起源究竟是從何部族開始的？色雷

斯—弗里吉亞？胡里特？或者二者皆是？或者是神秘的辛梅里安人？那麼亞爾門人和哈亞斯人究竟是誰？他們是在亞美尼亞人之前，或者只是留下其名。）

亞美尼亞人的意識中沒有問題存在，只有解答，由研究人員指出，而由作家和詩人發掘出來。摩西‧赫冷斯基引用阿布加爾王和耶穌的通信，創造了民族神話（「我聽見，」阿布加爾對救世主如此寫道，「猶太人悄聲反對你，並意圖使你受難，我的城市雖小卻舒適，應該容得下我二人」）。史達林死後多年的蘇聯時期，該神話相當盛行。其高峰為 1968 年埃里溫舉行的建城 2750 年慶典，事實上是在紀念烏拉爾圖國王阿爾吉什提一世設立的艾瑞布尼要塞，所在地點就為現今的亞美尼亞首都。

烏拉爾圖被吞併並納入亞美尼亞的歷史中，一切輕而易舉，因為無其他繼承人。下一步他們就會提出亞美尼亞人建立烏拉爾圖之論點，這就像證明意大利人建立了伊特魯里亞文明一樣。政治學者魯本‧巴冷茨指出，亞美尼亞文明於九千至一萬二千年前形成，為世界帶來了定居農耕。

老實說，其他人也用同樣的武器抗爭，俄國歷史學者維克多‧史尼勒爾曼於其書《記憶之戰》中寫道：「除了亞美尼亞人外，古老化的民族還包括：亞賽拜然人、喬治亞人、阿布哈茲人及奧塞提亞人等。其目的就在於證明其土地權。虛構在東方非為罪過。霍加‧納爾斯丁為東方的偶像，他是名嘲諷者及哲學家，他跟所有人都有得聊，知道如何讓他們陷入圈套或將他們逼入角落中。豐富的想像力救了舍赫勒扎德，但亞美尼亞人向前疾馳，擊敗所有人並超越所有界限。

這大大刺激了那些想像力並不如此豐富的鄰人。在庫爾班‧薩伊德的小說《阿里和尼諾》中，某位亞美尼亞人誇耀在卡拉巴赫的馬拉什東正教教堂已有五千年歷史。他被指責說謊，因為基督教本身並未如此古老，該狡猾之人並未失去自信：「當然啦！」他說道，「救世主的降臨至今未滿二千年，但在卡拉巴赫，他可是早了三千年就出現了。」

就算無烏拉爾圖，亞美尼亞人的歷史一樣讓人讚歎。亞美尼亞首度建國始於西元前 189 年，存在超過 600 年，其統治面積為今日亞美尼亞的 8 倍，統治者分別為為阿塔克西王朝之國王及阿爾薩茨德之國王。

提格蘭二世時（西元前 95-56 年） 亞美尼亞的版圖抵二海：地中海和裏海，並吸收了敘利亞及科馬根，此為其盛世的巔峰。埃里溫到處都可買到提格蘭王國的地圖，在一般書報亭或路邊攤都有。

之後亞美尼亞就分別落入波斯人、拜占庭人及阿拉伯人手中。

二度建國始於西元 861-1045 年間，由巴戈拉提德王朝統治，該家族的其他分支統治喬治亞有千年之久，首都為阿尼，千座教堂之鄉，今日已成廢墟。與阿拉拉特的情況類似，阿尼也在土耳其境內，但更接近邊境，其實也就正在邊境上。

阿尼衰落後，先為拜占庭人所征服，二十年後為塞爾柱人及之後的鄂圖曼人征服，亞美尼亞人自此就一蹶不振了，先為波斯後為俄羅斯所佔領。

三度建國於亞美尼亞高原之外，地中海之奇里乞亞，許

多阿尼的亞美尼亞人移居至此。與巴格拉提達有關的魯本尼德（後來為赫圖米德及魯茲尼安）在三百年間遊走於穆斯林的中東和基督宗教的拜占庭之間。此為十字軍東征時期，奇里乞亞因此轉向西方，國王利昂一世承認為教皇的附庸，最後一任國王利昂五世死於法國並被安葬於聖德尼聖殿中。

奇里乞亞為馬木留客和土耳其人所征服。

第四度所建國家為亞美尼亞民主共和國（1918-1920年）。蘇聯時期的亞美尼亞可算是第四個半國家（1920-1991），由莫斯科領導，但有自己的政府、議會、國徽、國旗和官方語言亞美尼亞語。

現代亞美尼亞為亞美尼亞人歷史上的第五度建國。

亞美尼亞國徽上有象徵四個王朝的盾牌：阿塔克西、阿爾薩茨德、巴戈拉提德及魯本尼德。盾牌中間正如我們所預料的，為阿拉拉特山。國徽上還有把切斷鎖鏈的劍（象徵自奴役中掙脫），麥穗（豐饒的亞美尼亞土地）及橄欖枝（和平的意願及亞美尼亞民族的純淨心靈）。盾牌由獅子和老鷹扶持，象徵亞美尼亞回溯烏拉爾圖的獨立國家地位。

如果連烏拉爾圖在內，現在該屬第六度建國了。

再往前推一步，其實烏拉爾圖和阿拉拉特的發音十分接近。順序完全分散了。

來自亞美尼亞的明信片：前排為山丘上的教堂，其後為終年白雪覆蓋的巨大山嶺。

該山嶺不外乎是阿拉拉特，該教堂為霍爾維拉普修道院的一部份。

聖格列高利於 1,700 年前居於此修道院內。

居住一詞實在言過其實，他就在地下 6 公尺深的洞穴中生存著（霍爾維拉普意為深井）。他遭受鞭打，並為饑餓所苦。有 15 年的時間，他無法伸展筋骨，很難說他是如何承受這一切的。

國王梯里達底三世將其監禁。格列高利講授天主聖言，而國王則痛恨基督徒，他尤其痛恨格列高利，因其父殺了梯里達底之父。

國王尋找新的受害者，渴望見到流血，有 37 名信仰基督宗教的處女來到瓦格哈爾沙帕特。她們為逃離迫害而至此地，她們在羅馬受到死亡的威脅，她們自雨中掉落排水溝中。國王看中莉普西梅，想佔有她，她加以抵抗，國王將她殺了，其他人也是。

作法超過極限。國王陷入了瘋狂，他認為自己是匹狼，他在夜間咆哮，四腳在地上奔跑，藥物對他起不了作用。

國王之姐赫斯若維杜赫姐出現幻象：格列高利能治癒國王的疾病。

便派人去帶他來。

治癒後的國王皈依信仰，將基督宗教定為國教。他傳教的熱誠就如他之前的迫害一樣熱切，格列高利成了亞美尼亞的第一位宗主教，魯薩沃利茲[9]被稱為啟蒙者。

該事件應發生於西元 301 年，但也有部份歷史學者認為要晚些時候。

百年後梅斯若普·馬施托茨創建了亞美尼亞字母。

9　其原名為格列高利·魯薩沃利茲。

他以希臘文為基礎，配合亞美尼亞之語音，將不喜歡的字母捨棄，然後以自行發明的字母取代，它們不僅具功能性，同時也非常優美。

亞美尼亞教會宣布他為聖人。

第一個由亞美尼亞語形容的句子為箴言書中的詩行：「要達到智慧和紀律，理解理性的話語（1.2）。」據說在書寫時，馬施托茨發現少了一個字母，便立刻創造出來。成了第 36 個字母。

起初全用大寫，被稱為鋼鐵般的書寫文字，也就是「jerkathagir」。小寫字母後來才出現。

字母表在最後時刻才完成，波斯人及拜占庭的希臘人已於此時對亞美尼亞進行瓜分，第一建國的日子進入倒數。

但亞美尼亞人已擁有武器，36 個類似鐵器般的字母。

梅斯若普‧馬施托茨已把握時機，完成《聖經》的翻譯。

他們完成武裝，以對抗侵略者。

起義軍於瓦爾丹‧馬米科尼安統領下，於 451 年在阿瓦拉伊爾平原與波斯軍隊起衝突，結果慘敗，但伊朗王因之停止傳播在波斯廣為信奉的祆教，讓亞美尼亞人有信仰崇拜的自由，該戰爭紀念日在亞美尼亞被視為國定假日。

因戰爭之故，亞美尼亞主教們未能抵迦克墩，參加第四屆大公會議，該會中通過耶穌具備二種天性之教義，即神性與人性，融合為一體。亞美尼亞教會拒絕此一信條。亞美尼亞人總是在隔離中尋找庇護，強調其差別並培養其差異性和獨特性。

數百年後在這片土地上發展出亞美尼亞式的神話。

詩人葛沃爾格‧額敏將亞美尼亞字母比喻為刑事軍隊。

派他們上戰場的指揮官分別為書記、抄寫員、作家和翻譯等。

書籍抄寫成了全民運動。文字神聖，簡直可說是亞美尼亞特性的精髓。正如我們所見，也是種崇拜。

在修道院和隱居處，無以計數的抄寫員埋首於古希臘哲學家的論述、教會神父的著作、東西方智者的作品及後來的亞美尼亞作者的成就中，日復一日。

幾乎可算是工業化生產。塞凡湖邊的馬金那諾茨修道院於七至九世紀間，可能有多達 800 名的抄寫員活動中，最受歡迎的作品有多達數百份的手抄本。

此舉於全球文化中無可匹敵。

抄寫員們與時間競跑，滅亡的幽靈形影不離，敵人在任何時刻都可能出現。敵人以比破壞人口眾多之城市和皇宮的更大熱誠，摧毀抄寫室、圖書館及學院，去了一波，又來一波。

光是贊格祖爾山上的巴加貝爾德一地，塞爾柱人於十二世紀就焚毀萬冊書籍。

帖木兒燒毀大量的手稿，而部份則被運至撒馬爾罕。

有時敵人也將書籍拘禁，就像對待人質一樣，穆什的講道集就是如此情況，在出價四千銀幣後才被贖回，贖金由數百人捐款而成，該事件發生於 1204 年。

保存下來的書籍上還沾著血跡，部份被燒焦或者看得出長久泡在水中的痕跡，還有些則被刀劃傷，看起來像經過連年

征戰的士兵。

　　至今尚保存了三萬份手稿，實為已寫成者的一小部份，但還是筆令人難以想像的財富。其中半數散落於全世界的圖書館和博物館中，如：巴黎、耶路撒冷、威尼斯、維也納、伊斯法罕、莫斯科、倫敦、洛杉磯等，另一半在埃里溫的馬特納達蘭手稿研究所中。

　　每位亞美尼亞人都有一座自己的小型馬特納達蘭藏書室，曾經有無子嗣的夫妻「領養」書籍。

　　上世紀三〇年代的高加索旅者米耶茨斯瓦夫‧勒配茨基來到潘巴基山間的村莊，並進入山邊的第一座房舍裡：「看著這貧窮的小房子，屋內到處都有髒污，擠在數平方公尺空間裡擁擠的一大家子，同時卻又看見那擺滿埃里溫印刷出版書籍的大書櫃，和埋首閱讀當地報刊的年輕男女們，我心中充滿了困惑。」

　　九〇年代初時友人曾告訴我：「書籍現在無銷路，大家都沒錢，開設出版社的商人全倒閉了，但有個例外，人們始終樂於購買歷史文學書籍，甚至出現這一類專業書籍，我認為應該是出自於愛國心，不然還有什麼原因？」

　　有二部文學作品打動了亞美尼亞人的敏感心靈，這二部作品於亞美尼亞流傳超過千年。

　　《騎士之歌》和《薩遜之大衛》二書無作者，是由不知名的吟唱詩人口中唱出的數以千計史詩、民謠、故事和傳說所成就的。當中歷史人物與神話人物交錯，虛構中卻又帶著真實事件的回音。

　　《騎士之歌》描述第九世紀時，亞美尼亞正凝聚力量打

算脫離阿拉伯的統治，詩歌中的主角起身與侵略其國家的莫斯爾之梅利克對抗。他有匹名為扎拉利的馬和神妙之劍為助，在激烈的戰鬥後，打敗了梅利克並將之殺死。

《薩遜之大衛》則是一個有超能力的英雄，一小時內就能做完七名凡人一星期內才犁好的田。他為人寬宏大量，他將梅利克的軍人釋放，要他們回到莫斯爾並且永不再騷擾鄰居。他的公平正義符合理想的統治者條件，勢必要獲得勝利。

另一作品悲歌集則完全不同。作者納雷克之格列高利為修道者，一般認為他死於 1003 年，享年五十多歲。他對俗世完全不感興趣，其生活在祈禱、禁食、工作和宗教書籍的閱讀中規律進行，他受過完整的教育，但自稱為「最平庸司鐸中的最後一位詩人」。

他成了聖人。

該詩集由 95 首詩歌匯集而成，為感受到無止盡罪惡深淵的脆弱靈魂與天主的對話。

> 我的感官因罪惡而刺痛，死亡造成我的傷口
> 我畢竟是感官的囚犯，成為受害人
> 雙刃的恐懼之劍削去我的靈魂
> 最後的審判出現在我混亂的視線前
> 唯一的救贖就是完全歸於上主，信任天主的慈悲：
> 萬物讚頌的主
> 求祢展現關切
> 嚴厲的主，為我確認祢不可說之名
> 重新拯救我這惡人吧……

以基督聖血

作為救恩的標記

（此二段皆為安哲伊‧曼達里安所譯）

　　人們就將該書稱為《納雷克》。一般皆認為其具備神秘的力量。人們向臥病在床的病人閱讀《納雷克》的片段，藉以減輕其痛苦，於死者手中置入抄寫詩歌的紙卷，當成進入另一世界的財物。

　　該書成為民族之經典，雖然從未明言談論民族著作及其主角。

　　《納雷克》和《薩遜之大衛》二書互補，《騎士之歌》則在訓示如何戰勝敵人，如何統治並深刻地去愛；詩集則展現文字、信仰和祈禱的力量，很難說何者更為有用。

　　亞美尼亞人始終弄不明白他們是如何生存下來的。

　　赫梯人、胡里特人、帕提亞人、弗爾吉亞人、米底人及眾多的其他民族或部族都無法延續下去。

　　勒翁‧梅利克-沙赫那扎利安發現亞美尼亞人只吸引來歷史中的黑牌。「因此選擇性，」其文中寫道，「包括受教育者在內，亞美尼亞民族認為其歷史為千年的心酸和挫敗，亞美尼亞永遠活在別人的枷鎖下，而最適合它的形容詞為殉道者和孤兒。」

　　根據梅利克-沙赫那扎利安的評價，犧牲者的角色甚至符合亞美尼亞人的胃口，只要世界懂得欣賞。

　　《薩遜之大衛》詩歌也被稱為「Sasna Dzurrer」，意謂薩遜之勇者。譯者萊昂‧蘇爾梅利安特別強調 dzurr 一詞。意味

「瘋狂」、「古怪」、「莽撞」等，具有正面的色彩，以此詞形容勇者各種大膽作為，冒險充滿幻想的英雄行徑及未經算計、拖延的勇氣。

蘇爾梅利安認為亞美尼亞人就是 dzurr（該看法為大衛‧馬歇爾‧郎於其書《亞美尼亞——文明的搖籃》中引用）。

詞彙、語言及以此語言所創造的文字作品，成為亞美尼亞人穿越歷史的方舟。

天空掉下三顆蘋果——此為奧斯普‧曼德爾斯塔姆。第一顆是針對發言者。第二顆是針對聆聽者。第三顆則針對明瞭者，所有的亞美尼亞故事幾乎都是如此結束的。

拉比斯

阿紹特為人實際。他劈頭就問：

「你有多少時間，對什麼有興趣？」

我回答了。

「你在哪裡停留？」

「伯利斯路的協和酒店。」我給你電話號碼⋯⋯

「不用了。別離開房間，我 20 分鐘後與你聯絡。」

我不知道阿紹特的身分為何，他是我在埃里溫的友人介紹的。在抵達後我本該立刻打電話的，但飛機嚴重誤點，我第二天早上才聯絡。

我沒什麼大計劃，我將在貝魯特待一天半，也就是二夜一天。當天行程中，我想瞭解一下在黎巴嫩的亞美尼亞人狀況，我未與任何人約，阿紹特是我唯一的聯絡人。

15 分鐘後電話響起：

「現在是 9 點半。10 點 15 分在旅館前，有輛綠色的賓士車會開過來，司機叫大衛。你先往安特利亞斯，大主教的顧問將接待你，一點鐘與亞美尼亞革命聯盟黨會面，之後是午餐，3 點半與亞美尼亞委員會的歷史學者會面，5 點則與凡城電台記者有約。會面結束後，如果你願意，大衛將載你在城裡繞繞。」

我沒弄清楚阿紹特的身分，我們甚至沒見到面，後來在埃里溫，我始終忘了詢問。直到今日我都還不明白，他是如何在一刻鐘內安排好我的一日行程（當時手機還並不普遍），我從未在世界其他各地見過像黎巴嫩的亞美尼亞人般辦事能力如

此強者。

無人確切知道海外亞美尼亞人的總數，究竟是 350 萬或 500 萬人？絕對比在亞美尼亞多。對亞美尼亞人而言散居海外或移民再尋常不過，人以四海為家罷了。數百年來缺乏國家地位的亞美尼亞人，處處是異鄉，也是故鄉。

亞美尼亞人的祖國亞美尼亞高原，為院子裡的通道。無數人自此向東、西、南和北而去，無數的軍隊陷入戰爭中，羅馬在此與波斯及帕提亞起衝突；拜占庭與巴格達的哈里發；土耳其與波斯、俄羅斯與波斯及土耳其等。亞美尼亞國王、親王及貴族們的政策在於長期於強權、選擇較輕之害和推遲無可避免的失敗間游移。亞美尼亞的歷史為一部被征服、瓜分和從衰落中振作的記錄。

但同時也是移民社群的歷史，他們的處境顯然要好得多。

最早的僑居地在中東和拜占庭一帶。第七和第八世紀時，在君士坦丁堡和其他城市已存在亞美尼亞社區，亞美尼亞人約於第十和第十一世紀間抵克里米亞，部份自拜占庭和巴爾幹前往，部份則由喬治亞和北高加索前往。十四和十五世紀時，其人數之眾多，人們開始將此半島稱為 Armenia Maritima，意為濱海亞美尼亞。他們熱愛卡法，往昔和今日之費奧多西亞，當時屬熱內亞所有。卡法為克里米亞汗國和鄂圖曼帝國聯合勢力所佔領後，部分人遷移至共和國境內，包括基輔、利沃夫和卡緬涅茨—波多利斯基，加入那些早前就在此處定居的國人行列。

他們從事工藝和貿易，活動力旺盛又會外語者，很快就

致富。他們壟斷與東方的貿易,波蘭當時產生薩爾馬提亞主義,貴族們樂於購買東方產品,如:帳篷、皮帶、地毯、馬釘、冷兵器、珠寶等(後來「東方」布料開始於當地生產,這類工廠就稱為 persjarnia。波蘭海關的關稅分類將葡萄乾、柑橘類、香料、橄欖、咖啡和茶葉等產品統稱為「亞美尼亞貨」。

他們在共和國內享有自主權,亞美尼亞法規使其保有自己的司法機關和地方政府,於 1519 年由老齊格蒙批准(特權最早於 1356 年由卡齊米日大帝授予)。上層社會透過參與波蘭知識分子的生活和公共服務而加以波蘭化。「許多富有的亞美尼亞人,」歷史學者安東尼‧孟查克寫道,「有辦法進入市議會,取得影響力。」與權貴和宮廷間的親近關係,有利於取得侍從、王室書記的職位,甚至有機會被封為貴族。

受信賴者則至東方執行外交和間諜任務,他們利用巴爾幹半島、克里米亞、土耳其和波斯當地同胞之助。

亞美尼亞人散佈世界各地,但他們從未失去對祖國和自己歷史的觀照,他們將大半個歐洲和整個中東地區的關係、利益和聯絡網全纏連在一起,恐怕再也找不出比他們更優秀的中間人了。

亞美尼亞移民的地理關係最初由教堂劃定,後來則由印刷廠劃定,每座亞美尼亞市鎮都想擁有自己的聖堂,學校和繕寫室一般皆設立於教堂附近。第一本以亞美尼亞字母印刷的書籍於 1512 年在威尼斯出版,繼之而來的印刷廠分別設於君士坦丁堡、羅馬、利沃夫,及後來在巴黎、伊斯法罕、阿姆斯特丹、利普斯科及倫敦。十七及十八世紀時在加爾各答及馬德拉

斯可遇見與東印度公司合作的亞美尼亞人，在俄國亦同。波蘭的市鎮於此時失去其意義，遭同化和分散。

俄國作家亞歷山大・耶利厝夫（1841-1902）將亞美尼亞人比為猶太人。「此二民族」，他寫道，「儘管語言完全不同，但外在卻極為相似，容易造成混淆。這二民族的歷史中，自遙遠時代起便不止一度被奴役並經歷慘無人道之迫害，讓人不寒而慄，也讓人不禁要問，何以在經歷過這一切後，他們未自地球表面消失？亞美尼亞人和猶太人不僅倖存，不利的情況反而讓他們更堅強並能將其奇特的能力加以發展，使其適應一切的痛苦和最強烈的外界壓力。」

耶利厝夫注意到亞美尼亞人與喬治亞人完全不同。「亞美尼亞人遇到困難時期，拿起自己的棍杖走向遙遠的國度，與此同時，其同樣接受基督宗教之喬治亞鄰人卻採取完全不一樣的態度，繼續停留在自己的谷地中，或者當迫害無法被忍受時至其他鄰近山區間尋求保護。」

亞美尼亞人的團結讓耶利厝夫欽佩：「亞美尼亞人在異鄉尚致力維持自己的典型屬性，並始終與自己的同胞保持聯繫。他們善於利用新祖國所提供的各種可能機會，開發其有利資源作為在高加索同胞的利益所在……。」

「不可動搖的信仰，對物質財富的持續累積與對家庭生活的細心呵護，使亞美尼亞人在其他國家可能已毀滅的狀態下，得以延續和發展。」該作家作出結論：「高加索的貿易流動資產及房地產資源幾乎完全在亞美尼亞人手中，甚至連猶太人都無法與之競爭。」

十九世紀上半葉時，俄羅斯征服了歷史中的亞美尼亞東

部，也就是今日亞美尼亞國所在的土地，歷史中的亞美尼亞西部曾落在鄂圖曼帝國手中。

俄羅斯的亞美尼亞首都為第比利斯，在此成立了亞美尼亞劇院、數量眾多的學校和印刷廠（埃里溫當時僅是人口數千的偏僻地方）。亞美尼亞人控制了第比利斯的工業及貿易，不久後大部份的工廠、百貨公司和銀行皆屬他們所有，他們也投資了巴庫的石油，與喬治亞人之間產生了摩擦。「我就像其他外高加索的居民一樣」，I.K.卡納迪耶夫於其《外高加索生活簡述》中寫道，「熟知許多亞美尼亞人如何在借支 200—300 盧布給喬治亞人的 5—6 年後，將其價值 7—8 千盧布的房產轉移至自己手中的例子。對此，亞美尼亞人已達無與倫比的境界。」

（亞美尼亞諺語：「在你進入之前，先設想如何離開；在你說話前，先張開眼睛；在你拿走前，先算計清楚。」傲慢又無掛慮的喬治亞人和躲躲藏藏又儉省的亞美尼亞人間反差之大，難有出其右者。）

亞美尼亞革命聯盟「Dasznakcutiun」於 1890 年在第比利斯成立，為亞美尼亞最早期的政黨之一。歐洲當時正熱衷於「東方問題」，土耳其的動向令人關注。橫跨三大洲的帝國搖搖欲墜，受過時體制的壓抑和落後經濟的阻礙，曾受征服的國家也開始叛變，超級大國的每一份子都想從中分一杯羹。

亞美尼亞問題成了東方問題的一部份，亞美尼亞語稱為：「haj dat」。亞美尼亞人夢想著建立自己的國家，就在鄂圖曼帝國的土地上。他們指望法國和英國的支持，但最重要的還是俄羅斯的態度。除了亞美尼亞革命聯盟外，其他政黨也主打亞

美尼亞問題，如：Ramkawar-Azatakan、Hnczak、Armenakan……
等政黨皆於海外運作，大半都存在至今。

超過 200 萬名的亞美尼亞人於鄂圖曼帝國居住。安那托利
亞之東（也就是西亞美尼亞）為貧瘠的農村地區，在與大自然
的抗爭中、和在目無法紀的稅務官員和庫德族人的侵襲中受折
磨。亞美尼亞富人則居住於大城中，尤其是君士坦丁堡，他們
包括：蘇丹權貴、銀行家和商人、工藝大師、亞美尼亞醫
師、律師和藝術家等。他們通常受西方教育、見過世面並精通
外語。他們支持亞美尼亞問題，但也期望帝國能自行改革、文
明化並進而讓步，畢竟這是他們的國家！

集體迫害始於 1895 年。後來證明這只是 20 年後發生之大
屠殺的序幕和前奏。帝國已腐敗，但還有足夠的力量平定自己
的人民。1915 年於土耳其喪生的亞美尼亞人數，在數十萬至
一百五十萬間（視估計值和估計人的不同而定）。最主要的是
安那托利亞的農民，但君士坦丁堡的知識分子也未逃過一
劫。

此為人類史上最大規模的集體屠殺。

土耳其境內倖存的亞美尼亞人約為 10 萬，屠殺中倖存的
人口逃離此地，分別往歐洲、美國和南美，越遠越好。但屠殺
如影隨形，與他們同在，他們將之如同壞基因般地傳給後
代。

他們在新處所完全投入於工作中，工作給予他們安全
感，他們利用工作來證明他們擁有生命權。

在短短的數十年內，他們成為世界上最具影響力的移民
社群。

他們並非從零開始，他們老早就來到西方，在歐洲富豪中也佔有一席之地。卡魯斯特·古本基安為一大富豪、出色的金融家，人稱他為「百分之五先生」，他在自營的石油公司內佔有 5%的股份，財產則入他名下的基金會。此外，連任埃及三任總理的努巴爾帕夏之子波霍斯努巴爾成立了慈善協會（亞美尼亞慈善聯盟 Armenian General Benevolent Union），推廣亞美尼亞之文化。老移民的經驗和資本結合新來者的活力，俄羅斯的亞美尼亞難民也加入此行列，他們於 1918 年贏得獨立，但兩年後即為蘇聯所吸收。

如同數世紀以來一樣，平民的生活圍繞於教堂、學校及印刷廠間。如今最重要的是學校，亞美尼亞的孩子必須成為要人，必須完成當地最好大學的學業，但同時也不能忘記他的亞美尼亞出身，必須參與亞美尼亞彌撒、加入亞美尼亞公共休息室及體育俱樂部的活動。除了課內讀物外，也閱讀亞美尼亞書籍及雜誌（1943–1967 年間光巴黎一地即出版了 48 種亞美尼亞報刊及雜誌），孩童在這樣的環境下成長，自會以同樣的方式教育自己的孩子，代代相傳。

研究著名人物的族譜讓亞美尼亞人入迷。或許這名美籍作家的祖母具有亞美尼亞血統？或者那位法國演員的祖父姓氏以 ian 結尾？感興趣者什麼都不需要知道。歡迎來到亞美尼亞家族！這是種治療形式，對情結的治療，我們不需證明什麼，我們已有所成，我們贏得了世界。

當然他們是贏了，他們在所有領域上都取得成功。商業？比佛利山莊的柯克·克爾柯瑞安為拉斯維加斯賭場的創造者。文學？威廉·薩羅揚。電影？導演耶日·卡瓦勒羅維

茲、演員雪兒（其真實姓名為雪若琳・薩爾基相・拉皮耶）。歌唱？查爾・阿茲納夫（其真實姓名為沙努爾・瓦勒那赫・阿茲瓦努里安）。體育？網球選手安德烈・阿格西。道德？安樂死宣傳者傑克・克沃基安醫師，人稱死亡之醫。這些人皆為海外移民。（來自蘇聯的著名亞美尼亞人包括：作曲家亞蘭・哈查圖良、導演謝爾蓋・帕拉贊諾夫、政治家阿那斯塔斯・米高揚及其兄弟米格飛機設計師阿爾喬姆・米高揚、元帥伊凡・巴格拉米安、異議分子葉蓮娜・邦納、天體物理學家維克托・安巴楚勉等人。其中僅安巴楚勉在亞美尼亞待過較長時間。）

然而，比這些明星還重要的是數以千計在企業界、銀行界、法律事務所、媒體、政府機構及大學裡工作的亞美尼亞人，是他們支持亞美尼亞協會，在自己的生活環境中推廣亞美尼亞事務，並逐步地建立了亞美尼亞遊說團體。

七〇年代苦於內戰的黎巴嫩中成立了 ASALA 亞美尼亞秘密解放軍（L'Armée secrète arménienne de libération de l'Arménie）。ASALA 想迫使土耳其負起對亞美尼亞人屠殺的責任，提出補償並歸還亞美尼亞的土地，以納入蘇聯的亞美尼亞。這是一個恐怖組織，屠殺中倖存的亞美尼亞後裔好鬥，他們在世界各地殺害了四十多名的土耳其外交官及其家人，這些在法庭前辯解的好鬥人士代表了將責任撇清的國家，他們也是犯罪的共謀，應當受罰。

此為亞美尼亞的第二波反擊，在此之前的二〇年代初期，正義突擊隊開始活躍。塔拉特帕夏於柏林落入他們手中，此人被視為屠殺的促成者（他於 1913-1918 年間擔任青年

土耳其三頭政治領導之一及內政部長），前高官薩伊德‧哈林於羅馬逝世，而另一名三頭政治成員傑馬勒‧帕夏則死於第比利斯。

移民社群於八○年代致力於讓屠殺被列入種族滅絕的地位受認定，相當於猶太人之大屠殺。歐洲議會也於 1987 年通過相關決議。接下來的 20 年間，其他國家陸續承認此為屠殺。亞美尼亞遊說團體已知如何影響政府及議會，這比 ASALA 的恐怖分子及正義突擊隊的效力要增加百倍以上。

蘇聯解體且自由的亞美尼亞成立後，土耳其立刻承認其獨立地位。然而此二國間並無外交關係，其障礙來自亞美尼亞奪走土耳其盟友亞賽拜然的納戈爾諾－卡拉巴赫及對屠殺掀起的爭端。土耳其共和國政府斷絕與蘇丹國和青年土耳其黨專政間的關係，同時也承認大規模殺害的存在，但絕對反對將之稱為種族滅絕。

安卡拉認為是俄羅斯捲入這一切，其不僅於 1877-1878 年戰爭期間接收屬於土耳其宮廷的亞美尼亞重要之卡爾斯及阿爾達漢（蘇丹當時也失去了巴統），遭俄國人激怒的亞美尼亞人成為聖彼得堡的內奸，他們大力支持敵人，並作為其嚮導和狙擊手。當時屠殺就已開始，而在屠殺後，有更多土耳其的亞美尼亞人更親近俄國人。

第一次世界大戰爆發後，情況又重現。俄國人將在前線後方滲透搞破壞的亞美尼亞人攬走，為了除去俄國人的靠山，亞美尼亞裔的土耳其軍人遭受拘留（多人被處決）。之後當局將亞美尼亞人逐出東安那托利亞，他們被往南驅趕至美索不達米亞及敘利亞沙漠。徒步翻越山區和草原，無食物和飲

料。此次驅逐出境造成最多犧牲者。根據土耳其人的説法，其死亡的原因在於飢餓及疾病，有時也歸因於執法過當的地方指揮官，根據亞美尼亞人的説法，遷移本身對這些人而言如同處死。

土耳其人為自己辯護。他們説：「種族滅絕為法律術語，意味著有目的的行動。他們認為在連年的戰爭中，所有人都是受害者。在凡城及卡爾斯附近的土耳其人村莊不復存在，被亞美尼亞好戰分子趕盡殺絕，庫德族人也被集體殺害，無人刻意消滅全亞美尼亞人。」

但亞美尼亞人堅信這是刻意行為。百年之後，他們還是在恐懼中，所以他們想有個了結，結束「亞美尼亞問題」。土耳其伊斯蘭化，2007 年 1 月份時，一名年輕的土耳其民族主義者於伊斯坦堡殺害了亞美尼亞記者赫蘭特·丁克。無人能預知未來。

土耳其人也活在恐懼之中。或許安卡拉為了平息這一切，願意承認種族滅絕，但誰能保證這樣就能解決問題，難保成千上萬的亞美尼亞人不將求償，而由法國及美國最優秀律師所準備的訴狀難保不會如雪片般飛來，土耳其將因這些訴訟而拖垮國家預算，説不定哪天就有人要求歸還卡爾斯或埃爾祖魯姆？土耳其人或者將被與希特勒並論？

如果不是移民社群，埃里溫或許不會如此堅持。亞美尼亞境內的亞美尼亞人老早就穿著那些由土耳其人整櫃運至的牛仔褲和外套，他們熱愛安塔利亞，也越來越常至伊斯坦堡旅遊。在一項問卷調查中顯示，半數人贊成在無任何先決條件下建立外交關係，但邊界仍是封閉的，必須繞道喬治亞或伊

朗。

「移民社群必須加入談話，」埃里溫的政治學者 K.聳肩說道，「是這些人以投資等各種方式來幫助國家的，沒了這些，結果堪慮。他們必須獲得重視，關於種族滅絕的議題，他們的立場比我們強硬。」

亞賽拜然人對此提出控訴，認為這些人想利用他們以擁有另一個國家，此處指的是納戈爾諾—卡拉巴赫。卡拉巴赫不被承認，就連亞美尼亞也不，但亞美尼亞人還是擁有二個國家：亞美尼亞（亞美尼亞語為：Hajastan）及 Spiurk，也就是移民社群。在埃里溫有移民事務部，移民社群不需要政府部門，他們有各種委員會、政黨、協會、學校及印刷廠。還有錢。

亞美尼亞及海外移民的邊界屬浮動性。有人出國，有人回國。前者居多，常整村的人外移。報上曾有則笑話：「埃里溫茲瓦爾特諾茨機場的出境大廳中的訊息板上寫著：「請最後一名出境的旅客關燈。」每位移民都在削弱 Hajastan 的力量，但卻使 Spiurk 增強。

亞美尼亞以行政區劃分，而移民社群則以洲劃分，像：美洲、歐洲、俄羅斯、中東等。

「我們的心態比較接近東方，」集數學家、生物學博士、國會議員及亞美尼亞外交部副部長於一身的沙瓦爾什‧科查里安沉思道，「但如何建立國家和法治的概念，無疑地是來自西方的產物。」我們始終在歐亞的交界上，不只是地理上，文明和文化上亦同。

「在民主的美國或專制的伊朗皆有亞美尼亞人的蹤

跡」，專欄作家大衛・佩特羅斯揚如是説，「在各地皆如魚得
水。這不是適應力的問題，我們本身就具備二元性。」

位於伊斯法罕的波蘭墓園：十幾座墓的區域自亞美尼亞
墓園東部劃分而出。長眠於此的是蘇聯時期同安德斯軍隊一同
撤出的波蘭孩童。伊莎貝拉・斯特凡斯卡，九歲；勒斯瓦
夫・比耶度爾，七歲；另外還有其他數名孩童和一名嬰兒，
「甚至還沒機會出世，在此長眠」及無名的「波蘭公民，逝於
1944 年」，和「無名的天主教徒，西元 1980 年」。

長眠於此的還包括「罪人特奧多・米蘭諾維茲，波蘭國
王索別斯基的信使」，於 1686 年聖誕夜後第二天回歸天國，
該人為亞美尼亞人，他來到波斯勸勉沙阿[10]索萊曼一世擊退土
耳其人，揚・索別斯基三世自於維也納獲得勝利後有意乘勝追
擊，為此他尋求盟友支持。該項使命以失敗告終，沙阿不願發
動戰爭。歷史學家對索萊曼的評語極差：「他對任何事皆採不
聞不問的態度，滿足於後宮妻妾環繞並由大臣治事的平靜生
活。」波格但・斯科瓦達內克如此寫道。

米蘭諾維茲在伊斯法罕當不覺得生分，在當時為波斯首
都的城市中住著為數不少的亞美尼亞人，沙阿阿拔斯一世將他
們引入，為了要發展與歐洲間的貿易。亞美尼亞區位於扎揚德
魯河以南，被稱為新朱利法，源於阿拉斯河畔移民來處的朱利
法。（遷移使成千上萬的亞美尼亞人因而犧牲性命，這是時代
的悲劇。）米蘭諾維茲抵達時，當地已存在數座教堂和亞美尼
亞印刷廠。然而墓碑上的銘文為波蘭語和西里爾語。

---

10 古代伊朗高原諸民族的君主頭銜。

萬克主教座堂花了半世紀的時間建成，結合了亞美尼亞和波斯的風格，其壁畫尤引人注目，展現的是《舊約》和《新約聖經》中的場景和啓蒙者聖格列高利受難事蹟，值得一看。行兇者對犧牲者所採取的酷刑讓人恐懼，包括：以車輪碾過、切割肢體、將熔化鐵漿灌入喉嚨等等，然而聖者的面容上毫無痛苦神色（看不出聖格列高利對於戰勝這些盲從者時應有的振奮或屬靈的精神性，其實根本看不出有任何的情緒反應），肇事者臉部也無法讀出施虐者的快感或同情感，甚至也缺乏疲倦感，這些是務實地執行本身責任的勞動者之容顏，毫無興奮和拖延。苦難在這些壁畫中自然地存在著，而酷刑不過是司空見慣的常規。哦！又有人遭車輪輾過或被焚燒，了無新意，永恆的命運。尋常不過。

　　主教座堂、博物館和主教官邸（伊朗共有二個教區，分別為伊斯法罕和德黑蘭）間的廣場正由老薩爾基斯清掃中。他已 70 歲，卻仍充滿活力地掃街，並精神奕奕地撿拾垃圾，「這樣才不會老啊，」他笑著，「看吧！我還有利用價值！」

　　我問他在新朱利法是否有貧窮的亞美尼亞人。他想了一下，是有些窮人，我自己就不富裕，生活就是這樣，沒什麼好說的。但沒有貧民，亞美尼亞人不能是貧民或乞丐，就算無家人，也還有社群、鄰人和教會幫忙，這是基督宗教的精神。

　　亞美尼亞體育協會「阿拉拉特」於 1944 年在德黑蘭成立。11 個部門中有 3,500 人定期訓練，其中數百名為專業。「阿拉拉特」足球俱樂部近來落入乙級聯賽，但過去曾打入甲級聯賽中。

　　「阿拉拉特」的運動選手於馬扎萬綜合體育館接受訓

練，該館由亞美尼亞社會團體出資興建。綜合體育館包括能容納 1 萬 5 千人的體育館、2—4 千人的大廳、室內游泳池、網球場、婚宴廳、俱樂部、東正教教堂及大型停車場等。

除了「阿拉特」以外，在德黑蘭還有 9 個體育協會。

亞美尼亞人還有數個樂團、專業劇團、童子軍及各種協會等。德黑蘭的「阿利克」出版社出版各種書籍、月曆、特殊場合出版品、和印刷量 3 千份的日報等，亞美尼亞革命聯盟黨也如常運作。

「亞美尼亞」俱樂部位於意大利使館附近，為西方外交使團所喜愛的聚會場所。

在德黑蘭有約 20 至 30 萬的亞美尼亞人，而在全伊朗為 30 至 40 萬人。

我要求大衛讓我在林蔭道下車。當時已天黑，而在「凡城」電台的會議被延長，後來大衛帶我參觀亞美尼亞巷道，又力邀我品嚐亞美尼亞咖啡（在土耳其被稱為土耳其咖啡，而在喬治亞則稱為東方咖啡），自此距離旅館只有數步之遙。

午後的熱力減退，空氣變得涼爽。貝魯特的房舍擁擠，向海邊的方向延伸，林蔭道充滿孩童的尖叫聲、香水氣味和香菸微光。

那三人就站在高處，緊鄰街燈。我本以為是街頭戲劇，但隨後即有音樂傳出，鼓聲穿過喧噪的林蔭道，之後混入杜讀管樂聲，又有另一杜讀管主導旋律，我聽出是典型的爵士樂，就向此方向推身而去。

剛好結束了。他們是亞美尼亞人，後來發現其中兩名為來自黎巴嫩的本地人，一名來自亞美尼亞，但在貝魯特唸大

學。他們的演奏，部份是為了錢，部份是為了表演，看得出他們玩得很盡興。

「美眉們總愛投向音樂。」鼓手承認道。

「他們是追隨杜讀管的樂音。」另一位糾正他。杜讀管就是力量，看起來像普通長笛，但能取代整個樂團。你可以模仿風琴、大提琴、薩克斯風，甚至其他所有樂器，但我們演奏拉比斯。

拉比斯？

沒錯，真正的拉比斯。在亞美尼亞提到拉比斯，意指的是城市的民歌、民謠、阿蘭姆、阿薩特里安等差勁音樂，而真正的拉比斯為混合的合成樂。你可以選擇〈Yesterday〉、〈What a Wonderful World〉或甚至是〈Guantanamera〉，把它演奏成當地的古樂風，東西方結合在一起，有感覺了吧！

你得聽聽吉凡·加斯帕里安的音樂，杜讀管神妙無比，他與布萊恩·梅、萊諾·李奇、彼得·蓋布瑞爾和安德列亞斯·沃倫維德等人共同演出，也曾為好萊塢寫過音樂。

想像著你拿起千年前之中東男子吹奏過的相同管樂器，述說著連美國人也深受感動的故事。

這就是拉比斯。

哈茨卡爾十字石碑

帕爾克夫修士不善言辭：「你可以留下，但我不會回答你的問題。」

修院，或者說修院的遺跡——破舊的教堂、半倒塌的二層樓房、殘存的農場，這一切皆以石塊、黑褐色的凝灰岩造成，就位於 G 小城附近的希拉克高原上，距埃里溫 120 公里，在國內算是路途遙遠。

「在此待上一年，你就明白了。」

帕爾克夫修士看來約莫 40 歲，但實際年齡恐怕要小一些，蓬亂的鬍子讓他看起來更老。其他二位應當還不到 30 歲。宅院內還養著提供羊奶的山羊和生蛋用的雞群。

我沒辦法待上一年，但可以停留數日。我分配到一樓的房間，2×3 平方公尺大的面積，帶張床墊和碗。可看見天花板滴漏且牆壁都發霉了，新安裝的窗戶也變形了。天啊！他們怎麼過冬的？無電力供應，修士們只有蠟燭，但數量少所以必須省著用。

天未亮即起床，我聽見他們集合並走去的聲音。頭一天時我跟在他們後面一起下樓，但他們很快就消失在黑暗的庭院中，根本追不上。我在教堂裡找到他們，他們正進行晨禱，低語沉浸在黑暗中，迴聲悄悄地重複著禱詞，他們看來像恍神一般，似乎在睡夢中重複著機械式的動作和咒文。

早餐時他們又恢復了活力。他們在沉默中進餐，一點也不浪費時間，且才剛入座不久即自桌前起身，快速地協調每人

當日的職責後便各自投入工作中。

帕爾克夫修士負責管理教堂，聖堂已有 800 年甚或千年的歷史，為典型的石造亞美尼亞聖堂，其圓頂呈正方形，所刻的十字架也為正方形。「無拜占庭影響」，曼德爾斯塔姆曾描述過此種風格。

牆上保留了石刻淺浮雕，以亞美尼亞傳說和聖人事蹟作為象徵，無其他裝飾。亞美尼亞教堂中向來無昂貴物品或圖畫，防人為此鋌而走險。

上個春季時主教曾經蒞臨並主持祭禮，70 年來首度有這樣的機會。第二次世界大戰前教堂被當成倉庫，後來修院就空置了，修士們在共產主義垮台後就遷入，剛開始幾年勉強能維持一定的秩序，現在他們想要更大規模的整修。

帕爾克夫修士回憶著在他們手中起死回生的教堂，他為人開放但幽深莫測，黧黑的肌膚、大鬍子和笨拙的動作讓人感到適意，一如因年邁而彎腰的教堂，它與希拉克省此地的火山丘陵景觀融為一體。

帕爾克夫修士的興趣為哈茨卡爾，也就是十字石碑，教堂後就立著幾座，他在清除青苔後將他們豎立起來。哈茨卡爾為亞美尼亞精神的精華，亞美尼亞藝術和信仰的合成。有亞美尼亞人在的地方就可見它們的中中蹤跡，絕對不可能將之混淆。看來再簡單不過，雕刻著十字架的石板，只有雕刻的線條才透漏出藝術家的熟練技巧。每塊石碑各不相同，絕無重複，差別處在於裝飾、繪畫和性質不同。一部份是因感恩、奉獻，另一部份則因某些意向或者紀念重要事件而雕刻，也有些哈茨卡爾為喪葬使用，有時也能見到刻在岩石上的哈茨卡

爾。

近一年來帕爾克夫修士雕刻自己的哈茨卡爾，但不願透露原因，原因通常無以計數，但每一項都有其重要性。

蘇倫修士負責管理農莊，包括照顧家畜、種植蔬菜及管理不大的田地。「這是項沉重的任務」，正如作家加勒金‧瑟鳥恩茨所述，「麵包必須自岩石中扯出」。身高兩公尺、永遠躬著背的蘇倫工作時帶著種尊嚴，彷彿他在主持某項禮儀。

瓦賀蘭修士懂磚石工程和木工，因此由他照管房子，目前他正致力於修補屋頂並弄乾牆壁，他還計劃自一公里外的水源處引水。

一天當中不見他們有任何坐下休息的片刻，每隔數小時他們便停下工作去祈禱，之後再回到原先的事務中，他們就靠空氣、幾顆雞蛋、一杯牛奶、一塊麵包過活。蘇倫修士一星期烤一次麵包，有時有人自小城裡給他們帶來點別的食物，應該沒有人有金錢吧！

某個夜晚我告知隔天要離去的消息，帕爾克夫修士首度露出笑容：

「你想何時再來都可以！」

我這才知道為何他不願聊天，他實在不知道該說些什麼，他這麼認為。我對修院感興趣讓他覺得驚訝，甚至有點不好意思。遙遠的幾世紀前，亞美尼亞修院內神學和哲學興盛、藝術發達且詩歌創作普遍，那才是饒富興味的時代！現在的他們就只是生活著，並祈禱。為了什麼？為的是任何時代的修士都祈願的相同目的，希望人世美好、世界和平。

還有什麼好說的呢？

前往埃奇米亞津最好於星期日出發，是節日的話就更好了，可以感受擁擠、喧嚷和歡樂氣氛。朝聖者領著脖子上繫紅絲帶的公羊，空氣中充滿烤肉和煮肉的氣味。大家互相邀請品嚐祭祀的菜餚，matagh。他們也習慣與窮人、需要的人和飢餓之人分享。

埃奇米亞津主教座堂附近的盛宴讓人想起伊斯蘭教古爾邦節的情景，但該項傳統比伊斯蘭甚或基督宗教還更古老，據說可追溯至毫無猶豫地向上主奉獻親生子的族長亞伯拉罕，或者來自更遙遠的過去。

亞美尼亞傳統將國家的和宗教的混合一起。

在埃奇米亞津和亞美尼亞其他聖地，除了公羊外也販售祭祀用的白鴿，鳥類可以宰殺，但一般皆放生，讓他們飛入天際。

埃奇米亞津為亞美尼亞的梵蒂岡，亞美尼亞宗徒教會的領袖——大主教就居於此。

教會由宗徒傳下，因為亞美尼亞的基督宗教始於宗徒巴多羅買及達太，且為亞美尼亞特有，要加入必須生為亞美尼亞人，無法改教或皈依，因此接受其他宗教的亞美尼亞人不僅背叛自己的信仰，同時亦背叛了自己的民族。

（亞美尼亞天主教徒擁有獨立的亞美尼亞禮儀天主教會，受教宗管轄。亞美尼亞新教教徒聚集的教會統稱為亞美尼亞福音教會，亞美尼亞的天主教徒和新教教徒超過 50 萬，不到主流教派的十分之一。）

自 1999 年起任職的加勒津二世為史上第 132 任大主教，第一任大主教為啟蒙者聖格列高利，因而有時也將該教會稱為

格列高利教會。

　　某日啓蒙者聖格列高利看見幻象：天被開啓，而天主在天使們的圍繞下出現。之後天主下降人世，天地籠罩在一片奇特的光明中。天主以金錘敲地面後，瓦格哈爾沙帕特城市的中央生成金色的基座，自此向天空射出火柱，上端為發光的十字架，不久後有三座其他的十字架圍繞著柱子，皆鮮紅如血，就立於聖潔的處女墓上方。這些女子分別為莉普希瑪、加雅娜和另外 35 名女伴，在梯里達底王接受信仰恩寵前被處死。之後立柱合而為一，其上為聖殿，聖殿的圓頂立著金色的寶座和火熱的十字架。

　　依照幻象中的聖殿圖，聖格列高利遵循救主所指示的位置建立了主教座堂，將之稱為埃奇米亞津，意為「獨生子的降生」。瓦格哈爾沙帕特也，被賦予同樣的名稱。

　　事件發生於西元四世紀初。根據傳統的說法是如此。

　　歷史的輪迴。

　　五世紀中葉時，在阿瓦拉伊爾戰爭過後，大主教們自埃奇米亞津遷移至德芬，在此定居了五百年（亞美尼亞人的歷史與猶太人、波斯人和中國人雷同，以百年計）。之後大主教轄區存在於幾個其他地方，十一世紀中葉時教會首都為奇里乞亞的西斯（今日之科贊），四世紀後行政中心又回歸埃奇米亞津。

　　歷史的動亂造成遷移，亞美尼亞人所居住的土地幾經變動，被劃分和切割。大主教們選擇能提供較大行動自由的地點，至少得有能迴旋的餘地。當亞美尼亞失去國家的名義時，大主教們便自然地成為民族的領導，並在重要事件上代表

全世界的亞美尼亞人。

他們當中有許多是名人，如：作曲家、詩人和人道主義者等。柯米塔斯一世於七世紀時編寫聖歌、讚美詩，傳唱至今，（亞美尼亞音樂天才選用此名，他以柯米塔斯之名揚名國際）。十一世紀時內爾瑟斯四世史諾爾哈里遺留了大量的學術論文及詩作〈埃德薩輓歌〉，被列入亞美尼亞文學的經典。

內爾瑟斯‧史諾爾哈里受冊封為聖人，亞美尼亞教會一般宣揚殉教者或詩人。

然而密謀者、自負或具病態的野心人士不缺，篡位者亦有之。羅馬教會中有反教宗者，而亞美尼亞教會中則有反大主教者。在某個時期共有五個獨立的大主教轄區並存，部份是因對教會連續性的重視而創建，部份則出自於人類的激情。

奇里乞亞的教長們長久不願承認埃奇米亞津的最高權力，甚至在大主教轄區回歸埃奇米亞津後，他們仍然使用大主教之名。他們於亞美尼亞大屠殺後的二十世紀，放棄西斯而定居於貝魯特附近的安特利亞斯，在移民社群間很快地即取得極大的影響力。亞美尼亞現今由共產黨統治，有關埃奇米亞津的人員地位由莫斯科決定，對在西方的亞美尼亞人而言是不可接受的。

教會籠罩著分裂的陰影。

蘇聯瓦解後埃奇米亞津及安特利亞斯間握手言和，亞美尼亞已是獨立國家，教會難以讓流亡中的元首來主持。1995年時奇里乞亞的大主教加勒津一世獲選為埃奇米亞津之大主教，然而安特利亞斯的教長們並未放棄自己的頭銜。

「我們是獨立的，並不從屬於埃奇米亞津。我們承認埃

奇米亞津的地位更重要，但其優勢僅屬於象徵性，就好像長兄有優於弟的權力，雖然二者平等且在同一基準上。」奇里乞亞大主教阿拉姆一世的顧問吉恩‧薩爾瑪尼安向我解釋道。

除了二大主教轄區，教會中有二個宗主教區：耶路撒冷和君士坦丁堡，二者皆從屬於埃奇米亞津。

埃里溫與埃奇米亞津間的距離為 20 公里。途中，從左側可看見阿拉拉特山，右側則為休火山阿拉加茨，過去被稱為「阿拉古斯」或「阿瓦格斯」，土耳其語意為上帝之眼。

上世紀二〇年代初，布爾雪維克獲勝後不久，當代報導文學之父埃貢‧埃爾溫‧基希即旅經此地，對茲瓦爾特諾茨的廢墟留下深刻印象，他當時並不知此為亞美尼亞有史以來最壯觀的聖地，卻不幸地未能保存下來。

人稱建設者的大主教內爾瑟斯三世夢想建築該聖堂，該聖堂的設計：內為圓弧的十字外形，由三個圓柱體組成，其最大者在下方，頂部為傾斜屋頂，其上為另一較小柱體，第三個最小柱體在上方，以圓頂覆蓋。茲瓦爾特諾茨僅屹立三百年之久，於十世紀時因地震垮落。如果它並非如此巨大，不在阿拉拉特山對面的平原上如此耀眼地屹立著，如果它像諾拉凡克修道院一般蹲立於峽谷間或隱藏在人煙稀少的山間，應該不會像如今一樣碎裂成千萬瓦片，或許有辦法將之重建？

廢墟的挖掘自二十世紀就已開始。在基希造訪前不久，歷史學者托洛斯‧托洛馬尼安的團隊即揭開類似編籃的柱頂；葡萄和石榴裝飾的中楣；動物和鳥類石雕、人像石雕和哈茨卡爾石碑等。在那遠古的時代，教會是亞美尼亞人的唯一家園，他們失去了最初的國家、經歷奴役和瓜分。具備完美化身

的聖地本該永世長存，結果卻像巴別塔一樣，結束了他們的整個世界。

基希前往埃奇米亞津與當時的大主教戈沃爾格五世會面（其任期為 1911-1930 年間）。

汽車就停在宗主教的宅邸前。

該巨宅曾為亞美尼亞靈修學院、哲馬蘭（學院），紅頂上方必曾懸掛十字架，至少絕對不曾有過世俗的五角紅星。

訪客被請入接見廳。

天花板為鐘乳石拱頂，牆上有圖畫、掛毯和木雕，全部以鄰近地區的山水作為主題同時也形成宗教的象徵，其中包括兩座阿拉拉山上光輪四射的大教堂和斜風細雨，山頂上沿斜線停靠著的諾亞方舟。

基希為表態的共產黨人和無神論者，但最主要的身分還是記者，對世界和人類充滿興致的真實記者。在與戈沃爾格的談話中他記載著：共產黨當局「一般」給予教會自由，只沒收財產（留下一些葡萄莊園、約 60 公頃的農地及教堂建築和神父宅院），但「幾乎」不關閉聖堂。八十多歲身形巨大的老大主教希望當局能同意開放高等神學院，所有的教會中學都被廢除了。

10 年後米耶茨斯瓦夫‧勒配茨基造訪了埃奇米亞津。亞美尼亞人的「教宗」已是戈沃爾格的繼位人霍倫一世。

帶我參觀主教座堂和地下室的是主教馬特歐什，他說：「我們的主教座堂已可列為古蹟、博物館。甚至我們這些就現代眼光看來穿著怪異的人們，也是該博物館的一部份。我們在此氛圍中被保存，就像青蛙被保存於酒精中一樣。」

主教說這些話時不帶苦意，也並不絕望。這些話語安靜、平淡地自他口中流出……我望著他，欽佩他那冷靜並帶著動物般的棄世心理。

對共產主義全無好感的勒配茨基認為，埃里溫的政權比起其他各地要來得溫和而寬容。相對的信仰自由、對小額貿易的容許等，都是亞美尼亞式的忠誠表現。亞美尼亞人對莫斯科心存感激，因為它賦予了替代性的祖國。「亞美尼亞人在此不覺得自己像動物一樣，而是主人」，勒配茨基在埃里溫聽到這樣的說法。「任誰都無權殺我們」，另有人這麼說。

這樣的寬容大方出於地緣政治。史達林透過亞美尼亞嚴格地控制亞賽拜然和喬治亞，在中東的遊戲中亞美尼亞起正面的作用，但獨裁者的心意卻讓人捉摸不定。

霍倫的死因依官方說法為心臟病，但根據大主教的家人於經濟改革時期刊出的回憶顯示，其為內務人員委員部所殺害（不久後其二名弟兄於第比利斯遭槍殺，證實該主張的可能性）。死前他對一名親人說道：「我的行李已準備妥當。」教會視霍倫為殉教者。

有 8 年的時間宗主教的位置空懸，當時奇里乞亞大主教宣稱將由他代表全世界的亞美尼亞人（除蘇聯以外）。

史達林直到第二次世界大戰結束後才同意召開秘密會議，他正要求土耳其在領土上讓步，因而需要亞美尼亞人來脅迫安卡拉。他後來放棄此想法並著手管中歐事務，教會領袖由霍倫最親近的合作夥伴戈沃爾格六世擔任，之後的選舉便如常進行。

接任的大主教瓦茲艮一世經歷了自由時期的亞美尼亞。

他的俗世之名為勒翁・帕烏奇安，於羅馬尼亞出生，畢業於布加勒斯特大學哲學系。其任期為重要的轉折點，與移民社群關係親近（他造訪了全球較大的亞美尼亞人聚點）並展開與其他信仰組織間的對話。

「他是名強人，」埃里溫的時事評論家如此回憶瓦茲艮，「連莫斯科共產黨都對其十分敬重，他在本地的地位比黨書記還大。他直接前往某某部長處，說：我不滿意你所做的事。你應該如此……改過來。他的意見被接受了。因為他，我們才能安然度過共產時期。」

他臨終前人整個縮小了，剛獲獨立的數冬都非常嚴寒，讓他難以忍受。全國皆寒凍，在無電、無天然氣和水的情況下，人們拆下籬笆並砍掉公園的林木作為柴火，報紙上為春天的來臨倒數計日，大主教的寬敞居室內必須以超人的毅力才能勉強維持十多度的氣溫。

他喜歡接待客人，會說一點俄語，聽力應該是相當好的，由一名波蘭女性教他語言，在訪談中則僅以亞美尼亞語答話。

領導慈善基金會的威肯・艾伊卡自揚主教在埃里溫市中心有間優雅的辦公室。他生於土耳其，在耶路撒冷唸大學，但長期住在西方，在亞美尼亞僅作短暫停留。他能流利地說數種外語，身上散發著昂貴的香水味。我們一起談論教宗若望保祿二世和瓦茲艮的繼任者大主教加勒金一世所發表的共同宣言，該份文件修正了埃奇米亞津和梵蒂岡間的誤解，在共產主義垮台後，這一切便成為可能。

大主教轄區獲得了自由，卻失去了信徒。

313

「1990 年以前，教堂內的人數比現在多，」主教說道，「人們將埃奇米亞津視為大反對派。此非完全正確，但卻讓人們如此覺得。當時並非如此貧窮，沒錯，去參加彌撒時得買蠟燭，投點錢作為奉獻，還得給乞討的老太太幾毛錢，因為人們都注視著你的舉動。如果你失業中，哪來的錢做這些？所以你就不去啦！這再簡單不過了。」

在中東，所有信徒皆上教堂，亞美尼亞人和基督徒本就屬於少數，堂區對他們來說像家庭一樣。而在美國只有半數人上教堂，數量還是相當大，但這是美國的獨特之處。在歐洲教堂老早就空蕩蕩的，無論是天主教、新教和我們的皆如此。如你所見，亞美尼亞逐漸歐洲化。

以前嬰兒出生後不久即受洗，以成為亞美尼亞人，即使父母不怎麼熱衷信仰活動也如此，葬禮亦同，必須由神父主持，全世界皆同，無論是在亞美尼亞國內或移民社群中。可以對此嘲笑，但我不如此，這就是傳統，失去傳統人們將無所適從。

艾伊卡自揚為修道院感到遺憾。他算道，共產時期在埃奇米亞津有 30 座教堂和 40 名神父，但修道院卻沒落、沉寂了。只有少數地方還有單一的修士堅持下去，但也都在某種程度上變得怪癖。因為即使修道院的生活為隱居，但如果過於遠離人群也會受到破壞。主教說：「如今聖召不受影響，但大家都想留在埃里溫或到國外去。」

進入修道院者具備了英雄精神。

無人在偏遠處立哈茨卡爾石碑，無人為世界祈禱。

休尼克

我在半夜時越過邊界。伊朗那一方關口緊閉，我以為必須等至清晨，但有人建議我敲門。

關口前約莫三十人紮營，有些人就坐在車內，其他人要不站著，要不就蹲著抽菸。或許他們跟某些從亞美尼亞來的人約好了，或許他們在等待白日裡換班的海關人員，也或許晚上不讓車通行。在這個世界，任一處邊界看來都一樣：在通關處、公務人員旁有人做小生意、遊人處處，無序地到處遊幌，沒有明確的目的。每個人都賴邊界生存。有人受僱為搬運工，有人幫忙填寫表格，更有人協助走私，但有大半的人活動讓人無法猜測，就像那數十間的崗亭和兌換所一樣，其中辦事的既非公務員也非旅行推銷員，他們喝著茶、拭去汗水說：「我們這是在南方啊！」並整理一下文件。有時有人拿著文檔進來，先問候過。在此，每一段談話，無論是海關人員與通關乘客間或警察與被拘留的駕駛間，都是以握手作為開始，然後才行解釋、說明，並在一會兒後拿另一疊文檔離開。兌換所的男人們（因為這是男人的世界，由他們來解決這些事，於此同時女人們要不在車裡等著，要不就擺地攤做起生意）屬於邊界的中產階級，雖然遠比不上軍警人員，但比起小販、搬運工、傭工等要高級。

在這個世界某地的邊界上，生活以兩種速度進行著。先是東方市集狂熱的律動讓我們深受吸引，我們陷入人潮中，儘管公路上本應該是空蕩無人的。有人推擠著，有人大聲嚷

嚷，有些人強行推銷香菸，有人打算逆向停車並按喇叭要人讓開路，也有人騎摩托車載著高達數公尺的包裹、紙箱和袋子推擠前行（來自歐洲的我們無法想像摩托車的裝載能力究竟多高）。在這種混亂場面旁，東方官僚的脈搏緩慢而穩定地跳動著。海關官員、警察、各種機關人員，像邊防、反毒品、衛生人員等等，他們向來不急不徐。旅客的資料就抄寫在一本大冊子裡，即使隨即有人將其鍵入電腦也一樣。他們的一舉一動都說明了他們代表著當局，在此威嚴下，邊界上的人群暫時收起囂張心態，圍著通關窗口聚成一堆，自此一切操在命運手中。

在此邊界上有種奇異的安靜，車上的人們不打算快速通行過道，看得出他們是基於其他原因在此出現，一種不可避免的原因。我對著關口敲了數次，來自贊格祖爾山的回音像遠方的炮火聲。不久後入口打開了，一名士兵探頭而出，以詢問的表情看著我，我說我要出關，他點了下頭，讓我進入。

不大的亭子，像火車廂一般狹窄，其中有幾名邊防人員打盹中。這名士兵叫醒一旁的人，他找了許久的圖章，最後在護照上蓋了印，示意我可以離去。

邊界過道占地數公頃，邊防人員所在的亭子旁還有幾座其他的亭子，遠方隱約可見卡車的終點站。我往河邊走去，一會兒後就看見橋樑和哨兵站。我出示護照後就走出伊朗。

阿拉斯河對岸，亞美尼亞屬地上掛著俄羅斯國旗並有俄國士兵站崗。他怎麼在這裡？原來在蘇聯解體後莫斯科發明了「外國近鄰」這樣的詞語。以此稱呼那些如今屬於獨立國家的前共和國們。「近」不代表「友善」或「睦鄰」，該詞彙僅強

調第二詞語，使其被知曉，除去應有的嚴肅性。「外國近鄰」指的是帶點虛無的邊界，不一定存在。一眼望去，邊界與其他地方並沒有不同，有著使館、國旗和國歌，但仔細地觀察下才發現與美國、德國、甚至波蘭有所不同。

莫斯科希望其軍隊不止駐守在俄羅斯的邊界上，同樣也在前蘇聯的外部邊界上，換句話說就是將較近的外國與實際上較遠的外國分開來。「你們沒有經驗，」俄國人對塔吉克、亞賽拜然、亞美尼亞、白俄羅斯及喬治亞如此解釋道，「我們為你們防守邊界，我們這方面做得比你們好且有效。高加索諸國中只有亞賽拜然未接受提議，他們已經受夠了老大哥。喬治亞人無計可施，他們的國家已分崩離析。後來有數年的時間他們都在想法子打發俄羅斯人。亞美尼亞人爽快地答應了，畢竟他們懼怕土耳其。但俄羅斯也在亞美尼亞和伊朗邊界佈兵。

士兵檢查了我的護照，然後伸手指向二層樓的建築，那邊應該有亞美尼亞人了。結果空無一人，我走過通關處，望向某辦公室，不知道下一步該怎麼做。我不能就這麼走過去，沒有入境章，在出境時會遇到麻煩。此外，再過去一定還有入關口，有人防守著。

蘇聯時期此地無任何過道，經由納希切萬的朱利法前往伊朗。後來爭取卡拉巴赫的戰爭爆發，亞美尼亞人被兩面夾攻，東面被亞賽拜然封鎖而西面有土耳其（和屬於亞賽拜然的納希切萬），北面與亞美尼亞接壤的喬治亞中內戰持續而盜匪猖獗，無法自此走動，只剩下伊朗。邊界開放著，貨物暢行無阻，亞美尼亞得以喘口氣。

或許可以問，為何穆斯林國家，尤有甚者是個原教旨主

義國家的伊朗肯協助基督宗教的亞美尼亞。理由非常簡單，削弱土耳其的勢力對伊朗有利，它不僅是永遠的敵人，還是北約成員國和美國盟友，德黑蘭因而破壞封鎖並與莫斯科合作，後來甚至發展成俄羅斯－亞美尼亞－伊朗三國聯盟，與亞賽拜然、喬治亞和西方連成的軸線形成對抗。在此地區間，宗教在外交政策上的角色被高估了。

亞美尼亞的運輸量本可更高，但道路缺乏，從邊界開往卡潘市得開過 80 公里的岩架，之後也無多大改善，從戈里斯以後才有像樣些的公路。喬治亞平靜下來後，於卡拉巴赫簽訂了停戰協議，伊朗的路線中止了，現在只有那些不得不走此路線的人經過。10 年後開始建設新公路，該路線又再度活絡起來，我來的時間剛好是淡季。

我找到樓梯，就直接上了二樓，我看見敞開的門和昏暗的燈光。室內有二名穿制服的邊防人員及海關人員。總算！一會兒後護照上有了第二個章（第一個章是俄國的章）。

海關人員問我要去哪。

「到埃里溫去。」

「怎麼去？」

「不知道。搭公車或蘇式小巴。」

「公車明天才來，隔天行駛。」

「那就先搭蘇式小巴去卡潘。」

「今天中午有，但之後得在卡潘過夜。」結果一樣。

「不然就搭計程車去卡潘。」

「這裡哪來的計程車？！」

這我就根本沒想到了，其實在這個地區到處都有計程

車！這是最簡單的小本生意，只要有輛車，付錢給警察，不需要上課、通過考試、車輛檢查，甚至也不需車頂的燈箱，只要見到單一駕駛將車停在角落等顧客的就是了。此外，少有人就這麼坐著等，計程車司機自行找乘客，大聲喊著：「計程車、計程車」並以目光追蹤路人。像機場、車站、邊界過道這些地方他們絕不放過，他們擋住道路，緊抓他人手臂，即使你甩掉一人，馬上有其他人湊過來。看來在此處完全沒有讓他們賺錢的空間。

「我徒步去梅格里，到時再想辦法。」

「距離 8 公里，一直走就到，」海關人員說道，「一個半小時腳程。」

在卡拉巴赫的衝突開始前，由梅格里至埃里溫可以坐火車經由納希切萬，汽車也經此道而行。現在該城像存在於世界盡頭，鐵軌淹沒於荒草間，前往首都的唯一道路得經過無法通行的贊格祖爾。儘管邊界開放，梅格里卻冷冷清清。無人想在那兒定居。

海關人員在我離開建築前趕上我。

「我可以載你一程。」

「你要換班了嗎？」

「還沒。我把邊界關閉。」

「如果有人要過去呢？」

他像看見傻子一般地望著我，我自己明明看見了這裡的流量多寡。

「就讓他等吧。」

至梅格里 5 塊美金，至卡潘 20 美金，價格很合理。我選

擇了卡潘,該城較大且接近埃里溫。一會兒後我就坐進破舊的
拉達牌日古拉車中。

我們本該在梅格里加油,但阿蘭姆——該海關人員的名
字——開過加油站並往市集方向轉彎,那裡販賣著罐裝的汽
油。罐子上本應標註辛烷值的地方寫著:「絕對」、「上
品」、「熱門」、「超級」等字樣。某個商販的廣告牌上寫
著:「合格的,我以媽媽之名發誓!」

汽油是男人們從伊朗走私來的,身為海關人員,阿蘭姆
須查緝這些人,但做為司機,他得利用他們的服務。他應該抓
得不是很勤快,不然他就加不了油了。亞美尼亞由喬治亞引進
燃料,在進入梅格里前,價格高得不合理,甚至不可得(自伊
朗正式進口的只有原油)。

梅格里再過去就沒有柏油路面了,汽車顛簸行駛在石子
路上,吃力地攀爬上坡,過度使用的引擎在一檔上隆隆作
響,震動、汽油味逸出的臭味和人造皮革的熱氣都使人作
嘔,黎明遲遲未現,當汽車爆胎時我感到欣慰,終於可以步出
車外一會兒。天空呈現粉色,但我們沿路開過的峽谷在一片陰
暗中,白天時陽光照耀的時刻應該也很短暫吧!此時只見得到
峽谷的邊緣和最近山峰的線條。

這片土地叫休尼克或贊格祖爾,與此地的山同名。此為
亞美尼亞最大的省份,應該也是最美的。到處都是巨石和岩石
排成的圖形,峽谷間隱藏著中古世紀的聖地。遠離公路的塔特
夫修道院庭院中立著格瓦贊石柱,以鏤空哈茨卡爾十字石碑裝
飾。石柱高 8 公尺,具 1,100 年的歷史,屬於建築奇蹟之一,
地震中倖存下來,在晃動後自行恢復垂直的姿勢,令人不

解。該石柱像亞美尼亞人，經過鎮壓、推倒在地後，像不倒翁般重新再站起來。

休尼克對侵略亞美尼亞的敵人，總是進行最長久的抵抗，被征服時即鼓動起義。十八世紀時與波斯和土耳其持續多年抗爭的大衛・貝克已成為傳說。1921 年時加勒金・訥斯德赫曾短暫擊退布爾雪維克並宣布成立亞美尼亞山地共和國。

休尼克山上有銅礦和鉬，但人們還是過著貧窮的生活，工業沒落，而農業向來就發展不良。

「人們只好離開。」阿蘭姆指向農村邊緣數公里來的首棟空屋。「有人前往埃里溫，有人前往俄羅斯，可以的人就往西方去。」我們停下來買香菸，但路旁的攤子關著，還好有名婦女看見我們，就攜著籃子跑過來，她應該是一整夜都蹲在路旁。

「我認識她，」當我們買東西時，阿蘭姆說，「她賺錢要給長子辦婚禮。」她還有另外兩名孩子，而家中只有一雙像樣的鞋，那是她一年前因心臟病過世的丈夫所留下的。男孩不願結婚，他說不需要另一個得餵飽的人口，母親無法接受無孫可抱的念頭。

選舉接近了，我在埃里溫的報上讀到：「新議會所接收的國家中，不到百分之五的人口佔了百分之七十的國家財富，而超過百分之八十的居民處於極端貧窮的狀態。」

阿蘭姆也想移民，他說：「看我開的什麼車，真丟人。」我待在這他媽的地方，一個月回家一次，老婆都快忘記我的長相了。

他住在埃里溫附近，如果在首都的機場或海關處工作，

就有機會於短短數月內賺得賓士車，但他沒這福分。亞美尼亞的海關人員沒有發揮的空間，與亞賽拜然和土耳其間的邊界被關閉，只剩下喬治亞或伊朗，他選擇了喬治亞，因為要近些，最後來到久姆里附近的小小邊境通道。「這樣無法養家」，他搖了搖頭。

原先想辦法要遷往南部，但在他辦好手續前，邊境活動已不再熱絡，只剩下將汽車從杜拜引進的走私客或運輸者，及像我一樣找計程車搭乘的旅客，倒霉。

他有兄弟在烏克蘭，所以想搬過去，但還必須再存些錢。想在當地開家酒吧，「那種可以和女朋友前往，喝杯飲料、聽聽音樂的。」就是那種歐式的。

來到卡潘後發現，前往埃里溫的公車已開走了，但一小時後應該有前往戈里斯的蘇式小巴。阿蘭姆找到巴士司機並囑咐他照顧我，「這是我們的客人」，他強調。之後抄下車牌號碼，這比較是做樣子，而非出於實際需要。

在這個地區，最好別做個來路不明的人，駕駛知道我不是獨自一人，我有亞美尼亞友人，會有別人接待我，海關人員負起主人的責任，他沒將我留在陌生城市間，照理說，有可能會發生些不幸的事，但我在此已不是不知名的陌生人，大家都知道我從伊朗過來，想在埃里溫待一段時間，而且我認識阿加拉克通道的海關人員阿蘭姆，我是來客。

訪客一詞意義廣如大海。訪客，顧名思義就是從他地來探訪姨婆等親戚之人，或者是對人和冒險持開放態度之人、對日常生活感興趣的記者及至少一度曾拜訪過同事家鄉的合約僱員等人，並非所有的外國人都可被列入此類，像行政代表團的

團員、旅行社的遊客、因重要事件而被外派一段時間的電視台通訊記者或公司的駐外員工等，雖然在正式場合向他們敬酒時說道：「敬我們的貴客」，但卻不算在內，訪客必須出自心底願意擔任才可。

主人一詞的意義就更廣泛了，主人指的不僅是在自己家中招待客人之人，更是每一位跟新來者接觸並且感到有照顧責任之人，他必須讓來客搭上正確的公車、不至於在城裡迷路、能飽餐一頓、造訪當地古蹟並認識歷史，有人因此擱下自己的工作、趕路或者為此錯過班車。

從卡潘至戈里斯的蘇式小巴司機想成為我的主人，他力邀我去他家中住個一星期，我對這類邀請一般敬謝不敏，深怕給別人造成麻煩，甚至讓這些家庭因而負債，因為待客必須周到，貧窮人家只好向人借貸，我能喝到一般準備作為洗禮或婚禮之用的葡萄酒。當然，這司機並不覺得我真會去住上一星期，但如果我真誤解了他的表面意思，他也就沒法轉圜了。

聽說霍加·納爾斯丁以下列話語問候每一位經過他家的人：「您好，可敬的來者。可能是重要的事情催你上路，你沒有時間待久一些，但你看來有些疲憊，讓我有此榮幸接待你，休息後你可以繼續踏上旅程。」

該知道的是，享有智者聲譽的霍加並非富裕之人，相反地，他一貧如洗，難有飽餐的時候。一年中僅數度有食肉的機會，平常則以乾麵包和清水度日，但霍加不願讓人知道他的窘狀。

某次，有位旅人決定接受他的招待，他停下來與主人打招呼並問：

「哪兒可以繫馬？」

「恐怕最好繫在我的長舌上」，他面有難色地答道。

到埃里溫的公車幾個鐘頭後到。我想，應該還來得及看看辛左勒斯克，從戈里斯僅一箭之遙，至多 20 公里。

我知道現在的辛左勒斯克附近延伸過去，為洞穴聚集處，應該不算延伸而是堆積，因為凹處是沿著山邊和峽谷壁所鑿成。部份直到現在還在使用，鄉下人用來作為倉庫、食物貯藏處甚至作為馬廄。附近類似卡帕多細亞，但更多綠色植物，休尼克此區已有林木生長，但根本無觀光客。

色諾芬於其作品《長征記》中描述了這一類家宅，在他前往特拉比松帝國時曾參觀過：「住房是在地下，入口處看起來像井口，然而底部寬闊，牛隻通道為挖掘的入口，而人們則順著梯子出入，住房中有羊隻、牛隻和家禽，和人們住在同一空間。」

2,360 年後，於上世紀六〇年代，作家瓦茨瓦夫・庫巴茨基曾在埃里溫類似的住家中待過。阿爾塔薛西斯住在地下的房子中，他對不能更體面地招待我們而抱憾，我心中暗喜，就因為房管處的效率緩慢，我才有機會見到亞美尼亞的歷史性建築。我們低著頭沿梯而下，住房不錯且涼爽，具備電力，浴室和冰箱都有電，還有連接桶裝瓦斯的瓦斯爐，睡房內有地毯。

我跟著一起來的司機彷彿從地面上長出般出現，我就問起交通一事。

「幹嘛去辛左勒斯克，你不是要去埃里溫。」上我們家坐坐，喝杯咖啡，然後你再去搭公車。

我跟他們說我很想看那些凹洞。

「那就讓我兄弟或鄰居帶你去，我沒辦法，還必須開兩趟車到卡潘。」

他試圖留我過夜，畢竟他晚上才能回到家，他自己就說了：兩趟車。他不會請了客人，自己卻不在。

是我的錯，我不該在站牌附近徘徊，應該再走二條街過去的，詩人戈沃爾格・額敏曾警告：

在亞美尼亞時講話小心點，
迴聲在沉默中重複話語。
無論是陡峭的峽谷或岩石間，
全國都能聽到這些話語。

（維托爾德・東布羅夫斯基翻譯）

現在我有兩種選擇，要不就堅定地回絕，讓真心待我者受到傷害，或者就順從其意，改變自己的計劃。我趕時間，但還有多出來的一天，我對外省相當感興趣，因為一般就只去埃里溫，而我一直想去辛左勒斯克。我喜歡上那名司機，瘦而結實、有著大鼻的山地人，他每句話皆以「我們在休尼克」開頭，彷彿在特別強調本地人即使不比其他地方的亞美尼亞人強，至少也是有所區別的。

我們搭乘他開的蘇式小巴到卡潘去，車上已坐滿了乘客，他改變了路線，在小城裡繞道而行，但無人抱怨，有時會這樣，顯然是有事要辦，只好等待。我們停在一所綠色的屋子前，司機拉上手刹車，但未熄掉引擎，他下了小巴，帶我進去

屋內。

　　他的太太和父親卡莫都在屋裡，孩子們則在埃里溫唸大學，他們把我安置在房裡並以咖啡招待，與此同時，廚房中開起了家庭會議，我聽出他們在說辛左勒斯克和車子的事。15分鐘後司機回到乘客間，那名婦女隨之走出去，而卡莫先生則搖晃地走過來，講述他如何進攻柏林的事蹟。

　　那名婦女在二小時後返回，她一踏入門檻就向卡莫先生解釋起來，而他也以提問題打斷她的談話，他們以亞美尼亞語交談，所以我不知道內容是什麼？後來老者終於說其友人就要過來，他們將一起玩那爾迪棋盤遊戲且他繼續回到對戰爭的追憶中。一小時後果真出現了另四名長者，其中一名帶著那爾迪遊戲用的棋盤，在歐洲稱為西洋十五子棋，不消一會兒他們即玩性高昂，愉快地閒聊並喝著白蘭地。我心中大為不快，至埃里溫的公車已跑走不說，辛左勒斯克也泡湯了。

　　原來，該司機兄弟的車壞了，而那位有車的鄰居也病了，這樣的事有可能發生。如果有人同行，我們可以一起搭計程車，但無人能成行，就連那位從早到晚在工作室裡的兄弟也是。他們是絕不讓我一個人走的，不能這樣讓客人自行走動，這對他們的名聲不太好，意味著對被守護人不聞不問。

　　我看著卡莫先生和他的同伴們，心想著在德黑蘭沙阿古老宮殿中曾見過的畫面，呈現在畫面中的是二名男子，其中一人穿著雙排釦長禮服和大禮帽，他就坐在椅上並將手伸向第二人，那人則斜倚在地毯上，所著的束腰寬鬆外衣在地面上延展開來，一如東方故事，這幅畫說明了時間觀的不同。在西方，時間是經過稱重和測量，被切割成時、分、秒，而在東方

則時間流逝如河流；在西方，時間是獨立、外在且不屬於人類意志控制（雖然你可以殺它或與之爭鬥），而在東方則屬於自然的一部份。

西方失去了現在式，所有發生在一分鐘前的事都成了過去、往事，而一分鐘後所要發生的事則屬於未來，在日程和議程中緊湊安排妥當了的。在東方，人生就是不斷延伸的現在式，就連過世的祖先都還存活於現在、此刻。德黑蘭的畫像中呈現的二名男子都在現在的時間內，但各有屬於自己的時間。

卡莫先生的友人享受著每一口的白蘭地滋味和甩骰子的愉快感，能在一起談天和玩棋戲是件多愉悅的事，我的不快漸漸離去。

主人回來了，我們一同享用晚餐。

「我們在休尼克，」他開始敬酒，「尊敬偉大之人。」當然，我們也愛瓦爾丹・馬米科尼安、國王提格蘭大帝及伊凡・巴格拉米揚元帥等人，但如果你問誰是民族英雄，當地人的回答通常是名不見經傳、在某村出生且於戰時勇敢奮戰的人。在休尼克，這類人物才是青年的楷模，而非那些過去的英雄，因為他們比較平易近人。

我們為所有的民族英雄敬一杯。

中午前我前往埃里溫，公車由伊朗邊界開來。

辛左勒斯克直到數年後因其他機緣才成行，我當時想順道去拜訪蘇式小巴的司機和他的家人，但無此機會。

一切自有安排。

凝灰岩

「知道嗎，這裡沒有捷運，」蓋亞娜說道。「哪有首都沒有捷運！」我們感覺有缺陷，不受重視。更糟的是，第比利斯和巴庫都有捷運了，對這一點大家都有種情結。

在喬治亞的首都第比利斯，地下鐵於 1966 年就啓動，而在亞賽拜然首都巴庫，則於 67 年啓動。蓋亞娜，這位動作笨拙且瘦小的亞美尼亞人，當時還在求學，任誰都沒想到蘇聯會解體，但國際主義的旗幟已激起民族情緒，近鄰的成功被視為個人的失敗，此與黨書記所鼓勵的社會主義競爭無任何關聯。

沙俄時期亞美尼亞被劃分為省及縣，蘇聯時代則為加盟共和國，作為國家地位的替代，莫斯科欲根除民族主義，但地方當局卻用盡所有方法玩弄近鄰。

1965 年 4 月 24 日亞美尼亞大屠殺五十週年紀念時，在首都埃里溫聚集了成千上萬的群眾，他們提出歸還現屬於土耳其的亞美尼亞土地，及將納戈爾諾—卡拉巴赫歸亞美尼亞的訴求。即使大主教瓦茲艮一世出面，也無法安撫人心，情況失控，這讓莫斯科無法忍受。

在此期間，警察拘捕了過去曾任亞美尼亞第一任總統的列翁‧特爾−彼得羅相。他要求紀念屠殺中的犧牲者，數月後當局自行建設奇策那卡貝爾德綜合建築（燕子堡），由紀念碑及 1915 年設立的博物館和公園所組成，首都豎立起 1918 年時對抗土耳其及亞賽拜然的安德拉尼克‧奧扎尼安將軍之紀念

碑。

但真正強烈的一擊產生於 68 年時，當局於此時宣布埃里溫建城 2,750 年，建城日期是由在阿林博德山丘出土的烏拉爾圖銘文所讀取，當中不僅提到與埃里溫只有地緣關係的艾瑞布尼，同時也說明亞美尼亞首都比羅馬更古老，第比利斯和巴庫在這方面毫無競爭的空間。擁有捷運的時機也到了，81 年時開始啟動，只有四站。

「此地無城市傳統或世代相傳的氏族，」如今為歷史博士且受歡迎的政治學者蓋亞娜說道，「這一切都在我們眼前發生。」最早自稱為 埃里溫人（此處以大寫字母書寫，因為所指非戶籍地），為四○或者甚至三○年代出生者，是最早期的蘇聯時期亞美尼亞知識分子，更清楚地說，就是我父母那一代。之後城市迅速擴張，讓人難以分辨究竟是首都或人口百萬的鄉鎮。

在開始的 2,600 年內埃里溫乏善可陳，不過是坐落在從波斯至黑海間某條路線上的貧瘠市鎮，在某些時期甚至曾為空城，因為歷史記述中曾出現數百年的空白。據瞭解，七世紀時為阿拉伯人所搶掠，而十四世紀時則為帖木兒，之後處於波斯和鄂圖曼帝國間，多次更易，除了淹沒於黃沙間的艾瑞布尼外，奇蹟下倖存的一切古蹟，也於 1679 年的地震中毀於旦夕間。

十八及十九世紀間埃里溫汗國存在了 80 年之久，為波斯勢力範圍內的半獨立小國，由土耳其的卡扎爾王朝所統治。1828 年時為伊凡‧帕斯基維茲征服且併入俄羅斯（亞美尼亞人稱之為解放），他因此功而被沙皇受封為埃里溫公爵。

　　十九世紀中葉時埃里溫成為省會，當時居民人數三萬，還不及庫塔伊西和占賈，更別說是第比利斯和巴庫了，連久姆里都比較大。狹窄、蜿蜒的街道兩旁矗立著黏土堆砌而成的單層房，只有一家旅館（也是黏土砌成）。最普遍的娛樂即為鬥石雞。波蘭的旅者曾記載：「我們已知道所謂薩滿（saman）即為打穀後脫殼所剩餘、參差不齊的麥稈，以木板釘以火石。黏土混合薩滿後製成生磚，作為此地所有屋舍、圍籬甚至城牆的堆砌材料。每當雨後黃色水流自牆上流下，碎乾草看來就像布袋上的尖錐。」

　　新蘇聯埃里溫的建設者為亞歷山大·塔馬尼安，他設計了 15 萬居民大小的城市，四圍以公園環繞，市中心規劃為橢圓形廣場，並以政府大廈排列成的圓弧作為界線。另一廣場則設於市區邊緣，在此設立了圓形歌劇院和芭蕾舞廳（因此建築而於巴黎獲得金牌），一旁令人挖掘池塘，劇院觀眾稱之為天鵝湖。第一座廣場以列寧為名，比較莊嚴而實際，第二座則比較充滿感情且壯麗。

　　大建設時期從此開展，此地從鄉下小鎮蛻變成都會城市。於三〇年代中從波蘭到埃里溫的旅人（建城工程開始 10年後）曾寫道：「只有當地人還是讓人感覺不對勁，完全無法像歌劇院一樣可以輕鬆地將之轉換時空至華沙。他們穿著算是相當奇異，某種彩色的粗布衣服、過時的古怪時裝，腳上穿亞麻布鞋，完全不戴帽，或偶爾以鴨舌帽或彩色無邊帽取代，絕大多數都不愛領帶和領圈，這些因素讓街頭大眾看來有自己的色彩，完全不像他們所如此思念中的『歐洲的』色彩。」

　　隨著大建設而來的就是大破壞，推土機所推去的，是古

老、東方式的埃里溫。黏土砌成的貧民窟不叫人心痛，而較像樣的房子則被塔馬尼安要求留下，但城市依然在擴大中，吞噬掉更多舊式建築區，郊區向阿拉拉特平原延伸，與附近山丘連成一氣。原先計劃居民數量為 15 萬的城市擴張成二倍，之後為三倍。清幽的小巷和屋舍消失了，取而代之的是巨型的建築用板和水泥砌成的遊戲場，新的摩天大樓為線路、電纜和管道所纏繞，為了省錢而被曝露於外。

七○年代時建立於赫拉茲丹邊緣高地的石屋已不存在了，但埃里溫式的庭院還保留著，糾纏混亂的貯藏室、拱廊、畜欄、草地及種植蔬菜的小塊地。安德烈·畢托夫也曾描寫過：

庭院彼此間不重複，但表面上卻也無所不同，無特殊或引人之處，每一所都為一個整體。這些擴建建築、隱蔽處、樹葉、光線和陰影的混亂是如何堆疊，卻又能保持著和諧並具藝術性的完美呢？這一切皆無法查詢甚至無法讓人理解。顯然地，生活本身在非刻意的規則下自行安排，無法創造出不完美的形式。

九○年代時我在公寓大樓間還見過這樣的地方，以狹窄的大門與街道相通，望去如同眺望望遠鏡鏡頭，彷彿下一瞬間就要出現在鏡頭的另一側。

本世紀時，在埃里溫市中心距離波蘭大使館及聖格列高利主教座堂不遠處的樓房間，其庭院如迷宮般開展，彷彿色彩畫家及哲學家馬爾提洛斯·薩利安的畫作般，他認為地球是具

生命的存在且具備靈魂。

老城區的殘餘部份在建設連接共和國廣場（過去稱為列寧廣場）及劇院前廣場的道路期間受破壞，該街道由塔馬尼安設計，他為那些老房子感到可惜。

塔馬尼安以凝灰岩，也就是石化後的火山灰來建設埃里溫，它們在此地數量龐大，整座山都是。亞美尼亞簡直就是一座巨大的火山口，擁有無數的休火山。

亞美尼亞人總是利用隨處可拾的材料作為建材，亞美尼亞的教堂看來彷彿自平地升起，因為所用的材料與其所立的地面材料是一樣的。

詩人戈沃爾格‧額敏認為，在亞美尼亞談論祖國的土地不過是文學上的把戲，一種比喻而已，更正確來說，應稱為：祖國的石頭。地面上散置著黑曜石、火山玻璃，就像額敏所說的──石頭轉化成玻璃。凝灰岩沉積在較深處，其下為玄武岩。

凝灰岩看起來像浮石，多氣孔且透氣。以凝灰岩造屋無濕氣，夏日可隔離熱氣，冬季則防寒。

凝灰岩有藍、黃、橙、紅、米色、棕色等顏色，易於切割成塊狀，可以將房子蓋成彩虹的色彩或砌成馬賽克外牆。但塔馬尼安較喜愛粉紅色，因此埃里溫市中心為粉紅色。只有共和國廣場的政府大廈呈紫色。

在粉紅的環境中，以巨型水泥板築成的公寓大樓看起來像芭比社區中堆積而成的貧民窟。

亞美尼亞最近代的歷史就於埃里溫的兩座廣場中進行。

經濟改革開始了，人們就像蘇聯其他各地的人一樣，走

向街頭遊行，剛開始靜悄悄地，帶點不確定性，之後有人拉開抗議布條，有些人跟進，有些人則只是觀望。警察也不知道，究竟該不該開打？最後是不情願地打了，但隨之湧來更多的人潮，窮於應付。之後街道變成每星期 7 天、24 小時開放的政治俱樂部，只有演講者改變而已。當局不知道該如何處理，列寧也從未提過類似的狀況，權力從手中失去。最好是請示莫斯科，但莫斯科也不知道，它本身就在特赦和混亂的鎮壓間擺盪，再說，莫斯科也不再是一體，單一的體制在眾人眼前瓦解，強硬派共產黨成了民族主義者，黨書記成立了自己的企業，無神論者受洗，神父介入政治。

如同在蘇聯其他地方一樣，工廠都停工而商店裡的商品也消失不見。與此同時，暖氣供應停止，而瓦斯、電和水皆被切斷，飛機飛航無定時，通常根本就不飛行，因為缺乏燃料，而飛行時往往一票難求。大家都不再恐懼了，報紙上刊出那些不久前還可能因之吃上牢獄之災的言論，所有人皆渴望自由，他們還沒注意到已無米可炊。

所有國家都想要自由，亞美尼亞人亦同，但更重要的是納戈爾諾－卡拉巴赫。卡拉巴赫屬於亞賽拜然，然而亞美尼亞人的數量在此要多出數倍，他們要求將之併入亞美尼亞。

蘇聯的亞美尼亞。

少有人關心獨立之事，與俄羅斯分離是不智之舉。大學的某位教授提出主張，他認為亞美尼亞式的愛國主義在於愛俄國人而憎恨土耳其人，然而俄羅斯忙於自己的事務且距離遙遠，而兩邊的土耳其人就在疆界後。

亞美尼亞難民自亞賽拜然湧入，敘述在當地遭屠殺、搶

劫和强姦之事。亞美尼亞人也以屠殺亞賽拜然的村落作為報
復,在卡拉巴赫的亞賽拜然屋宇及在巴庫的亞美尼亞屋宇在火
光中燒成灰燼。精靈[11]已被從瓶中釋出。

卡拉巴赫委員會的成員列翁・特爾-彼得羅相成了總統,
不久後亞美尼亞就退出蘇聯。這是唯一依照蘇聯法律規定下獨
立的共和國,只有亞美尼亞人認真對待虛有的法律程序,也只
有在亞美尼亞,共產黨未重返政權。

戰爭爆發。早就有戰爭的跡象,但直到蘇聯解體後,亞
美尼亞人和亞賽拜然人才相互攻擊。亞美尼亞人說是不參
戰,且只有卡拉巴赫的亞美尼亞人與亞賽拜然抗爭,在亞美尼
亞只有志願者參戰,但事實上全國都捲入其中。俄國人一度擁
護一方,一度擁護另一方,直到亞賽拜然總統宣布要將石油銷
售給西方企業後,他們才決定支持亞美尼亞,因而扭轉局
面。

亞美尼亞人不僅將亞賽拜然人逐出卡拉巴赫,也包括附
近各縣在內。卡拉巴赫現今與伊朗和亞美尼亞接壤,雖宣布成
為獨立國家,但未被承認,甚至未被亞美尼亞承認(一旦承認
或與之合併,將意味著接受併吞亞賽拜然土地的事實,並成為
侵略者)。卡拉巴赫無法脫離亞美尼亞而存在,卡拉巴赫的亞
美尼亞人至今還持亞美尼亞的護照和亞美尼亞車牌號。尤有甚
者,他們統治著亞美尼亞,但他們不願意統一,他們要的是獨
立的卡拉巴赫。他們自認是民族的精粹,卡拉巴赫的亞美尼亞

---

11 是伊斯蘭教對超自然存在的統稱,由阿拉用無煙之火造成。精靈有善有惡,會
　幫人也能害人。

語比較生硬，且當地人講起方言時，亞美尼亞的亞美尼亞人根本就聽不懂。

1996 年時在亞美尼亞舉行選舉，特爾–彼得羅相自行宣布當選。其對手也是過去的卡拉巴赫委員會同志瓦茲根·馬努基揚，並不承認選舉結果。可確定的是有大量作票，但其量是否大到足以扭轉選舉結果？劇場廣場前聚集的群眾多天來要求重新投票，但特爾–彼得羅相拒絕了，他強佔權位不放，還派出警察和軍隊對付人民。

或者總統不該為亞美尼亞的不幸負責？畢竟，不是他引發斯皮塔克及附近地區的地震，也不是他喚來令人難以忍受的嚴冬，使得人們不得不就近於市公園伐木作為柴火，以免受凍（仍無暖氣供應）。也不是他與陷入內戰的喬治亞人交惡，被切斷所有由亞美尼亞通俄羅斯及黑海的路段。那卡拉巴赫呢？那邊爆發爭鬥，同樣與他無關。可不是，與亞賽拜然和土耳其間的邊界被關閉、鐵路線遭封鎖、亞賽拜然的亞美尼亞人被驅逐等事，同樣不能怪罪至特爾–彼得羅相身上。

那為何群眾要致他於死地？因為事關正義。當所有人都同樣受難，就一切太平了。不能容許有人吃不飽，卻有人奢華度日的情況。

接下來的一年同樣是工廠停擺，交通停頓。有工作的人仍數月領不到薪資（平均值約能購買兩公斤肉類）。商業——指的是賣啤酒的小亭、修車廠、廣告公司等，賺不了大錢。而那些掌權者身邊的人，通常是他們的子女、遠親或親信，卻開最新的吉普車炫耀著。在亞美尼亞，老闆的助理比其副手還重要、總理的駕駛比副總理還重要，更重要的則是家人。總統的

兄弟特爾曼‧特爾－彼得羅相曾任軍事工廠赫拉茲丹馬士（Hrazdanmasz）的廠長，據說控制了三分之一的亞美尼亞經濟，還竊取了數百萬。後來被委派他處，但遭人槍殺。當時在亞美尼亞有多人死亡。具影響力的家族間在埃里溫及全國各地劃分勢力範圍，像以前的西西里。

總統為語言學者，談吐文雅，其博學為迷人之處。他還通曉俄語、英語、法語、德語、阿拉伯語、亞述語、格拉巴語（古亞美尼亞語）及希臘語和拉丁語，此外也在蘇聯監獄待過。他自己從未因貪腐而受指控，頂多是無能，但被與退化、失業、貧窮、飢餓、缺電力、缺天然氣、缺水，甚至是寒冬和地震等現象聯想在一塊。

接下來兩年內他在統治上全力以赴，卻已失去重視和支持，一蹶不振。在絕望中他提名未被承認的納戈爾諾─卡拉巴赫共和國之總統羅伯特‧科恰良作為總理，這是一場結束的開始。

科恰良展開領導勝戰的傳奇故事，亞美尼亞人稱之為鐵人羅伯特。他非知識分子，但有種直爽的迷人處。在他覺得地位穩固後，就開始設計陷害總統，他指責他在與亞賽拜然的和平對談中屈從且對卡拉巴赫缺乏關心，不僅不加以援助，最後還讓它失去。他後來強迫特爾－彼得羅相下台，並在控制下贏得提前大選，20年間統治了亞美尼亞。

埃里溫開始充滿卡拉巴赫人，科恰良只相信同胞，每位新官員都需要秘書、助理、保鏢、司機，甚或副手，每位都帶著自己的家人。亞美尼亞的家庭不止太太和孩子，還包括岳父母、兄弟姐妹和表親，曾有整村的人遷移至首都，視埃里溫為

獵物，截獲的戰利品，像凝灰岩一樣容易塑造。埃里溫的知識分子早就移民世界各地，或者說根本就不曾存在過，還來不及存在？

無人知曉暗殺者是如何騙過警衛，他們衝入共和國廣場粉紅帶紫的國會建築中，當時正進行政府官員的質詢。他們殺害了八名從政者，其中包括議長卡倫‧德米爾奇安和總理瓦茲根‧薩爾基相，此二者皆屬未來可與科恰良爭奪權位之人。該事件就在全亞美尼亞人眼前上演，暗殺者在鏡頭前聲明：「他們只想懲治貪官污吏」，之後便投降。他們被判終身監禁，但法官無法斷定他們是否受他人指使，10 年後，真相仍不得而知。

科恰良推得一乾二淨。再加上經濟開始好轉，早期的較大型投資開始進行，經濟略有起色。同時，國家也日益依賴俄羅斯。

（特爾–彼得羅相也站在俄羅斯這邊，他堅信沒有其他的選擇，只要提到俄羅斯，亞美尼亞人即失去判斷力，不僅原諒一切，也相信所有藉口。）

俄羅斯多次解救亞美尼亞人脫離迫害，但絕非是無私的。特爾–彼得羅相與之關係良好的葉爾欽，無意重建帝國，與科恰良在同一時期取得權位的普丁則相反。忠誠的亞美尼亞人所付的俄羅斯天然氣費用與桀驁不馴的喬治亞一樣。現在他們真的毫無選擇，莫斯科封鎖了自伊朗轉運的天然氣管道建設，俄國人接管了大半的亞美尼亞工業、所有的能源、運輸和通訊產業，作為債務償還。

與近鄰交惡的亞美尼亞之情況像殖民地。

科恰良的繼任者為謝爾日・薩爾基相，也是卡拉巴赫人。2008 年的選舉同樣在不安寧中度過，薩爾基相的主要對手為前總統列翁・特爾－彼得羅相，他於 10 年後決定重返政壇。在初步結果公佈後，他不願接受失敗。或許他並未敗選，只是計票者另有其人？埃里溫發生騷動，有人傷亡，但當局不願向要求重新選舉的群眾屈服。

誰拿劍宣戰⋯⋯

蘇聯時期，埃里溫電台也被稱為亞美尼亞電台，10 年間不斷成為眾多軼聞、笑話和滑稽文章的主題。它們都有著相同的模式，就是聽眾向電台提出問題，之後獲得出乎意料的機智回答。有時在第一個問題後出現下一個問題：

「蘇聯最美的城市為何？」

「埃里溫。」

「需要多少原子彈才能毀掉埃里溫？」

「第比利斯和巴庫也同樣是美麗的城市。」

詩人

1.

薩亞特‧諾瓦的本名是哈魯提温‧薩亞迪安,是十八世紀的人。

他極有可能出生於亞美尼亞的桑那新,但在第比利斯、阿夫拉巴爾的貧窮亞美尼亞家庭中成長。

本該是名織工,卻成了詩人。

2.

我們對他所知不多,他在字裡行間自行透露一些,部份則可自其抄寫的手稿中得知,部份則來自其子奧根的著作。一些文檔、與他認識的一些人的報導和轉述的故事等被保留下來,研究人員近十年來從這些瑣碎資料中篩選,嘗試著拼成一個整體。該項工作繁瑣又不確定,必須具備偵探般的熱情和對時代無窮盡的瞭解,必須通曉亞美尼亞語、喬治亞語、亞賽拜然語和波斯語,最好包括方言在內。

困難處在於薩亞特‧諾瓦為神秘化專家,以密碼和象徵符號書寫,並熱衷於輕描淡寫和模棱兩可,創造新詞彙而將舊詞彙賦予新意,使用雙關語,混淆線索、抹去痕跡。他的詩作是鏡房,無法知曉他所描寫的自己中哪些是真實的,哪些是虛構的,哪個是圖像和反射,每個句子中所隱含的意義有幾層。我們永遠無法確定是否已達最深層的含義,或者是否我們的方向是正確的。

　　我們甚至不知曉詩人的筆名從何而來，大部份的研究人員認為其意為「薩亞德之孫」，但有人解釋為「傑出的獵人」、「心靈之歌的漁夫」、「音樂人」、「詩歌王子」、「新導師」等。

　　並非每個人都將飲此泉

　　泉水味獨特

　　我的思緒並非為所有人建構

　　我的話語涵帶奇異境界

　　世界不易將我擺脫

　　我的年輪似花崗岩……

　　（維托爾德‧東布羅夫斯基翻譯）

3.

　　有關來自阿夫拉巴爾天才詩人的消息傳到國王赫拉流士二世耳中。曾有一段時間，薩亞特‧諾瓦為他莊園中的吟遊詩人。或許他曾是卡爾特里和卡赫季王位繼承人喬治王子的幕僚之一？

　　據說他愛上國王的姐妹安娜，但所指的可能另有他人。或許他根本未陷入戀情，只是在某個時刻展現他的激烈情感，讓所有人被誤導。人言可畏。薩亞特‧諾瓦因此走投無路。

　　這也有可能是他自己編出的情節，因為再也無法忍受莊園生活和那些侍臣，所以藉機要離去。

　　他成了神父，後來為修士。數度換了修道院。他似乎贏

得所赫蒙尼安的尊敬。

可知的是，他有個妻子名叫馬爾瑪，還有四個孩子。

4.

在他之前，東方無人像他一樣寫作。此為音樂詩，充滿半諧音和頭韻，包含在迷人的韻律中。薩亞特·諾瓦隨性地使用語言，任意切割成短語並像黏土般塑造，將音調轉換成曲調，組合成詩，他所創作的歌謠傳唱至今。

他從時間和地點的枷鎖中解放，悠遊於詩行間，寫作的題材為愛、苦難和人類命運。因春天來臨而喜悅，並與上帝爭執。

毫無疑問地，他意識到自己的才能。

瓦列里·布里索夫認為薩亞特·諾瓦的創作為人類心靈最美妙的攀升。

為何我的雙眼濕潤，為何她吸乾我的血液？
病態與愛共存，只有她是解藥！
我因病躺下，但她牽引著我的目光。
只有我的死亡，唉！才能使她靠近。
……
你呀！薩亞特·諾瓦，陷入了困境。
（皮歐特·昆策維茲翻譯）

5.

另一名第比利斯的亞美尼亞人謝爾蓋·帕拉贊諾夫向世

人對他做了最完美的推薦，在影片《深藍色彩》中呈現。

帕拉贊諾夫以繪畫的方式拍片，當中無情節，只有序列的場景，由人和物體的位置及組成起重要作用。最小的細節，甚至顏色都帶有象徵意義。

場景幾乎是靜態的，也幾乎是無聲的。演員以特寫鏡頭拍攝，其動作緩慢且自動化，經常重複，因此就連最簡單的活動也成為一種儀式，有時連演員都不存在，我們看到的只有靜物。

薩亞特・諾瓦的童年：小男孩躺在四圍曬著書籍的地上，風翻動紙頁，男孩張開手臂，現在看起來像被釘在十字架上。

薩亞特・諾瓦亡逝：兩位單翼天使將詩人置於空曠的狹長街道中央，他開始往地平線走去，而天使們則拿起他的樂器（長頸的三弦琴）漸漸遠去。

6.

他是亞美尼亞人，大半生在喬治亞度過，然而最常以亞賽拜然語寫作。留存至今的 230 首曲中，115 首為亞賽拜然語的作品，恰好是一半。60 首曲為亞美尼亞語，34 首為喬治亞語，其他則為波斯語或數種語言綜合，部份的詩作中一半為亞賽拜然語，另一半為亞美尼亞語。保留下的某首詩作中，其四節全用不同語言寫成，而且分屬三種不同字母。

誰會是分裂且爭執不休的高加索之庇護人呢？

他瞭解屬穆斯林的東方，待遇波斯及現今的亞賽拜然，或許曾到過阿富汗和土耳其。他不太適合當修士，因為為人不

夠謙遜。據說，他逃出修道院並偽裝成民謠歌者，並不斷寫情色小說。但毫無疑問地，他自認為是基督徒。當他模仿保羅詩句的時候可見一斑：

他們給你甜蜜的膽汁，

為給他們的辛勞付出吧，薩亞特・諾瓦！

（安哲伊・曼達里安翻譯）

7.

他長壽，像高加索部族長老一樣，享壽 83 歲（部份研究人員認為他實際出生的日期較晚，應該只有 73 或 78 歲）。

他的死況悲慘，像高加索騎士一樣。事情就發生在阿迦・穆罕默德・汗沙阿侵略第比利斯時，他以殘酷來掩飾自身的殘缺，詩人藏身於某教堂中，然而刺客並未放過聖堂。據說，他原可以改信伊斯蘭以保命。

在入侵前，他已小心翼翼將親人送往安全地點，像高加索的一家之主。

8.

冷靜下來，不羈的心靈，世界不過是虛浮的……

所有我們曾放棄的，根本不值一提……

哪些是重要的，筆、歌謠還是書？

在歌謠中感受愛，熱愛書中真理。

（安哲伊・曼達里安翻譯）

第三部　薩達赫樓 3

　　薩達赫樓（Sadachlo）為喬治亞語，亞賽拜然語為薩達赫維，亞美尼亞語為薩達赫利。

　　該村位於喬治亞、亞美尼亞邊界上，距亞賽拜然邊界很近。

　　喬治亞人、亞美尼亞人及亞賽拜然人數代以來都在此共同生活，其中大半擁有喬治亞國籍，但還不久前亞美尼亞的亞美尼亞人及亞賽拜然的亞賽拜然人佔多數。其市場在蘇聯末期開始自然開展，吸引人潮，數年後就成為高加索的最大市集，所有東西都可在此購買或販賣，包括武器和毒品在內（在西方偷盜而經由土耳其引進的汽車和俄國的拉達和伏爾加車，他們自陶里蒂亞和下諾夫格羅德的工廠以免進口稅方式引進，流入加爾達巴尼附近的交易所）。當納戈爾諾—卡拉巴赫發生戰事時，亞賽拜然人與薩達赫樓與亞美尼亞人進行石油、汽油、柴油和燃料油的交易，零售商以罐裝和桶裝引進貨物，黑道則經由鐵路通道將貯槽推向敵對國家。

　　在薩達赫樓的成員，主要以離開集體農場和國營農場的農民、破產工廠的工人、喪失地位的知識分子和有意在商場上碰運氣者為主。數千個攤位沿著界河排開，共有十多排，滿載蔬菜、水果、奶製品、煙熏製品、俄國和烏克蘭糖果、土耳其服裝、伊朗的洗衣粉、來自杜拜的電子產品、香菸、茶葉、鞋油、香皂和果醬等等。

　　生意的基礎建立在亞美尼亞和伊朗、喬治亞和土耳其及亞賽拜然和俄羅斯間的關係上，價差和氣候產生影響，先上市的是亞賽拜然的番茄，之後是喬治亞的，最後是亞美尼亞的，依此類推。利潤必須與眾多的「保護人」和當局分攤，從

第比利斯（不到 70 公里路程）我算過共有 29 個交警站崗，每一站向每輛車收取 1 美元費用（貨車則增至 5 美元），生意還是興隆。該市場維持了來自喬治亞、亞美尼亞和亞賽拜然的 50 萬人口。交易以美元、盧布、打蘭、馬那特和拉里進行，後來甚至以異國的歐元成交，年營業額達 10 億美金，為這三國間官方貿易的數倍之多，薩達赫樓 24 小時營業，每週 7 日，全年無休。

最後，喬治亞總統薩卡什維利於 2005 年關閉市場並將邊界封鎖，此前他成功贏得與軍警間展開的貪腐抗爭，南高加索的經濟已夠健全，不再需要靠薩達赫樓。

喬治亞、亞賽拜然和亞美尼亞的普羅大眾能聚會、喝茶、聊天的最後一個地點不復存在了。

在高加索不當信任第一印象。

亞美尼亞人無法忍受亞賽拜然人，將之稱為「土耳其人」並將所有經歷自土耳其世界的惡，全怪罪到他們身上，包括 1915 年發生的悲劇在內。他們深記八〇年代末在蘇姆蓋特和巴庫的屠殺事件，但亞美尼亞商人比較信任亞賽拜然人，而非喬治亞人。我曾遇過的亞美尼亞難民向我們講述亞賽拜然鄰人如何拯救他們的性命和財產的事蹟。

基本上，亞賽拜然人憎恨亞美尼亞人，他們記得 1918 年的屠殺和 1992 年卡拉巴赫戰爭時期在霍扎威村的大屠殺。他們絕不原諒對亞賽拜然土地的佔領和前線上的失敗恥辱。但真正的巴庫人默默地思念著他們的亞美尼亞鄰人，他們寧願要亞美尼亞人，也不要那些接收他們公寓的外省同胞。（「我們有類似的生活習慣」，阿扎德對我說，他因卡拉巴赫戰爭而不得

不與亞美尼亞籍女友分手,「大家不因信奉不同宗教而受干
擾。」出生的孩子們多漂亮啊!)

　　似乎亞美尼亞人當喜歡喬治亞人,而喬治亞人當喜歡亞
美尼亞人,他們是天生的盟友。亞美尼亞和喬治亞是伊斯蘭海
洋中的基督宗教島嶼。此外,數世紀以來他們皆由巴戈拉提德
王朝統治(喬治亞語稱為巴戈拉提奧尼赫 Bagrationich)。結
果並非如此!恐怕沒有比他們更激烈的對手了,他們無所不
爭,包括:誰是最好的基督徒、誰擁有最豐富的文化和最美的
女人等。1918 年時他們為了爭洛瑞省和波爾查林縣而發動戰
爭,八〇年代末也差點為扎瓦赫季州而戰(但在 2008 年的俄
羅斯和喬治亞戰爭中,亞美尼亞人立刻展開人道援助並建立疏
散外國人的通道)。

　　喬治亞和亞賽拜然正好相反,表面似乎無相關處,但其
相處就高加索而言算是異常融洽。(兩邊鄰人對待亞賽拜然都
帶點高姿態,可以選擇喜歡或不喜歡,要對抗或合作,其基準
由喬治亞人和亞美尼亞人自定:「這是我的祖國、我的家
鄉、我的家,而這是我永遠的對手,像自己的五根手指一樣讓
人熟悉,也像它們一樣不可或缺。」)

　　例子不勝枚舉,像:

　　喬治亞人害怕俄羅斯這個國家,但熱愛俄羅斯文化。哥
里被轟炸四星期後,俄羅斯軍隊還駐留在城市不遠處的「安全
區」時,我在那兒以俄語交談,無人用異樣眼光看待!亞美尼
亞進一步與莫斯科結盟,但很快地即去俄國化。

　　儘管連年戰爭,始終有成千上萬的奧塞提亞人住在喬治
亞,其中有些配偶為喬治亞人,卻無人傷害他們,阿布哈茲人

似乎喜歡俄國人，但⋯⋯

但是、但是、但是。

少有前往高加索旅行的遊客不一直將喬治亞、亞美尼亞和亞賽拜然做比較。最直率且鮮明地描繪三個民族特性的作者為塔德烏什‧維甘諾夫斯基，他於二十世紀初負責鋪設連接裏海和黑海的首批油管。他曾說：

這些居民中最讓人留下正面印象的為喬治亞人，儘管也有許多的缺點存在。他們在很多方面都很像波蘭人，同樣地自負、衝動、傲慢和輕率，只比我們少一點愛國心、自私和虛偽。山地部族和韃靼人（亞賽拜然人）除了野生本能和原始習慣外，其近乎瘋狂的勇敢和易因強烈感情而衝動的特性讓我印象深刻。亞美尼亞人非常不友善，且因其貪婪和無禮而不受歡迎。

對大部份的旅客而言，喬治亞人大方、友善、好客、俠義、有禮，但（又一個「但」字）懶散、不負責任且傲慢。他們屬個人主義者，將他們與亞美尼亞人組合時尤其明顯，因為亞美尼亞人無法在團體以外生存，亞美尼亞人重視教育，比較靈活、執著、勤奮、節儉，且像所有高加索人一樣，都非常好客。刻板印象將他們造成狡猾、易耍陰謀和操縱之人。他們的愛國心是屬於語言、文化和宗教上的，無論命運將他們帶向何方，他們都能在周遭建立起小亞美尼亞（但仍保留他們對所在國家的忠誠）。喬治亞人是土地的愛國者，他們無法想像村莊、山谷和縣城等小祖國以外的生活。亞賽拜然人在較古的文

學中被稱為韃靼人、土耳其人或就直接被稱為穆斯林，普遍被認為好客、重視家庭、樂於助人、善良、勇敢，但同時也輕率、殘忍而過於屈從。對亞賽拜然人而言，祖國就是其家庭、家族、宗族和祖先的起源地，甚至當後輩子孫居住他處時也如此。

曾經，我收到一封電郵。收件人是美國某非政府組織的員工，首次來到高加索。其友人在該區生活了幾年，認為除了聯絡人和實用的訊息以外，理當傳遞自己的反思：

喬治亞人認為他們是世界上最好的，而且他們將此視為理所當然的事，根本沒有必要提起。

亞美尼亞人同樣認為他們是世界上最好的，但因為他們還是帶著某種懷疑，所以就得不斷地強調，也因此惹惱喬治亞人和亞賽拜然人（尤其是提到高加索和全球最古老的民族的時候）。

亞賽拜然人自認為比其他人差（他們的評價不成比例地太過嚴苛），但他們從不大聲說出，他們吶喊道他們才是最好的。

我的戲劇學者朋友（亞賽拜然人）自行排定了等級制度：「南高加索中最勤奮的是亞美尼亞人，再來是我們，排最後的是喬治亞人。我真不知喬治亞怎麼會出了這麼多絕佳的演員、編劇和導演，畢竟藝術也需要付出相當的勞力！」

政治學者薩沙·魯謝茨基（喬治亞人）堅信喬治亞人、亞美尼亞人和亞賽拜然人是同母異父的兄弟。這話語中當然帶

著玩笑成分，但也說明了他們之間驚人的相似處和高加索民族間的深刻分歧，同時也為他們之間的衝突作出解釋。

政治學者威肯‧柴特里安（亞美尼亞人）補充說此三民族皆認為自己是歷史、惡鄰和克里姆林宮的受害者，他們認為自己的行動是防禦性的反應，他們不覺得必須為高加索存在的衝突、戰爭和流血局勢負責。有時他們是對的。

許多有關三個民族爭奪第一的笑話在高加索中流傳著，我最喜歡的一則是有關太空人的。

在蘇聯不斷發射導彈的激烈太空競賽時期，戈吉遇見阿蘭姆：

「你們這些亞美尼亞人跟俄國人的關係這麼好，怎麼都還沒人上過太空啊，」他嘲笑道，「難道你們沒有太空人嗎？」

「我們根本不想，」阿蘭姆回答，「即使只有一名亞美尼亞人上了太空，其他人都將因此驕傲死，而所有喬治亞人將嫉妒死，難道你希望在高加索只剩下土耳其人嗎？」

在風靡一時的蘇聯電影《米米諾》中，二名主角：喬治亞人瓦里科和亞美尼亞人魯比克在莫斯科頗負盛名的羅西亞旅館餐廳內指定演奏喬治亞和亞美尼亞歌曲，好讓賓客們認為樂隊是特別為他們演奏的。瓦里科和魯比克也可當成另一笑話的主角：亞美尼亞人在走出莫斯科的餐廳時，留給衣帽間管理員10 盧布的小費（蘇聯薪資的十分之一）。見此，喬治亞人立刻給100 盧布，還送上自己的大衣做為禮物。

在高加索，人們編出各種笑話以適應並詛咒現實，亞美尼亞人、喬治亞人和亞賽拜然人間的競爭早就深入歷史層

面，現在此三個獨立國家將所有潛力投入爭鬥中，包括：大學、研究機構、學院等。每個人都相信如果能證明其祖先最先到此，就會受到全世界的認同，每個人都堅信有辦法證明。這三個南高加索「同母異父兄弟」成了民族情結、狂熱和神話的抵押品。

亞美尼亞人和亞賽拜然人之間最熱烈的爭執，以卡拉巴赫作為賭注。前者和後者皆堅信，關鍵就在於誰先於五千或一萬年前在此定居。學者與士兵在同一戰線，肩並肩作戰，包括：歷史學家、考古學家、語言學家、古代手稿專家和原始農具專家、月亮崇拜和古動物學者等。

亞賽拜然人和喬治亞人之間及喬治亞人和亞美尼亞人之間尚未彼此提出對領土的訴求，而邊界也未全面劃定界限，所以他們可自信滿滿地指著鄰人的土地說：「這塊和那塊屬於我們。」有爭議的土地為多民族的薩達赫樓附近，亞賽拜然的教科書聲稱土耳其人在紀元前就已出現於當地（喬治亞的說法是十七世紀），而亞美尼亞人則證明眾多古聖殿和歷史人物具亞美尼亞特性（喬治亞人認為東正教教堂為喬治亞的，這些人物亦是）。

他們拒絕共同遺產，只有亞美尼亞人記得他們的字母創造人梅斯若普‧馬施托茨也創造了其他的字母表：喬治亞和阿爾巴尼亞（高加索的阿爾巴尼亞）。在第比利斯及巴庫（亞賽拜然人自認是阿爾巴尼亞的繼承人）對此無法贊同。「亞美尼亞人一出現，就帶來貧窮」，喬治亞的古諺語如此說道。亞美尼亞人笑說是喬治亞人自己來向馬施托茨請求的。該修士剛好在吃麵，對被人打擾十分不滿的他，就將一把麵球擲向地

板，說：「這將是你們的字母。」（喬治亞的字母多是凸狀、圓形、曲線，與亞美尼亞較簡樸的字母相反。）

有些人想停止此種瘋狂行徑。2009 年於埃里溫出版了書籍《南高加索民族和國家間共存歷史的正面例子》。編輯史提潘·格里戈里安（亞美尼亞人）向亞賽拜然、亞美尼亞和喬治亞等地作者邀稿。他在序言中寫道：此三國在學術和教育體系中存在極大潛能，足以建立起此三國間的信任。「現在是思考這一切的時刻」，他寫道。

帕爾溫·達拉巴蒂教授（亞賽拜然人）認為只有外國人才能寫出客觀的南高加索歷史教科書。「或許有人不贊同此看法，但我認為無其他可能。請看，最合理的拿破崙時期之法國史出自俄羅斯歷史學者塔爾雷（Tarle）筆下。類似的情況之多，眾所皆知。」

我在家中有幅展現大亞美尼亞、大喬治亞和大亞賽拜然的地圖。

其中大喬治亞規模比較含蓄，東至薩因基沃，也稱為東卡赫季，包括卡希（卡赫）和部份的尤斯基平原（現在的亞賽拜然境內），南抵洛瑞省的斯達潘納萬和阿拉維爾迪（現在亞美尼亞境內），而北與北奧塞提亞的維爾赫尼扎拉馬格和索契附近（現在的俄羅斯境內）為鄰。最遠抵西部和西南部，包括過去的道克拉爾哲提小國和拉齊卡的大部及托爾屯、阿爾達罕及里澤，但不包括特拉布宗（現在的土耳其境內）。大喬治亞至多為現今版圖的一倍半大。

大亞賽拜然包括今日的亞賽拜然和亞美尼亞的休尼克省及塔武什，還有現在伊朗北部的 8 省，面積約 30 萬平方公

里，為現在版圖的三倍。

最讓人印象深刻的是大亞美尼亞，包括北伊朗和伊拉克、大部份的敘利亞、黎巴嫩、北以色列（至海法）、幾乎東土耳其全部，高加索納入其中者為現今喬治亞的南疆和現今亞賽拜然庫拉河以南地區（包括塔維什、納希切萬及納戈爾諾－卡拉巴赫）。東達裏海，西抵地中海。提格蘭大帝於西元前 80-70 年間最興盛時期的版圖大抵如此。之後提格蘭為龐培打敗，因而失去西部和南部諸多省份，但亞美尼亞始終比現在的版圖要大數倍。其心臟地帶介於凡湖、塞凡湖和烏爾米耶湖之間。現在的邊界僅抵塞凡湖。

現代的政治版圖跟當時相較不禁令人充滿悔恨：「祖先的遺產沒多少被保留下來！」但它們也無法反映現狀，所顯示的邊界有部份在現實中並不存在，且未顯示大量那些穿越道路和鐵路線，佈滿鐵絲網且由武裝軍隊把守的界限。不僅困難，有時甚至無法穿越。

南高加索除了這三國外，還存在三個未受普遍承認的國家：阿布哈茲、南奧塞提亞和納戈爾諾－卡拉巴赫。他們擁有自己的領土、人口和經由選舉產生的統治者，維持自己的軍隊並發行郵票，欠缺的只有國際上的承認。的確，在 2008 年 8 月與喬治亞戰爭結束後，俄羅斯承認阿布哈茲和南奧塞提亞的獨立地位，並派遣大使前往蘇呼米及茨欣瓦利，但截至 2010 年，只有尼加拉瓜、委內瑞拉和諾魯[1]追隨其腳步。

---

1 諾魯共和國，簡稱諾魯，英語：Nauru，是位於南太平洋密克羅尼西亞群島的一個島國。

未受普遍認可國家的邊界在這些國家和其友好國家的地圖中出現，也在展示衝突地區的地圖中出現。

納戈爾諾─卡拉巴赫，亞美尼亞人稱為阿爾扎赫，由亞賽拜然脫離，蘇聯時期具有自治區的地位。亞美尼亞人在該地明顯地佔大多數，除了舒什城以外（亞美尼亞語稱為：舒什伊），距自治區首都斯捷潘納克特不遠（亞賽拜然語稱為：漢肯德），以亞賽拜然人為主。

卡拉巴赫為飛地，完全為非自治的亞賽拜然所包圍，然而其某處距離亞美尼亞邊界僅數公里。衝突悶燒了 10 年。當地的亞美尼亞人絕對不同意將該區併入亞賽拜然。自八〇年代末起，他們就公開要求併入亞美尼亞。

1992-1994 年間展開戰爭，結果亞美尼亞軍隊控制了該區（除了北部和東部的部份以外）、阿格達姆城附近和卡拉巴赫及伊朗和亞美尼亞間的土地。在這些區域中另外建立了獨立的小國。納戈爾諾─卡拉巴赫共和國（RGK），包括卡拉巴赫和被視為安全警戒線的「佔領地」。

RGK 的居民開車用的是亞美尼亞車牌且持有亞美尼亞護照。況且，亞美尼亞的第二任總統羅伯特·科恰良早先是卡拉巴赫的總統，其繼位者謝爾日·薩爾基相也於卡拉巴赫出生。在廣告牌中，亞美尼亞和納戈爾諾─卡拉巴赫共和國間聯合的輪廓圖代表亞美尼亞手機信號範圍，彷彿他們是一體的，保險公司也以同樣手法做廣告。在埃里溫有 RGK 的使館，可以申請卡拉巴赫簽證（持此簽證可於日後入境亞賽拜然，且亞美尼亞和卡拉巴赫「邊界」實際上不檢查。）

和平進程在所謂的明斯克歐洲安全與合作組織小組支持

下（法國、俄羅斯和美國），十幾年來皆無較大的效果，除了亞賽拜然和亞美尼亞總統間的會面以外（巴庫不承認斯捷潘納克特為衝突的獨立方）。維持休戰狀態就已是成功：亞賽拜然和亞美尼亞沿著停火線彼此對立，無任何調解部隊或緩衝區介於其中，只有鐵絲網和犁過的田。每年死於槍戰中的士兵有十多或數十名，然而戰爭從未復燃。

2008 年秋喬治亞戰爭過後，情勢開始有所不同。莫斯科開始有所行動，嘗試自行解決衝突，它想促成協議的簽訂並成為保證人，以加強在該區域中的地位。同時亞美尼亞和土耳其間關係正常化的艱鉅程序也開啓了（九○年代初，亞美尼亞和土耳其及亞賽拜然間的邊界被關閉，而通訊路徑則被封鎖。）

2010 年 3 月時，這樣的場景似乎成為可能：亞美尼亞撤出「佔領地」，讓遷移的亞賽拜然人返回，同時包括公路和鐵路等通訊路徑也解開封鎖，邊界開放了。亞美尼亞和亞賽拜然的安全及路徑皆由在該衝突區域安排的維和部隊把守。（問題是──誰的？）卡拉巴赫還是屬於亞美尼亞，但其正式地位則得拖延數十年後才能確定（實際上可能永不得解決）。

有可能在未來 20 年中 RGK 不會有所變化，仍為未受普遍認可的共和國，就像北塞普勒斯土耳其共和國（僅為安卡拉所承認）。

南奧塞提亞和阿布哈茲則是不同的例子。

前者為布爾雪維克所策劃，在喬治亞心臟地帶、距離第比利斯收費公路數十公里處，成立了南奧塞提亞自治區。

奧塞提亞人為印歐民族，奧塞提亞在奧塞提亞語中為伊

利斯通，意為雅利安人的國家。奧塞提亞人孕育的搖籃為現今的北奧塞提亞，屬俄羅斯的一部份。他們自此穿越高加索往南遷移。為了找尋更好的生活，原生的峽谷在經過車臣和切爾克斯侵略後，已經無法養活日益增加的人口。奧塞提亞親王成了喬治亞皇后塔瑪爾的第二任丈夫，較大規模的移民即自他開始。二十世紀初，奧塞提亞人控制了上卡特利亞的山區部份（什達－卡特利州），他們在山谷和峽谷中維持著自己的風俗習慣，直到第一次世界大戰前夕，在首都茨欣瓦利居住的奧塞提亞家庭寥寥無幾。

阿布哈茲人屬高加索民族，像喬治亞人一樣，但彼此之間無多大關聯。比較接近阿布哈茲的是西北高加索的切爾克斯族，像：沙普蘇格人、阿迪格人、卡巴爾達人，尤其是阿巴扎人等。

阿布哈茲境內（可以肯定的是西部地區）的阿布哈茲人是原住民，八世紀時他們建立了帝國，由雷奧尼底王朝統治，涵蓋了庫塔伊西城在內的西喬治亞。喬治亞歷史學者寫道此為喬治亞－阿布哈茲國，以喬治亞語及其文化為主，阿布哈茲人的貢獻應該很大，所以塔瑪爾女皇之子、皇位繼承人喬治四世（1213-1223 年）使用阿布哈茲語的別名拉什（Lasz）。當然，阿布哈茲歷史學家將證實帝國與喬治亞人無甚關聯。

喬治亞黃金時期自十一世紀末至十三世紀中葉與接下來的 250 年間，是歷史中阿布哈茲屬喬治亞一部份的較長時期，之後要不是獨立，就是依賴土耳其（精英分子在當時接受並未於民族中植根的伊斯蘭教），1810 年時併入俄羅斯，儘管日後有半世紀之久還保留著自己的王侯與王朝。高加索戰爭後就

完全失去自治，阿布哈茲人在戰時支持山地人（與喬治亞人相反）。這場戰爭和系列的起義失敗後，幾近半數之人逃往鄂圖曼帝國。阿布哈茲成了空城。

阿布哈茲人和奧塞提亞人起而反抗獨立的喬治亞（1918-1921 年），並支持蘇聯政權。布爾雪維克鼓動少數民族，想藉此為俄國爭取高加索。取得勝利後，阿布哈茲最初獲得蘇聯加盟共和國的地位，之後則被納入喬治亞，稱為自治共和國。

喬治亞成了蘇聯政策「分而治之」的典型受害者，在其區域中成立了三個自治單位（除了南奧塞提亞和阿布哈茲外，還有阿扎爾），占全國五分之一以上的面積。第比利斯對自己領土的控制權極為有限。

喬治亞自治區中的騷動始於八〇年代末期（在阿布哈茲的叛亂和示威要更早發生）。原因有三：（1）國家意識和民族野心因經濟改革的解放而有所增長（與警察政權放寬結合）；（2）第比利斯的實際過失和錯誤；及（3）莫斯科推動和支持離心運動的作為，試圖以老方法來抑制搖搖欲墜的帝國。喬治亞首任總統茲維亞德・加姆薩胡爾季阿非但未緩和情緒，反而刻意地煽風點火，喬治亞的民族主義與少數民族的民族主義因而起衝突。

南奧塞提亞之戰（1991-1992）和阿布哈茲之戰（1992-1993），由莫斯科支持的分離主義者獲勝，建立兩個未受普遍承認的國家。很難說當時他們的目的為何。更多的自主權嗎？某種聯邦？完全獨立？他們自己也不知道，情勢多變且不穩定。

停火狀態維持了 10 年。荒謬的是，這樣對大家都方便。

未受普遍承認的國家自喬治亞獨立。喬治亞在謝瓦納茲統治下，於系列戰爭後爭取時間休養生息，也並未失去收復外省的希望（所有人，包括俄羅斯在內皆支持此想法）。俄國透過在阿布哈茲，尤其是奧塞提亞的影響（其優勢在於設於喬治亞和亞美尼亞的軍事基地），成為南高加索的重要參與者。莫斯科主導緩慢的和平進程，俄羅斯的調停者斡旋交戰方間的談判（連同聯合國和歐洲安全暨合作組織），俄羅斯的維和部隊駐紮於阿布哈茲（正式名稱為獨立國家聯合體部隊），而在奧塞提亞有俄羅斯軍隊（同時也有喬治亞和奧塞提亞軍隊）。

米哈伊爾·薩卡什維利領導玫瑰革命（2003 年 11 月），兩個月後成為喬治亞的繼任總統，他將國家與西方的整合及恢復對分裂省份的控制權列為任內目標。不久後，喬治亞就引入美國軍事教官、其他各種教練、顧問和專家。不久前還是區域內最弱的喬治亞軍隊，日漸壯大。在企圖收復奧塞提亞失敗後（因此與分離主義者的接觸中斷，先前自第比利斯至茨欣瓦利有公車可達），薩卡什維利設立了南奧塞提亞替代政府，之後在阿布哈茲不受蘇呼米控制的上科多里峽谷召起喬治亞行政機關。莫斯科接著發俄國護照給阿布哈茲及奧塞提亞居民。

2008 年上半年俄國的外交政策二度遭到挫敗，先是未能防止科索沃宣布獨立（獲得大半西方國家承認），也未能除去喬治亞及烏克蘭被納入北約的威脅，在布加勒斯特的盟國峰會後，大門即為他們開放。北約擴張至獨立國協國家，對俄國而言是場災難。莫斯科在南高加索從某時起就已失去像西方一樣的優勢，必須撤離軍事基地（除了在亞美尼亞的一處外），也無法停止將裏海烴管經由亞賽拜然和喬治亞輸往世界的建

設。與此同時，在歷經普丁的兩任任期和數年的景氣繁榮後，俄羅斯終於可喘口氣並著手重建帝國。並且公開表態地加強與喬治亞未受普遍承認的小國間之關係，作為對科索沃和布加勒斯特峰會的回應。

高加索再度成為大國間的競爭舞台。在傳統的參與者：俄羅斯、土耳其和伊朗之外，加入了美國和程度較溫和的歐盟。茲畢格涅夫·布熱津斯基在其著作《大棋盤》中，將亞賽拜然比喻為瓶塞「保存了裏海和中亞的自然資源」，但沒了喬治亞，亞賽拜然也將走投無路（與亞美尼亞間戰爭開打，而經由伊朗轉運不為華盛頓所接受）。整個區域就是瓶塞，也是這場遊戲的中心。

另一場戰爭是無可避免的。

2008 年 4 月、5 月之際，阿布哈茲四圍的情勢突然惡化，出現一連串攻擊和間諜情事，且數度交火。雙方互相指責違反停戰協議且威脅要使用武力，但戰鬥未爆發。8 月初時，類似的暴力升級情況在南奧塞提亞出現。此外，在分離主義者控制的區域，向喬治亞方向發射破擊砲。

8 月 7 日午夜前，喬治亞軍隊進入奧塞提亞。攻擊的決定似乎是臨時性的，但有可能這一切都已安排一段時間了。喬治亞佔領了大部份的茨欣瓦利和其他幾個地方。8 月 8 日當天，喬治亞－奧塞提亞的抗爭從早即開始，俄羅斯也在當日將軍隊調至起衝突的區域（根據多種跡象顯示，他們先前已經抵達並等待此時機來臨）。俄羅斯空軍向非自治的喬治亞進行目標轟炸，其中至少包括黑海岸的波季。克里姆林宮將此干預解釋為保護國民的必要行動，包括維和單位的軍人在內。

奧塞提亞人和俄國人於 8 月 9 日將喬治亞人趕出茨欣瓦利。俄國人繼續轟炸喬治亞的目標，包括哥里在內。當天阿布哈茲俄羅斯軍隊進入科多里峽谷，並創造第二條戰線。喬治亞進入戒嚴。

8 月 10 日時，俄國海軍自喬治亞黑海岸上岸。喬治亞將留在南奧塞提亞的單位撤出，宣布單方的停戰決議並籲請俄國加入停止敵對行動的談話。莫斯科漠視請求。

俄羅斯陸軍於 8 月 11 日自兩處地點進入，即阿布哈茲及南奧塞提亞，至未自治的喬治亞。俄國人未經爭鬥即佔領哥里、祖格迪迪和西部的塞納基。喬治亞軍隊經過重組，開始準備保衛第比利斯。

俄羅斯總統德米特里‧梅德維傑夫於 8 月 12 日中午宣布結束該行動。法國總統尼古拉‧薩柯奇代表歐盟進行停火談判。俄羅斯未遵守協議，直到 10 月初始離開非自治喬治亞，而根本未自飛地撤離，他們屬於戰前受第比利斯控制的未受普遍承認國家（如南奧塞提亞的科多里峽谷或阿哈爾哥里）。莫斯科於 8 月 26 日承認該二喬治亞未受承認國家之獨立（位於過去的蘇聯自治區邊界），並於 9 月 17 日與之簽訂以友誼、合作和互助為基礎的條約。

歐洲理事會的議會於 10 月 2 日通過一項決議，當中評估俄羅斯及喬治亞必須為戰爭爆發負責，然而之後所發生的事件則為俄羅斯之過。歐盟所召集之委員會於 2009 年 9 月 30 日公開其報告。根據評估，戰爭行動由喬治亞發起，然而俄羅斯當對在未受普遍承認國家中上升的緊張局勢負責。

這似乎說明莫斯科的主要目的在顯示南高加索為受俄羅

斯影響的區域，且喬治亞和烏克蘭加入北約令人無法接受。俄羅斯也可能意在破壞薩卡什維利在國際舞台上的名聲，並且削弱喬治亞作為哈薩克及亞賽拜然的石油及天然氣穩定過境國的形象。

俄羅斯的承認並無法決定那些國家的未來，在短期內不會帶來較大的改變。南奧塞提亞有意與北奧塞提亞合併（以此方式成為俄羅斯的一部份），阿布哈茲則夢想真正的獨立，然而此二共和國是如此地依賴莫斯科，任何反對俄羅斯的動作都不被允許。無論是俄羅斯或這些未受承認的國家都排除將來加入喬治亞的可能性。

很顯然地，在原地一切情況看來都不一樣。

喬治亞人除了反對派以外，並不將戰事怪罪於薩卡什維利，也不打算將他推翻（莫斯科恐怕默默指望能如此）。他們告訴我，戰爭無論如何都會爆發。他們為自己而戰，理所當然！西方讓人失望，未派軍、未向俄羅斯投擲炸彈，也未向莫斯科下最後通牒，「像往常一樣，我們被遺棄了」，他們說道。

少了薩達赫樓的市場，讓我覺得遺憾。只需要在那裡待上數小時，喝個幾杯茶（跟亞賽拜然人一起）或咖啡（跟喬治亞人和亞美尼亞人），就能知道三國間的最新八卦、賄賂額度，也能瞭解高加索公眾輿論對某項議題的看法。如今，要達到此目的必須走遍整個區域。

雖然沒了共同市集，但在此三個國家，人跟人的溝通還是不可置信地容易，完全像從前一樣。在高加索有時只需一個微笑、與蘇式小巴中偶遇之人攀談、在公園長椅上同他人入座

等舉動，就足以開啓話匣子，就生活、孩子、歷史、宗教或太空等議題侃侃而談。其實，不需主動攀談，他們自己就會過來搭訕，給個蘋果當開場白詢問我們來自何方、叫什麼名字。你得不急不徐地穿越市區，不時地在各處多逗留會兒，別眼光向下，裝成一副只對自己鞋尖感興趣的樣子。

友好關係就是以這樣的方式開始的，起於一個微笑或幾個問題，如：你的職業為何？喜歡喬治亞（亞美尼亞、亞賽拜然）嗎？哪裡買的這麼好看的背包？他們提問同時還自我介紹，地點就在街上、蘇式小巴內、火車內、店裡頭或酒吧內，有時就在你去辦事的機關中，也有可能在你正要越境的邊界上。一般都只是不經意的詢問，起於對他人及世界的好奇，如：哪裡的女孩比較正點？你們酒量大嗎？你們賺多少？合美金呢？你們幾歲成家？你們也有山嗎？

他們提問的原因也在於要掌握身邊的現實，同車或搭同一飛機二小時的時間，不能不知道鄰座的他人叫什麼？結婚沒？幾個孩子了？來這裡的目的？……

他們會問，是因為無法忍受像民眾與公務人員、病人與醫生和客戶與店員間那種匿名狀態和形式化的接觸。他們情願保有人與人間的自然關係，像警察攔車時，先向駕駛伸手問候，電視播放新聞時直說提姆－蘇坦尼斯維爾一案由某某法官判刑，而非提姆 S 被法院判刑一年。在意外事故記錄中，我們可讀到某某姓名的老翁遭汽車撞，有時甚至連地址都註明（以便向他的家人致哀）。

曾有一度我穿過邊界，雙方崗哨間有一段距離，火紅的太陽照耀，而我背著裝滿書籍的大背包。我好不容易才拖著腳

步抵達。一看見我，一名士兵就趕忙衝進儲藏室拿把椅子，放在陰涼處：「休息一下！」（曾有一次在同樣的邊界上我曾被要求賄賂，跟許多其他地方沒兩樣。碰到這種情況，我一般都給些從波蘭帶來的小東西解圍，可是我實在佩服那些海關人員，他們技巧性地誘導那些受害者，讓他們自動從口袋掏出東西來。他們不說是付錢給陌生人，而是給有妻子、三名孩子及惡岳母的基維、阿爾森或瑪梅德，而且他還給你一袋核桃。這種賄賂比較不會讓人心痛，甚至也不太好說是賄賂，只能說是朋友間有去無回的幫忙）。

在與鄰居間的惡性爭執上，高加索人對人相當開放且不執著於傳統觀念。這裡幾乎看不到狂人、原教旨主義派、極端主義派。信奉伊斯蘭教的亞賽拜然，坐落著山地猶太社區「克拉斯那亞斯沃波達」，與庫巴市相鄰，被稱為高加索的耶路撒冷。信奉基督宗教的亞美尼亞首都中心，十八世紀的藍清真寺已歸還信徒使用（蘇聯時期曾為埃里溫博物館所在地）。

最讓人欽佩的是他們對長者的尊敬，包括：父母、祖父母、先祖等。自家和外人一視同仁。長輩在時必須起立，恭聽他們的話語，並要求孩子作為榜樣。高加索的諺語說：「有智慧的長輩才能教化出良好的年輕人。」

此外，高加索人擅長娛樂，唱歌、跳舞、狂歡、飲酒。

那個秋季中全高加索最重要的話題不外乎俄國－喬治亞之戰，一般稱之為五日之戰。亞賽拜然人和亞美尼亞人堅強捍衛喬治亞人。當然，他們比喬治亞人更嚴厲評價薩卡什維利，認為他錯在接受挑釁（大家都知道這是俄國人所佈置的陷阱），

但一般都認同喬治亞是受害國。我後來聽說自從戰事爆發後，在亞賽拜然某連鎖加油站，凡喬治亞車牌的汽車在幾天內皆可免費加油。亞美尼亞人慶幸在他們領土內（俄羅斯基地中）的喬治亞人未遭攻擊，至少亞美尼亞的領導提供這樣的保證。

喬治亞人並不孤立。

在巴克（Bak）逐漸醞釀出一樁文學醜聞。作家阿立可佩爾‧阿里耶夫（Alekper Alijew）正準備出版最新小說《阿爾圖什及薩烏爾》，內容有關亞美尼亞人及亞賽拜然人間的同性愛情故事，此故事本身就涉及二項禁忌：道德的及民族的。「我想解決高加索的荒謬糾紛，像庫斯圖里茨（Kusturic）在電影中處理巴爾幹半島問題一樣」，阿里耶夫受訪時如是說。該書以薩烏爾來到第比利斯作為開端——主角們總得在某處相遇，而喬治亞就這麼出現了，在南高加索，拼圖必須由三部份組成。

「看！我們多歐洲啊！」當小說出版時，某位亞賽拜然知識分子如此對我說道，「我們的文學符合歐洲的標準。」

歐洲還是亞洲？打從我前往高加索我就對它到底屬那一大陸產生疑問，答案不是絕對的，甚至連地理學者都意見不一（但大多數認為還是屬於亞洲）。當然，這一切都有辦法定案：2010 年 1 月時，歐洲安全暨合作組織將哈薩克納入，而以色列老早就加入歐洲組的體育競賽。如果以文化作為標準，其界限應該以區域為劃分，不過也不是全然的直線，而應該是曲線、弧線或是迴旋的複雜線條，兩邊各留下屬於近鄰的飛地。

此外，其路線呈不斷變動狀態。

南高加索概述

　　高加索山脈位於歐亞大陸的交界和黑海、裏海之間，高 3,386 公尺，長 966
公里，山脈以南稱為南高加索或外高加索（從莫斯科的角度來看）。南高加索三
國是指位於此地區的亞賽拜然、喬治亞和亞美尼亞三個國家，他們都是前蘇聯的
加盟共和國，1991 年分別退出蘇聯，宣佈獨立。
此外，南高加索還存在三個未受普遍承認的國家：「阿布哈茲」、「南奧塞提
亞」和「納戈爾諾－卡拉巴赫」。他們擁有自己的領土、人民、軍隊，和經由選
舉產生的領導人，並發行郵票，只不過欠缺國際的承認。

亞賽拜然簡介：

面積：86,600 平方公里　　　　　首都：巴庫
人口：9,164,600 人　　　　　　　官方語言：亞賽拜然語
GDP：10,033 美元　　　　　　　　種族：約 92％為亞賽拜然族

　　正式國名為「亞賽拜然共和國」。位於南高加索東部，北接俄羅斯，東臨裏
海，南接伊朗，西鄰喬治亞和亞美尼亞。原為前蘇聯加盟共和國，1991 年 8 月 30
日宣佈獨立。行政區分為 59 個區，1 個自治共和國（納希切萬自治共和國）。亞
賽拜然國名來自阿拉伯語，意為「火的國度」，因境內盛產石油和天然氣，在歷
史上，長期屬於信仰袄教（拜火教）的波斯的勢力範圍，如今則是南高加索唯一
的伊斯蘭國家。二十世紀末，曾因為「納戈爾諾－卡拉巴赫」領土爭議，與亞美
尼亞爆發戰爭。1861 年，在亞賽拜然建立了世上第一座煉油廠，生產供應全世界
近九成的石油，造就許多富可敵國的富商，如今依然因生產石油和天然氣，成為
高加索地區國民所得最高的國家。

喬治亞簡介：

面積：69,700 平方公里　　　　　首都：第比利斯
人口：4,497,600 人　　　　　　　官方語言：喬治亞語
GDP：5,114 美元　　　　　　　　種族：約 84％為喬治亞族

　　正式國名為「喬治亞」。位於南高加索西部，北接俄羅斯，東鄰亞賽拜然，
南與亞美尼亞和土耳其接壤，西臨黑海。曾是前蘇聯的加盟共和國，1991 年 4 月
9 日宣佈獨立，行政區包括 9 個區和 2 個自治共和國（南奧塞提亞和阿布哈
茲）。喬治亞西部的黑海沿岸，在西元前六世紀就已出現希臘貿易站，而後被羅
馬與拜占庭統治；東部的伊比利亞則受波斯影響。居民絕大多數信仰東正教，是
史上第二個以基督教為國教的國家。喬治亞在蘇聯解體前，和其他加盟共和國比
起來，是個相對繁榮的國家，然而獨立後，經濟卻快速崩潰，加上為了阻止南奧
塞提亞和阿布哈茲脫離喬治亞獨立，而與其背後的支持者俄羅斯交戰，兩國因此
斷交，也導致喬治亞經濟長期蕭條。

亞美尼亞簡介：

面積：29,800 平方公里 　　　　首都：埃里溫（或譯葉里溫）

人口：3,264,500 人 　　　　　　官方語言：亞美尼亞語

GDP：5,110 美元 　　　　　　　種族：約98％為亞美尼亞族

正式國名為「亞美尼亞共和國」。位於南高加索的內陸國，北有喬治亞，東為亞賽拜然，南接伊朗和亞賽拜然的飛地——納希切萬自治共和國，西鄰土耳其。原是前蘇聯的加盟共和國，1991 年 9 月 21 日宣佈獨立。行政區分為 10 個省和 1 個直轄市。根據古老的傳說，《舊約聖經》裏的諾亞方舟，最後停靠在亞美尼亞境內的阿拉特山，因此，亞美尼亞人自稱是諾亞的後裔，也是史上第一個以基督教為國教的國家，如今居民大多是東正教徒。一次大戰期間，俄羅斯與鄂圖曼土耳其帝國對立，土耳其擔心亞美尼亞與俄國合作，對亞美尼亞人展開大屠殺，死亡人數超過一百萬，並有數以萬計的亞美尼亞人被迫流亡海外。如今，住在海外的亞美尼亞僑民人數甚至超過本國國民，他們在文壇、影壇、體壇，還有其它領域的優異表現，以及他們在僑居地擁有的政、經影響力，成為祖國最大的後盾，也經常被人拿來與猶太人相提並論。1988 年，亞美尼亞曾因為「納戈爾諾－卡拉巴赫」領土爭議，與亞賽拜然爆發流血衝突，後來並引發戰爭。由於位居內陸，加上與鄰國的歷史心結和信仰差異，產業不易發展，經濟以農業為主，近年來則以旅遊業發展較迅速。

納戈爾諾－卡拉巴赫簡介：

「納戈爾諾－卡拉巴赫」歷來多為亞美尼亞屬地，且境內大多為信仰東正教的亞美尼亞人，但蘇聯時期，蘇共當局卻將此地劃規信仰伊斯蘭教的亞賽拜然，並賦予自治區的地位。一九八〇年代末，正值蘇聯領導戈巴契夫實施改革開放時期，亞美尼亞民族主義者開始宣稱擁有該區主權，「納－卡」居民亦開始主張回歸亞美尼亞，並展開大規模罷工和遊行，終於引發兩族與兩國之間的流血衝突，進而在 1992–1994 年間爆發戰爭。結果由亞美尼亞軍隊控制了該區，另外建立了一個獨立的小國——「納戈爾諾－卡拉巴赫共和國」。

南奧塞提亞、阿布哈茲簡介：

喬治亞是前蘇聯領導人史達林的故鄉，他在執政時期，在喬治亞境內成立了三個自治單位——南奧塞提亞、阿布哈茲，以及阿扎爾，隸屬於喬治亞的管轄權下，但這三個地區的人民與喬治亞分屬不同的民族，因而埋下動盪的因子。喬治亞脫離蘇聯後，南奧塞提亞與阿布哈茲也在俄羅斯軍隊的支持下，打算脫離喬治亞，並分別與喬治亞爆發「南奧塞提亞之戰」（1991–1992），以及「阿布哈茲之戰」（1992–1993），結果由俄羅斯支持的分離主義者獲勝，並建立了兩個未受普遍承認的國家——「南奧塞提亞共和國」和「阿布哈茲共和國」。

國家圖書館出版品預行編目資料

邊境 / 沃伊切赫.古瑞茨基(Wojciech Górecki)
著. -- 初版. -- 臺北市：允晨文化, 2014.02
　面；　公分. -- (生活美學 ; 85)
譯自：Toast to Ancestors

ISBN 978-986-5794-14-9(平裝)

1.民族性 2.亞塞拜然 3.喬治亞 4.亞美尼亞

535.7489　　　　　　　　　　103000500

生活美學 ⑧⑤

邊　境 **(Toast to Ancestors)**

作　　者：沃伊切赫・古瑞茨基（Wojciech Górecki）

譯　　者：粘肖晶

發 行 人：廖志峰

責任編輯：楊家興

美術編輯：劉寶榮

圖　　片：沃伊切赫・古瑞茨基（photo by　Wojciech Górecki）

法律顧問：邱賢德律師

出　　版：允晨文化實業股份有限公司

地　　址：台北市南京東路三段21號6樓

網　　址：http://www.asianculture.com.tw

e - mail：ycwh1982@gmail.com

服務電話：(02)2507-2606

傳真專線：(02)2507-4260

劃撥帳號：0554566-1

印　　刷：欣佑彩色製版印刷股份有限公司

裝　　訂：聿成裝訂股份有限公司

初版日期：2014年2月

Publication subsidized by The Polish Book
Institute – The © POLAND Translation Program.

定價：新台幣350元
ISBN：978-986-5794-14-9